Wilfried Krenn
Herbert Puchta

Ideen

Deutsch als Fremdsprache
Kursbuch

Hueber Verlag

Zeichnungen: Beate Fahrnländer, Lörrach
Zeichnungen „Rosi Rot und Wolfi": Matthias Schwoerer, Badenweiler
Ein ausführliches Quellenverzeichnis befindet sich auf den Seiten 148-149
Lied „Barfuß": Text: Wilfried Krenn, Herbert Puchta, Franz Specht
       Musik: Franz Specht

5. 4. 3. | Die letzten Ziffern
2022 21 20 19 18 | bezeichnen Zahl und Jahr des Druckes.
Alle Drucke dieser Auflage können, da unverändert,
nebeneinander benutzt werden.
2. Auflage 2015
© 2011 Hueber Verlag GmbH & Co. KG, 85737 Ismaning, Deutschland
Verlagsredaktion: Veronika Kirschstein, Gondelsheim;
      Erika Wegele-Nguyen, Hueber Verlag, Ismaning
Umschlaggestaltung: Martin Lange Design, Karlsfeld
Titelfoto: Florian Bachmeier Fotografie, Schliersee
Visuelles Konzept, Layout, Grafik: Martin Lange Design, Karlsfeld
Produktionsmanagement: Astrid Hansen, Hueber Verlag, Ismaning
Druck und Bindung: Firmengruppe APPL, aprinta druck GmbH, Wemding
Printed in Germany
ISBN 978-3-19-001825-3

Art. 530_14826_002_03

Inhalt

Kommunikation
etwas erzählen, über etwas berichten

Wortschatz
Sprache, Körpersprache

Grammatik
Präteritum: Mischverben; temporale Nebensätze mit *als* und *(immer) wenn*; Gebrauch Präteritum und Perfekt
Wiederholung: Präteritum, *du / Sie*, Perfekt, Nebensätze mit *dass*

Kommunikation
Situationen beschreiben, etwas nicht verstehen und nachfragen

Wortschatz
Gefühle, Wortbildung: Adjektive auf *-ig, -lich, -isch* / Nomen auf *-ung, -heit, -keit*

Grammatik Plusquamperfekt; temporale Nebensätze mit *während, bevor, nachdem*
Wiederholung: Konjunktionen: *weil / wenn / deshalb*, Komparativ, Präpositionen

Kommunikation
widersprechen, , über Ziele und Pläne sprechen, Wünsche ausdrücken, Ratschläge geben

Wortschatz Kommunikationsstrategien, Verben mit Präposition

Grammatik
Präpositionalpronomen: *worüber, darüber, ...*; *brauchen + zu / um zu / damit / ohne zu / statt zu*
Wiederholung: Infinitiv mit *zu*, Konjunktiv II der Gegenwart: Wünsche / Ratschläge

Kommunikation
über Umweltprobleme sprechen, über Regeln sprechen, Ursachen angeben

Wortschatz Grafiken beschreiben, Umweltprobleme, Energie

Grammatik
Passiv mit Modalverben; Konjunktion: *falls*; Präposition: *wegen*
Wiederholung: indirekte Fragesätze; Genitiv; Passiv Präsens

4 zwei

Piktogramme und Symbole

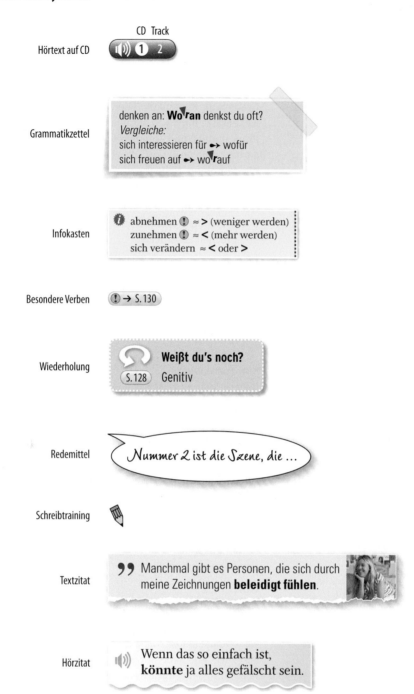

Hörtext auf CD

CD   Track

Grammatikzettel

denken an: **Woran** denkst du oft?
Vergleiche:
sich interessieren für ➔ wofür
sich freuen auf ➔ worauf

Infokasten

ⓘ abnehmen ⚠ ≈ > (weniger werden)
    zunehmen ⚠ ≈ < (mehr werden)
    sich verändern ≈ < oder >

Besondere Verben

⚠ → S. 130

Wiederholung

Weißt du's noch?
S. 128   Genitiv

Redemittel

Nummer 2 ist die Szene, die …

Schreibtraining

Textzitat

❯❯ Manchmal gibt es Personen, die sich durch
meine Zeichnungen **beleidigt fühlen**.

Hörzitat

🔊 Wenn das so einfach ist,
könnte ja alles gefälscht sein.

Wer? Wie? Was? Wo?

A Sabine (5 Jahre älter),
Gregor (4 Jahre jünger)

B auf einem
Hausboot

C auf einem
Campingplatz am
Meer, drei Wochen

D wenn jemand
unpünktlich ist

E ja, ich habe
Nachhilfe gegeben

F mit dem Moped
in die Schule
fahren

G durch
Australien
reisen

H Schach (wenn das
eine Sportart ist)

I Zeit für meine
Freunde zu haben

J Pizza Hawaii

1 Wer ist das?

a) Sieh die Hand an. Welche Fragen
passen zu den Informationen?

1 Wo möchtest du am liebsten wohnen? **?**
2 Was ist deine Lieblingsspeise? **?**
3 Wo hast du deinen letzten Urlaub verbracht?
Wie lange hat der Urlaub gedauert? **?**
4 Was stört dich besonders? **?**
5 Was konntest/durftest du vor fünf Jahren noch
nicht tun? **?**
6 Wie heißen deine Geschwister? Wie alt sind sie? **?**
7 Hast du schon einmal Geld verdient? **?**
8 Was ist für dich die langweiligste Sportart? **?**

9 Was würdest du gern einmal machen? **?**
10 Was ist für dich im Leben am wichtigsten? **?**

b) Partnerarbeit. Zeichnet eure Hände auf ein Blatt Papier. Tauscht die Zeichnungen, macht ein Partnerinterview, z.B. mit
den Fragen aus a. Schreibt die Antworten eurer Partnerin / eures Partners in die Zeichnung, aber keinen Namen.

Themen: Urlaub ⊙ Essen und Trinken ⊙ Hobbys ⊙ Ferienjobs ⊙ Wünsche ⊙ Lieblingsfilme ⊙ ... ⊙

c) Sammelt alle Zeichnungen ein und verteilt sie in der Klasse. Jeder
bekommt die Zeichnung einer Mitschülerin / eines Mitschülers.
Sucht anhand der Zeichnung eure Partnerin / euren Partner.
Stellt dann Fragen zu den Informationen auf eurer Zeichnung.

*Warum möchtest du
durch Australien reisen?*

Was bedeutet ...?

2 Das interessiert mich ...

a) Lies die Beispiele im Kasten und wähle ein Thema, das dich besonders interessiert.

⊙ ein interessanter Film ⊙ eine Sportart ⊙ Musik ⊙ ein Hobby ⊙ ein interessantes Buch ⊙
⊙ eine Erfindung ⊙ eine wichtige Entdeckung ⊙ ein Geschenk ⊙ eine interessante Person ⊙ ... ⊙

b) Schreib zehn persönliche Fragen zu diesem Thema.
Die Antworten sollten für andere Personen interessant sein.

⊙ Wem ⊙ Wen ⊙ Was ⊙ Wie ⊙ Warum ⊙
⊙ Wo ⊙ Wohin ⊙ Wann ⊙ Seit wann ⊙
⊙ Wie lange ⊙ Wie oft ⊙ Welch ⊙ Mit wem ⊙
⊙ Mit welch- ⊙ Was für ein ⊙ ... ⊙

Hobby: Briefmarken sammeln
1 Wie viele Briefmarken hast du?
2 Wer hat dir deine erste Briefmarke geschenkt?
3 ...

*Ich denke 8000, aber ich habe
sie noch nie genau gezählt.*

c) Partnerinterview. Tauscht die Zettel mit den
Fragen aus. Eure Partnerin / Euer Partner
interviewt dich mit deinen Fragen.

⊙ Wie viele Briefmarken hast du?
◆ Ich denke 8000, aber ich habe sie noch nie genau gezählt.
⊙ Wer hat dir deine erste Briefmarke geschenkt?
◆ Unsere Nachbarin, sie hatte einen Brief aus China ...

Miteinander leben

(A) ?

(B) ?

(C) ?

(D) ?

(E) ?

(F) ?

Das sind die Themen in Modul 7:

Ordne die Themen zu.

1 Mit Tieren sprechen

2 Körpersprache

3 *Sind Sie sicher, dass Ihr Hund nichts tut?*

4 Karikaturen

5 Pizzaparty

6 Versteckte Kamera in der Bäckerei

Du lernst ...

Sprechen

- von Begegnungen mit Tieren erzählen
- Körpersprache beim Sprechen und Zuhören einsetzen
- im Rollenspiel über einen Unfall berichten
- über komische Situationen sprechen
- Assoziationen erklären
- über Schadenfreude sprechen
- über Tricks spekulieren
- Kommunikationsstrategien anwenden
- über Vor- und Nachteile diskutieren

Schreiben

- eine E-Mail an eine Freundin weiterschreiben
- an einer Umfrage teilnehmen
- einen persönlichen Text über eigene Ziele schreiben
- Ratschläge schreiben
- eine E-Mail an einen Freund formulieren
- Kettensätze schreiben
- eine E-Mail mit Arbeitsanweisungen schreiben

7 Mentalisten, Zauberkünstler, Wahrsager

8 *Ich würde lieber ins Kino gehen, statt mit einer Dreijährigen zu spielen.*

9 Mentales Training beim Skispringen

10 Tuvalu ist ein Paradies.

11 *Die Grafik macht deutlich ...*

12 Umweltprobleme

Lesetexte

- Mit Tieren sprechen
- Washoes Biografie
- Kiras Abschied
- Lachen befreit ...
- Witze
- Mit versteckter Kamera
- Täuschungskünstler
- Berühmte Experimente aus der Psychologie
- Der ideale Sprung ...
- Rettet unsere Inseln!

Hörtexte

- Ein gutes Gespräch führen
- Hundegeschichten
- Schadenfreude
- Pizzaparty
- Tricks und Psychotricks
- Kommunikationsstrategien
- Interview mit einem Ingenieur über Windparks
- Sabines Umwelttick
- Ein Lied: „Barfuß"

A1 Können Tiere sprechen?

a Was möchten uns die Tiere mitteilen? Ordne zu.

Wenn Hunde knurren, dann heißt das: ?

Wenn eine Katze schnurrt, dann heißt das: ?

Wenn ein Schimpanse jemanden umarmt und küsst ✿, dann heißt das: ?

 ✿ küssen

---

1 „Mir geht es gut. Ich fühle mich wohl. Ich habe Vertrauen zu dir."

2 „Ich warne dich, ich habe schlechte Laune."

3 „Ich sehe, dass du traurig bist, ich möchte dich trösten."

ℹ mitteilen ≈ jemandem etwas sagen (mit oder ohne Worte)

● Vertrauen haben ≈ wissen, dass jmd. etwas richtig macht

warnen ≈ mitteilen, dass etwas gefährlich ist

gute/schlechte ● Laune haben ≈ Gefühle in einer bestimmten Situation

---

b Wie „sprechen" die Tiere in den Fotos in a? Sprecht in der Klasse.

Der Hund macht Zeichen mit …

ℹ **Kommunikation bei Tieren**

○ Laute (≈ Töne mit der Stimme)

● Körpersprache (Zeichen mit …)

| … den Händen ≈ ● Gestik | … dem Gesicht ≈ ● Mimik | … anderen Körperteilen |

A2 „Gespräche" zwischen Mensch und Tier

a Sag die Sätze anders. Tausche die unterstrichenen Wörter gegen Wörter aus dem Kasten.

1 Forschern ist es gelungen **B**, mit Schimpansen Deutsch zu sprechen.

2 Schimpansen verwenden ? auch Schriftzeichen, wenn sie mit ihren Artgenossen ? kommunizieren.

3 Schimpansen können selbstständig ? neue „Wörter" erfinden.

4 Schimpansen können erzählen, was sie erlebt ? haben.

A benutzen

B ~~Wissenschaftler haben es geschafft~~

C ganz alleine

D gefühlt, gesehen und gehört

E anderen Schimpansen

b Partnerarbeit. Sind die Sätze in a richtig oder falsch? Was meint ihr?

Ich glaube nicht, dass man mit Schimpansen Deutsch sprechen kann.

c Lies und hör den Text. Sind eure Vermutungen aus b richtig? 1 1

Mit Tieren sprechen

1 Wenn Hunde die Zähne zeigen, dann heißt das „Achtung".
2 Sie wollen uns warnen. Wenn Katzen schnurren, dann
3 wissen wir, sie fühlen sich wohl. Viele Tiere versuchen, uns
4 in „ihrer Sprache" etwas mitzuteilen. Vieles davon können
5 wir auch verstehen. Mit unseren engsten Verwandten, den
6 Affen, kann es sogar gelingen, richtig zu
7 kommunizieren.
8 Das Schimpansenweibchen Washoe war un-
9 gefähr ein halbes Jahr alt, als es von Afrika
10 in die USA kam. Dort begannen zwei Psycho-
11 logen, Washoe in der Gebärdensprache zu
12 unterrichten. Versuche hatten gezeigt, dass
13 Schimpansen nicht sprechen lernen kön-
14 nen. Da sie sich aber mit ihren Artgenossen
15 mithilfe von Gestik und Mimik unterhalten,
16 können sie die Gebärdensprache sehr wohl
17 lernen. Die Zeichen für „Komm" und „Gib"
18 sind zum Beispiel in der Gebärdensprache und in der „Schim-
19 pansensprache" identisch.
20 Das erste „Wort", das Washoe lernte, war nicht „Mama"
21 oder „Papa" wie bei einem Menschenkind, sondern das
22 Zeichen für „mehr". Immer wenn Washoe mehr Essen oder
23 mehr Umarmungen wollte, verwendete sie dieses Zeichen.

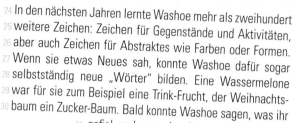
Roger Fouts „spricht" mit einem Schimpansen

24 In den nächsten Jahren lernte Washoe mehr als zweihundert
25 weitere Zeichen: Zeichen für Gegenstände und Aktivitäten,
26 aber auch Zeichen für Abstraktes wie Farben oder Formen.
27 Wenn sie etwas Neues sah, konnte Washoe dafür sogar
28 selbstständig neue „Wörter" bilden. Eine Wassermelone
29 war für sie zum Beispiel eine Trink-Frucht, der Weihnachts-
30 baum ein Zucker-Baum. Bald konnte Washoe sagen, was ihr
31 gefiel und was sie nicht mochte, und sie
32 konnte „erzählen", was sie erlebt hatte.
33 Washoe war das erste Tier, das wirklich
34 mit Menschen „sprechen" konnte. Sie blieb
35 aber nicht das einzige, denn sie wurde
36 selbst zur Lehrerin. Ihr Adoptivsohn Loulis
37 lernte die Gebärdensprache ganz allein von
38 seiner Mutter, kein Mensch half ihm dabei.
39 Inzwischen gibt es viele weitere Projekte
40 mit Primaten, die zeigen, dass nicht nur
41 Menschen   sprachbegabte   Lebewesen
42 sind. Allerdings müssen bestimmte Voraus-
43 setzungen erfüllt sein, wenn Tiere die Sprache erfolgreich
44 lernen sollen: Die Tiere müssen Vertrauen zu ihren Lehrern
45 haben, sie müssen sich wohlfühlen, und sie wollen viele in-
46 teressante Möglichkeiten haben, die Sprache zu verwenden.
47 Auch wir Menschen lernen bekanntlich Sprachen besser,
48 wenn diese Voraussetzungen erfüllt sind.

ⓘ ● Affe, ○ Primaten ≈ Schimpansen, Gorillas usw.
● Gebärdensprache ≈ Zeichensprache für stumme Menschen (≈ Menschen, die nicht sprechen können) sich unterhalten mit ⓘ ≈ sprechen mit
● Voraussetzung ≈ etwas, das da sein muss, wenn etwas passieren/gelingen soll

● Wassermelone

ⓘ → S. 130 Besondere Verben

---

d Was ist richtig? Kreuze an.

1 Forscher haben Washoe in der Gebärdensprache unterrichtet,
   a ☐ weil Washoe stumm war.
   b ☐ weil Schimpansen nicht sprechen lernen können.

2 Schimpansen können die Gebärdensprache lernen,
   a ☐ weil sie meistens mit Zeichen kommunizieren.
   b ☐ weil sie so ähnlich wie Menschen aussehen.

3 Washoes erstes „Wort" war
   a ☐ das „Wort" für „Mutter".
   b ☐ das „Wort" für „mehr".

4 Washoe konnte
   a ☐ keine neuen Wörter erfinden.
   b ☐ sagen, welche Farbe sie mochte.

5 Loulis lernte die Gebärdensprache
   a ☐ von seiner Adoptivmutter.
   b ☐ von Menschen.

6 Wenn Schimpansen sich nicht wohlfühlen,
   a ☐ lernen sie nicht gut.
   b ☐ teilen sie das sofort mit.

A3 Begegnungen mit Tieren

Denk an positive oder negative Begegnungen mit Tieren.
Was haben die Tiere versucht, dir mitzuteilen? Mach Notizen und erzähl in der Klasse.

Letzten Monat habe ich im Zoo einen Elefanten gesehen. Ich …

B1 Washoes Biografie

Lies zuerst die Zeittafel und dann die Textabschnitte A-D.
Ordne die Texte den Stationen auf der Zeittafel zu.

> Washoe **war** das erste Tier, das wirklich mit Menschen „sprechen" **konnte**.

1	?	1965	Washoe wird gefangen und in die USA gebracht.
2		1967	Roger Fouts wird Washoes Pfleger. Washoe lernt die Gebärdensprache.
3	?	1979	Washoes Sohn Sequoyah wird geboren, stirbt aber bald nach der Geburt.
4	?	1979	Das Schimpansenbaby Loulis wird Washoes Adoptivsohn.
5		1979 - 1993	Washoe unterrichtet Loulis und vier andere Schimpansen in der Gebärdensprache.
6	?	1993	Das alte Heim wird zu klein. Die Schimpansen ziehen um.
			Danach besuchen Hunderte von Menschen aus der ganzen Welt die Schimpansen, weil sie mit ihnen sprechen wollen.
7		2007	Washoe stirbt.

ℹ️ ● Pfleger ≈ Person, die für ein Tier oder eine kranke Person sorgt (≈ pflegen)
umziehen ⚠️ ≈ die Wohnung wechseln

⚠️ → S. 130

Roger Fouts	Washoe	Fotos	Kontakt

Roger Fouts war jahrelang Washoes Pfleger. Auf seiner Internetseite beschreibt er seine Erlebnisse mit der sprachbegabten Schimpansin.

A ... Washoe wusste, dass sie ein Baby bekam. Ich fragte sie in der Zeichensprache WAS IN DEINEM BAUCH? Washoe machte das Zeichen für wiegen und „antwortete" BABY BABY. Als ich mich ihr näherte, verlangte sie eine Umarmung. KOMM UMARMEN ... Die Geburt dauerte vier Stunden. ...
Als ich sie am nächsten Morgen besuchte, „fragte" sie BABY? Ich sah Washoe an und machte das Zeichen für Tod: BABY TOT, BABY FORT, BABY ENDE. Washoe ließ ihre Hände sinken, ging in eine Ecke und starrte ins Leere.

C Washoe war tief depressiv. Sie aß nichts mehr und hatte keine Lust zu spielen ... Immer wenn wir zu ihr kamen, zeigte uns Washoe das Zeichen für Baby. Sie wollte ihr Kind. Wir mussten etwas tun. ... Einige Tage später ging ich zu Washoe. ICH HABE BABY FÜR DICH, erklärte ich Washoe in der Zeichensprache. Als sie meine Zeichen sah, begann Washoe zu springen und zu schreien. Immer wieder „rief" sie BABY, BABY, MEIN BABY! Sie konnte sich kaum beruhigen. Zum ersten Mal seit zwei Wochen war sie glücklich. ...

B In den 50er- und 60er-Jahren war der Handel mit Tieren in Afrika ein gutes Geschäft. Jäger suchten im Urwald Mütter mit Schimpansenbabys, töteten die Mutter und verkauften die Babys für vier oder fünf Dollar an ihre Kunden. Viele Schimpansenbabys brachte man nach Amerika. Nur eines von zehn Babys überlebte diese Reise. Washoe war eines davon.

D Wir trafen uns alle im Fernsehraum. Washoe und die anderen Schimpansen saßen vor dem Fernsehapparat. Wir zeigten ihnen ein Video von ihrem neuen Heim. In der Zeichensprache erklärte ich ihnen, was sie auf dem Video sahen: DA IST ROGER IN EUREM NEUEN HAUS! ROGER GEHT INS SPIELZIMMER. SCHAUT! TÜR! DA KÖNNT IHR HINAUSGEHEN! IM GARTEN KÖNNT IHR LAUFEN, KLETTERN, SPIELEN. IHR MÖGT DAS HAUS SICHER! WIR KOMMEN ALLE MIT! Die Schimpansen waren begeistert. Als das Band zu Ende war, wollten sie es noch einmal sehen.

ℹ️ sich nähern ≈ in die Nähe kommen
verlangen ≈ wollen
● Tod ≈ wenn jmd. stirbt (Adjektiv: tot)
sich beruhigen ≈ ruhig werden

ℹ️ ● Handel ≈ kaufen und verkaufen
töten ≈ das Leben nehmen

B2 Präteritum

a Such die Präteritum-Formen im Textabschnitt C und ordne sie zu. Schreib dann die Infinitive.

 **Weißt du's noch?**
S.128 Präteritum

Präteritum	
mit -t-	**Besondere Verben**
zeigte, ••••	*war,* ••••, *hatte,* ••••, ••••, ••••, ••••, ••••
⚠ **Modalverben** ①	wurde ①
wollte, ••••, ••••	
Mischverben ① bringen – br**a**chte, denken – d**a**chte, nennen – n**a**nnte, rennen – r**a**nnte, wissen – w**u**sste	

zeigte — zeigen   ① → S.130

b Besondere Verben im Präteritum. Wie heißt wohl der Infinitiv? Ordne zu.

A trinken	**E** ~~fliegen~~
B liegen	**F** geben
C stehen	**G** halten
D reiten	**H** fallen

1 flog	**E**	**5** hielt	?
2 stand	?	**6** fiel	?
3 ritt	?	**7** lag	?
4 trank	?	**8** gab	?

c Partnerarbeit. Wählt ein besonderes Verb aus a oder b. Zeigt das Verb in der Zeichensprache. Eure Partnerin / Euer Partner nennt den Infinitiv und das Präteritum. Verwendet auch Verben von der Liste auf Seite 130.

laufen — lief

B3 Was passierte, als ...?

„ Das Schimpansenweibchen Washoe war ungefähr ein halbes Jahr alt, **als** es in die USA kam.

a Lies die Erklärung im Grammatikkasten. Ordne zu und finde die fünf Sätze. Zu welchen Texten in **B1** passen die Sätze?

Als Washoe Loulis **sah**, war sie glücklich.
als + Nebensatz ≈ eine Handlung, die einmal passiert, ein Zeitpunkt ● oder eine Zeitspanne ↦ in der Vergangenheit

Immer wenn Washoe mit Loulis **spielte**, war sie glücklich.
(immer) wenn + Nebensatz ≈ eine Handlung, die öfter passiert (in der Vergangenheit oder in der Gegenwart)

A ... machte sie das Zeichen für „wiegen" und „sagte": BABY, BABY.

B ... setzte sie sich in eine Ecke und starrte ins Leere.

C ...~~war sie noch ein Baby~~

D ... zeigten die Pfleger ihnen einen Videofilm über ihr neues Heim.

E ... zeigte sie ihm, dass sie ihr Kind wollte.

1	Als Washoe nach Amerika kam, ...	**C**	Text B
2	Immer wenn Roger fragte, was Washoe in ihrem Bauch hatte, ...	?	••••
3	Als Washoe vom Tod ihres Babys hörte, ...	?	••••
4	Immer wenn Roger nach Sequoyahs Tod zu Washoe ging, ...	?	••••
5	Als alle Schimpansen vor dem Fernsehapparat saßen, ...	?	••••

b Partnerarbeit. Schreibt Fragesätze mit *als* ... oder *(immer) wenn* ... zu den Texten in **B1**. Lest die Fragen vor. Eure Partnerin / Euer Partner beantwortet die Sätze.

1 Was passierte, als ....
2 Was machte Washoe, wenn sie ...
3 Was sah Roger, als ...
4 Wie reagierte Washoe, als ...

ℹ reagieren ≈ etwas als Antwort auf eine Aktion tun

C1 Körpersprache

99 Die **Zeichen** für „Komm" und „Gib" sind in der Gebärden-sprache und in der „Schimpansensprache" identisch.

a Partnerarbeit. Was meint ihr? Was bedeuten die Gesten in Deutschland? Ordnet zu.

1 **?** Jemand erschreckt sich.

2 **?** Jemand bittet um etwas.

3 **?** Jemand begrüßt oder verabschiedet jemanden, sie / er winkt mit der Hand.

4 **?** Jemand denkt nach.

5 **?** Jemand beleidigt jemanden.

6 **?** Jemand will etwas nicht tun, er/sie weigert sich.

b Hört zu und vergleicht. Sammelt in der Klasse auch andere typische Gesten, zeigt und erklärt sie. 🔊 ① 2

c Zeigt eine Geste aus a, eure Partnerin / euer Partner sagt, was die Geste bedeutet.

> Du denkst nach.   Ja, genau.

C2 Ein gutes Gespräch führen

a Partnerarbeit. Was meint ihr, welche Körpersprache hilft bei einem Gespräch – und was stört? Zeichnet Smileys.

> ☺ macht das Gespräch angenehm   ☹ stört

> 1 ☹ gestikulieren, wild mit den Händen „sprechen"

2 ☹ nervös wegschauen

3 ☹ in die Augen schauen

4 ☹ mit dem Kopf nicken ◄

5 ☹ lächeln

> 6 ☹ die Arme verschränken und sich zurücklehnen

b Hör das Interview mit dem Psychologen Dr. Nachbauer. Vergleiche deine Antworten aus a. 🔊 ① 3

c Hör noch einmal. Was sagt Dr. Nachbauer? Was ist richtig? Kreuze an.

1 Gute Körpersprache ist wichtig, weil
  a **?** sie ein Gespräch angenehm machen kann.
  b **?** wir den Inhalt des Gesprächs schneller vergessen.
  c **?** wir uns gern an den Gesprächspartner erinnern.

2 Die Körpersprache kann zeigen, ob
  a **?** der Zuhörer dem Sprecher zustimmt oder nicht.
  b **?** der Zuhörer sympathisch ist.
  c **?** der Inhalt des Gesprächs richtig ist.

3 Wenn man jemanden spiegelt,
  a **?** braucht man einen Spiegel.
  b **?** spricht und verhält man sich so ähnlich wie der Gesprächspartner.
  c **?** findet man den Gesprächspartner nicht sympathisch.

4 Spiegeln kann helfen,
  a **?** ein gutes Gespräch zu führen.
  b **?** besser auszusehen.
  c **?** jemanden zu ärgern.

d Partnerarbeit. Wählt ein Thema aus und sprecht über dieses Thema eine Minute lang. Eure Partnerin / Euer Partner hört zu und versucht, eine gute Zuhörerin / ein guter Zuhörer zu sein. Benutzt die Gesten aus C2a. Tauscht danach die Rollen.

1 dein Haustier
2 deine Pläne am Wochenende
3 ein interessanter Film
4 eine interessante Urlaubsreise

e Wiederholt die Aktivität mit den anderen Themen. Seid diesmal schlechte Zuhörer.

f Sprecht in der Klasse über die Gespräche. Wie wichtig war die Körpersprache? Wie waren die Gespräche für euch?

> Das erste / zweite Gespräch war angenehm / unangenehm.
> Ich habe mich gut / nicht so gut / schlecht / sehr wohlgefühlt.
> Mein Partner hat nie gelächelt / mich nie angeschaut …
> Das hat mich gestört. / Das war mir egal. / Das hat mich nervös gemacht.

D Hundegeschichten

a Gruppenarbeit. Kreuzt an und zählt eure Punkte zusammen. Vergleicht dann in der Gruppe.

Bist du ein großer Hundefreund?

1 Als ich ein Kind war,
   a ☐ hatten wir einen Hund als Haustier.
   b ☐ habe ich manchmal mit Hunden gespielt.
   c ☐ hatte ich keinen Kontakt zu Hunden.

2 Immer wenn ich einen großen Hund ohne Leine ❉ sehe, denke ich:
   a ☐ „Das ist gut, der Hund kann frei laufen."
   b ☐ „Warum ist der Hund nicht an der Leine, warum hat er keinen Maulkorb ❉?"
   c ☐ „Ich muss die Straßenseite wechseln."

3 Wenn ich in der Zeitung etwas über Unfälle mit aggressiven Hunden lese, denke ich:
   a ☐ „Diese Hunde beißen ❉ nur, wenn man sie falsch behandelt."
   b ☐ „Die Besitzer dieser Hunde sollten einen Hundeführerschein machen müssen."
   c ☐ „Diese Hunde muss man verbieten."

> ℹ️ jmdn./etwas falsch behandeln
> ≈ etwas Falsches mit jmdm./etwas tun

 ❉ ● Leine   ❉ ● Maulkorb   ❉ beißen

a = 3 Punkte
b = 2 Punkte
c = 1 Punkt

7–9 Punkte: Du bist ein großer Hundefreund.
4–6 Punkte: Für dich sind Hunde nicht besonders wichtig.
1–3 Punkte: Du magst Hunde nicht, manchmal hast du sogar Angst vor ihnen.

b Foto A oder B? Welche Sätze passen zu welchem Foto? Ordne zu. Hör dann zu und vergleiche. 🔊 1 4

A Ben trifft Lisa.

B Frau Dr. Lehnhardt, Lisas Dozentin

1 ☐ „Hallo, lange nicht gesehen."
2 ☐ „Sind Sie sicher, dass Ihr Hund nichts tut?"
3 ☐ „Bist du wieder in Bremen?"
4 ☐ „Wie kommen Sie denn auf diese Idee?"

c Hör noch einmal. Richtig oder falsch? Korrigiere die falschen Sätze.

		richtig	falsch
1	Lisa ist in Bremen zu Besuch.	?	✗
	Lisa bleibt in Bremen.		
2	Lisa studiert Biologie.	?	?
	.....		
3	Lisa macht oft bei Tierexpeditionen mit.	?	?
	.....		
4	Paul hat im Sommer in einem Tierheim gearbeitet.	?	?
	.....		
5	Ben hat mit einem Hund im Tierheim schlechte Erfahrungen gemacht.	?	?
	.....		
6	Der Hund gehört Frau Dr. Lehnhardt.	?	?
	.....		
7	Frau Dr. Lehnhardt lässt ihren Hund im Stadtpark frei laufen.	?	?
	.....		

> ℹ️ ○ Erfahrungen machen ≈ etwas erleben und neue Informationen bekommen

d Mit jedem sprichst du anders. Ordne die Sätze zu.

> **A** Ben ↔ Lisa
> **B** Ben, Lisa ↔ Dr. Lehnhardt

1 **A** Hallo Ben, lange nicht gesehen.
2 ☐ Guten Tag, … Sie sind doch in meinem Seminar am Donnerstag, nicht wahr?
3 ☐ Ja, Lisa Bäcker, und das ist Benjamin Fischer, ein Freund von mir.
4 ☐ War nett, Sie zu treffen, Herr Fischer.
5 ☐ Super Job
6 ☐ Hi, Lisa. Bist du wieder in Bremen?
7 ☐ Wir sehen uns dann im Seminar, Frau Bäcker. Auf Wiedersehen. …
8 ☐ Ebenfalls, auf Wiedersehen.
9 ☐ In der dritten Woche hab ich einen Köter bekommen … Ich sag's dir …

> ℹ️ ● Köter ≈ negatives Wort für Hund

E1 Hunde müssen an die Leine!

 War nett, **Sie** zu treffen, Herr Fischer.

a Wer spricht? Hör den Dialog, ergänze und kreuze die richtige Situation an.  **1** 5

☉ Ist das ●●●● Hund dort drüben?

◆ Ja, der große dort drüben, das ist meiner. Gehört der kleine ●●●●?

☉ Ja. ●●●● Hund ist ziemlich wild. Wo ist eigentlich ●●●● Hundeleine?

◆ Aber ●●●● Hund ist auch nicht an der Leine.

☉ Meiner ist ja auch viel kleiner als ●●●●.

◆ Da müssen ●●●● schon fair bleiben, Hund ist Hund.

> **Weißt du's noch?**
> S.128   du – Sie

Situation: Es sprechen ...
1 [?] zwei Erwachsene
2 [?] zwei Jugendliche
3 [?] ein Erwachsener und ein Jugendlicher

b Partnerarbeit. Schreibt den Dialog für die Situationen 2 und 3 in a. Lest die Dialoge in der Klasse.

A: Ist das dein Hund da drüben?
B: Ja, ...

E2 Der Unfall im Park

a Lies den Unfallbericht. Schreib ein mögliches Ende. Die Wörter im Kasten können helfen.

Name: Christian Schneider	♨ **Krankenhaus Lannach**
Tag des Unfalls: 14.8.	Uhrzeit: 17:40 Uhr

Unfallhergang: Am Samstag fuhr ich um 17:30 Uhr mit meinem Fahrrad von der Keppler Realschule nach Hause. Ich benutzte den Fahrradweg durch den Stadtpark. Neben dem Fahrradweg standen zwei Frauen und unterhielten sich. Ihre Hunde liefen frei auf der Wiese herum. Plötzlich lief ein Hund in meine Richtung und ...

> ☀ beißen wollen ☀ schnell weiterfahren ☀
> ☀ Kinderwagen ✿ nicht sehen ☀
> ☀ nicht stehen bleiben können ☀ stürzen ☀ ... ☀

to talk,

> **Präteritum**
> ich fuhr, ich lief ...
> ≈ in Berichten, in den Nachrichten, in Büchern etc. (meistens schriftlich)

✿ ● Kinderwagen

b Rollenspiel. Spielt zu dritt. Eine Polizistin / Ein Polizist befragt Christian und die Hundebesitzerin zu dem Unfall. Was ist wirklich passiert? Verteilt die Rollen und lest jeweils eure Rollenkarte (hier und auf S. 144). Spielt dann das Rollenspiel.

> **Weißt du's noch?**
> S.128   Perfekt

> **Perfekt**
> ich bin gefahren, ich bin gelaufen ...
> ≈ in Gesprächen, in persönlichen Briefen, E-Mails etc.
> ⚠ war/hatte/wollte ... = **haben**, **sein** und **Modalverben** stehen meistens im **Präteritum**

> ☀ Radweg
> ☀ Geschwindigkeit
> ☀ Leine
> ☀ beißen
> ☀ Kinderwagen
> ☀ Hilfe

Du bist eine Polizistin/ein Polizist.
Du befragst Christian und die Hundebesitzerin zum Unfallhergang. Du kennst Christian. Die Hundebesitzerin kennst du nicht. Du hast viele Fragen.

Hast du ...? Bist du ...? Haben Sie ...? Sind Sie ...? Wann ...? Wo ...? Wie ...? Warum ...? Welch- ...? ...

Bist du auf dem Fahrradweg gefahren, Christian?

Ja, natürlich.

c Christian und die Hundebesitzerin haben den Unfall ganz unterschiedlich erlebt. Finde die Unterschiede und schreib sie auf.

Christian hat gesagt, dass er auf dem Radweg gefahren ist. Die Hundebesitzerin hat gesagt, dass ...

> **Weißt du's noch?**
> S.129   Nebensätze mit dass

F1　Tiergeschichten

a Lies die sechs Überschriften zur Geschichte von Carina und ihrer Katze Kira.

1 Carina bekommt eine kleine Katze.

2 Carina und die Katze werden enge Freunde.

3 Carina muss sich von ihrer Katze trennen.

4 Carina kommt auf Besuch nach Hause.

5 Carina wird von ihrer Katze gerettet.

6 Carina erzählt ihrer Mutter von ihrem Erlebnis im Keller.

b Partnerarbeit. Lies die drei Teile der Geschichte und ordne drei passende Überschriften aus a zu. Deine Partnerin / Dein Partner liest die anderen drei Teile auf Seite 144. Erzählt euch dann den Inhalt der Textteile in der richtigen Reihenfolge (1-6). Was ist an Carinas Geschichte seltsam?

Kiras Abschied

A [?] Nach vier Wochen durfte Carina zum ersten Mal wieder nach Hause fahren. Da ihr Zug etwas früher am Bahnhof ankam, wartete niemand auf dem Bahnsteig auf sie. Es war auch noch niemand zu Hause. Der erste Weg führte sie in ihr Zimmer. Kira lag auf Carinas Bett und schnurrte. Die Begrüßung war herzlich. Nach Katzenart stieß ✿ Kira ihren Kopf immer wieder gegen Carinas Gesicht. Sie zeigte ihr, wie glücklich sie war, dass sie Carina wieder um sich hatte.

B [?] Als Carina die kleinen Kätzchen sah, wusste sie sofort, welches sie davon haben wollte. Die drei Kätzchen, die fröhlich mit einem kleinen Ball spielten, interessierten sie nicht. Sie hatte nur Augen für die kleine, schwarzweiß gefleckte Katze, die etwas abseits von den anderen saß und Carina aufmerksam beobachtete. Carina wusste auch sofort, wie ihre Katze heißen sollte: Kira.

C [?] Im Badezimmer holte Carina ein Pflaster für ihre Wunde. Ihre Katze war verschwunden. Als wenig später ihre Mutter nach Hause kam, erzählte Carina ihr die Geschichte. „Kira hat mich vor einem schlimmen Unfall gerettet. Ich wäre jetzt wohl im Krankenhaus", schloss Carina. „Das ist unmöglich", meinte ihre Mutter. „Deine Katze ist nach deiner Abfahrt weggelaufen und nicht mehr wiedergekommen. Wir wollten dir die traurige Geschichte nicht am Telefon erzählen. Unser Nachbar hat sie vor einigen Tagen tot im Wald gefunden, an deinem Lieblingsplatz."

✿ ● stoßen ❢

> ❢ ● Kätzchen ≈ kleine Katze
> ● Wunde ≈ blutige Verletzung
> verschwunden sein ❢ ≈ weg sein

❢ → S.130

c Das Ende der Geschichte ist mysteriös. Diskutiert die Fragen.

1 Warum ist Carinas Mutter ganz sicher, dass Kira Carina nicht gerettet hat?

2 War wirklich eine Katze in Carinas Zimmer?

3 Hat der Nachbar wirklich Kira im Wald gefunden?

> Ich glaube, dass …
> eine andere Katze finden /
> gar keine Katze sehen / träumen
> …

F2　Carinas E-Mail

Rita ist Carinas Freundin. Schreib Carinas E-Mail an Rita weiter.

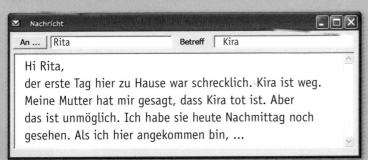

✉ Nachricht

An … | Rita　　　Betreff | Kira

Hi Rita,
der erste Tag hier zu Hause war schrecklich. Kira ist weg.
Meine Mutter hat mir gesagt, dass Kira tot ist. Aber
das ist unmöglich. Ich habe sie heute Nachmittag noch
gesehen. Als ich hier angekommen bin, …

> ✪ Kira begrüßen ✪ hungrig sein ✪
> ✪ in den Keller gehen ✪ … ✪

Rosi Rot und Wolfi

Das finde ich lustig!

Statistiken zeigen, dass wir immer weniger lachen. Erwachsene lachen heute durchschnittlich nur noch sechs Minuten am Tag. Vor fünfzig Jahren war das noch dreimal so viel. Doch Lachen ist gesund, sagen die Mediziner.

A1 Was bringt dich zum Lachen?

a Lies die Beispiele und sammle weitere Situationen.

Ich finde es komisch, wenn ... Ich lache, wenn ...	Ich lache über ...
jemand komisch aussieht. ich mich freue. jemand einen Witz erzählt. eine gefährliche Situation vorbei ist. etwas passiert, was ich nicht erwartet habe. jemand einen Fehler macht. ich Freunde treffe. ich nervös bin. ***...***	einen komischen Film. eine komische Situation (z.B. im Karneval). Karikaturen ✿. Clowns im Zirkus. kleine Kinder. lächerliche Autoritätspersonen. Unfälle. mich selbst. ***...***

 ✿ ● Karikatur

> **Weißt du's noch?**
> S. 129 Nebensätze mit *wenn*

> **i** durchschnittlich ≈ manchmal mehr, manchmal weniger, insgesamt aber eine bestimmte Zahl
> vorbei sein ≈ zu Ende sein
> lächerlich ≈ so unpassend, dass es komisch ist
> ● Autoritätsperson ≈ jmd., der für andere Personen wichtige Dinge entscheidet (Polizist, Lehrer, usw.)

b Partnerarbeit. Ordnet die Beispiele aus a zu und vergleicht. Was findet ihr beide komisch, was findet ihr beide nicht komisch?

> Ich lache, wenn ich mich freue.

A Das finde ich komisch.	**B** Das finde ich manchmal komisch.	**C** Das finde ich gar nicht komisch.
Karikaturen, ... ***...***	***...***	***...***

> Ich auch.

c Welche Situationen sind eigentlich gar nicht komisch?

> Ich finde es gar nicht komisch, wenn ich nervös bin. Trotzdem lache ich dann manchmal.

A2 Karikaturen

a Lies das Interview auf Seite 19 und die Fragen (A-F). Welche Frage passt zu welcher Antwort? Hör dann das Interview und vergleiche. 1 6

A Haben sich Personen, die Sie gezeichnet haben, schon einmal beschwert?

B Ärgern Sie sich über negative Reaktionen auf Ihre Karikaturen?

C Wie wichtig ist es für Sie, dass Sie Ihre Leser zum Lachen bringen?

D Können Sie diese Reaktion verstehen?

E Ist es nicht schwierig, jede Woche neue Themen für Ihre Zeichnungen zu finden?

F Wie reagieren Sie auf solche Kritik?

> **i** sich beschweren ≈ jmdm. mitteilen, dass man nicht zufrieden ist
> ● Reaktion ≈ wie jemand reagiert

Silvia Lehmann, Karikaturistin

Lachen befreit ...

Silvia Lehmann ist Karikaturistin von Beruf. Mit „Heute aktuell" hat sie über ihre Arbeit und die Reaktionen ihrer Leserinnen und Leser auf ihre Zeichnungen gesprochen.

„Heute aktuell": In der vergangenen Woche sind in deutschen Zeitungen gleich mehrere Karikaturen von Ihnen erschienen. 1 ?

Lehmann: Nein, überhaupt nicht. Ganz im Gegenteil. Es ist schwierig, aus den vielen möglichen Themen die besten auszuwählen. Wenn man jeden Tag Zeitung liest, dann findet man genug Ideen für Karikaturen.

„Heute aktuell": 2 ?

Lehmann: Das ist sehr wichtig. Denn Lachen befreit: Man nimmt sich selbst nicht so wichtig, und man ist offener für neue Ideen und andere Meinungen. Manchmal gibt es aber auch Personen, die sich durch meine Zeichnungen beleidigt fühlen. Diese Personen meinen oft, dass man über bestimmte Dinge, die ihnen sehr wichtig sind, keine Witze machen darf.

„Heute aktuell": 3 D

Lehmann: Ich möchte mit meinen Zeichnungen niemanden lächerlich machen oder beleidigen. Aber es muss möglich sein, auch über ernste Dinge zu lachen, und natürlich auch über Autoritätspersonen. Wenn man über Autoritätspersonen lacht, kann man sie als ganz normale Menschen sehen, die eben auch Fehler machen. Das ist ganz wichtig.

„Heute aktuell": 4 ?

Lehmann: Nein, ich ärgere mich nicht, aber manchmal wundere ich mich. Zu einer Karikatur habe ich einmal mehrere kritische Mails bekommen. Ich hatte Kindergartenkinder gezeichnet, die Zigaretten ✿ geraucht haben. Manche fanden die Zeichnung geschmacklos.

„Heute aktuell": 5 ?

Lehmann: Ich ignoriere sie meistens. Diese Kritiker haben nicht wirklich verstanden, was Karikaturisten machen. Wenn man eine Karikatur zeichnet, dann bildet man nicht die Realität ab, sondern man übertreibt. Wenn ich sehe, dass Jugendliche immer früher mit dem Rauchen beginnen, dann denke ich als Karikaturistin sofort: Wie kann man das übertreiben? Und dann zeichnet man eben Kleinkinder, die rauchen. Auch wenn man Personen zeichnet, übertreibt man natürlich. Wenn jemand eine lange Nase hat, macht man die Nase noch ein bisschen länger, wenn jemand große Zähne hat, zeichnet man diese Zähne noch etwas größer.

„Heute aktuell": 6 ?

Lehmann: Nein, viele freuen sich sogar, wenn sie in meinen Karikaturen vorkommen. Nur einmal hat sich jemand beschwert. Für die Schülerzeitung hatte ich den Schuldirektor gezeichnet. Das hat ihm leider gar nicht gefallen.

> ✦ erscheinen (!) ≈ etwas wird gedruckt, sodass man es lesen kann
>
> (!) → S. 130

> ✦ sich wundern ≈ etwas seltsam finden
> geschmacklos ≈ etwas passt nicht, hat keinen Stil
> ignorieren ≈ etwas nicht sehen oder hören wollen
> übertreiben ≈ etwas größer / kleiner / ... machen, als es ist
> vorkommen ≈ da sein, erscheinen

✿ ● Zigarette

b Lies den Text noch einmal. Schreib Antworten auf die Fragen.

1 Warum fällt es Silvia Lehmann nicht schwer, Themen für ihre Zeichnungen zu finden? *Weil sie jeden Tag Zeitung liest und da genug Themen findet.*
2 Warum will Silvia Lehmann die Menschen zum Lachen bringen? •••••
3 Warum fühlen sich manche Menschen durch Silvia Lehmanns Karikaturen beleidigt? •••••
4 Warum ist es wichtig, dass man auch über Autoritätspersonen lacht? •••••
5 Warum hat Silvia Lehmann Kindergartenkinder gezeichnet, die Zigaretten rauchen? •••••
6 Warum hat sich der Schuldirektor bei Silvia Lehmann beschwert? •••••

> ↻ **Weißt du's noch?**
> *weil, denn, deshalb*

A3 Man übertreibt ...

Partnerarbeit. Findet Themen für Karikaturen und schreibt Sätze. Zeichnet Karikaturen.

Der Koch in der Schulmensa ist ziemlich dünn. Die Karikaturistin zeichnet ihn noch dünner als in der Realität. ...

> ↻ **Weißt du's noch?**
> Komparativ

❂ attraktiv
❂ schnell
❂ jung
❂ groß
❂ klein
❂ ...

B1 Witze

> ,, Ich **hatte** Kindergartenkinder **gezeichnet** ...

a Lies die Sätze aus dem Interview in A2a und beantworte die Frage: „Was war vorher passiert?" Ergänze die Sätze.

Lehmann: Zu einer Karikatur habe ich einmal mehrere kritische Mails bekommen. Ich hatte Kindergartenkinder gezeichnet, die Zigaretten geraucht haben.

Lehmann: Für die Schülerzeitung hatte ich den Schuldirektor gezeichnet. Das hat ihm leider gar nicht gefallen.

Was war vorher passiert?

1 Frau Lehmann hat kritische Mails bekommen.   *Sie hatte ...*

2 Der Direktor hat sich beschwert.   *Frau Lehmann ....*

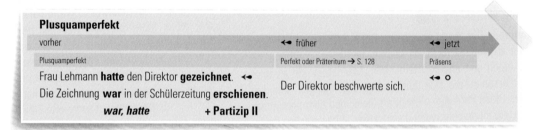

Plusquamperfekt			
vorher		↤ früher	↤ jetzt
Plusquamperfekt		Perfekt oder Präteritum → S. 128	Präsens
Frau Lehmann **hatte** den Direktor **gezeichnet**. ↤			↤ ○
Die Zeichnung **war** in der Schülerzeitung **erschienen**.		Der Direktor beschwerte sich.	
war, hatte	+ Partizip II		

b Lies die Witze. Welche Pointe passt zu welchem Witz? Ordne zu.

1 „Ich habe keinen Computer, ich will ja nur drucken."

2 „Wie bekomme ich jetzt das Zeug wieder aus den Ohren?"

3 „Es war unter einem Salatblatt versteckt."

4 „Kann ich es billiger bekommen, wenn ich verspreche, nicht aus dem Fenster zu schauen?"

5 „Aber Marks Schwester wohnt in Kanada."

> ❶ ● Zeug ≈ billige Sache, die stört

A Herr Knauser war nach zehn Stunden Zugfahrt endlich in seinem Urlaubsort angekommen. In einem Hotel fragte er nach einem billigen Zimmer. Der Mann an der Rezeption antwortete: „Wir haben nur noch ein Zimmer mit Meerblick, aber das kostet zehn Euro mehr pro Nacht." Herr Knauser fragte: (?)

> ❶ ● Blick ≈ wohin ich schaue

B Nachdem Herr Huber fertig gegessen hatte, räumte der Kellner das Geschirr ab und brachte die Rechnung. „Und, wie fanden Sie Ihr Schnitzel?", wollte der Kellner wissen. „Naja, eher zufällig", antwortete Herr Huber. (?)

> ❶ ● zufällig ≈ nicht geplant

C Der Lehrer hatte Mark früher nach Hause geschickt. Marks Mutter rief ihn an und wollte wissen, warum. „Mark hat erzählt, dass seine Schwester die Masern hat. Das ist sehr ansteckend", erklärte der Lehrer. „Ja schon.", antwortete die Mutter. (?)

> ❶ ○ Masern ≈ eine Kinderkrankheit
> ansteckend ≈ jmd. anderer kann
> die Krankheit auch bekommen

D Sabine hatte dem Kunden gestern einen Drucker verkauft, heute stand der Kunde wieder vor ihr. „Der Drucker funktioniert nicht", erklärte er. „Haben Sie auch den Stecker ⚡ in die Steckdose ⚡ gesteckt?", wollte Sabine wissen. „Ja natürlich", antwortete der Kunde. „... und haben Sie den Drucker mit dem Computer verbunden?", fragte Sabine weiter. (?), erklärte der Kunde.

⚡ ● Stecker ● Steckdose

> ❶ verbinden ❗ ≈ zwei Teile
> zusammenstecken
> ❗ → S.130

E Frau Berger war noch nie in ihrem Leben geflogen. Nachdem das Flugzeug gestartet war, verteilte die Stewardess an alle Passagiere Kaugummi. "Das ist gut für die Ohren!", erklärte sie. Nach einer Stunde klingelte Frau Berger verzweifelt nach der Stewardess. „Bitte helfen Sie mir", bat sie. (?)

c Was war vorher passiert? Finde die Plusquamperfektformen in b und schreib Sätze.

A Herr Knauser fragte nach einem Zimmer. *Er war ...*

B Der Kellner räumte den Tisch ab. `·····`

C Marks Mutter rief den Lehrer an. `·····`

D Ein Kunde beschwerte sich bei Sabine. `·····`

E Frau Berger bekam im Flugzeug einen Kaugummi. `·····`

B2　Nachdem ...

> **99** Nachdem Herr Huber fertig **gegessen hatte, räumte** der Kellner das Geschirr ab ...

> ᵛᵒʳʰᵉʳ Herr Knauser war in seinem Urlaubsort angekommen. ⁿᵃᶜʰʰᵉʳ Er suchte ein Zimmer.
>
> **Nachdem** Herr Knauser in seinem Urlaubsort **angekommen war**, **suchte** er ein Zimmer.
> *nachdem* + **Plusquamperfekt**　**Präteritum oder Perfekt**
>
> **Nachdem** Herr Knauser in seinem Urlaubsort **angekommen ist**, **sucht** er ein Zimmer.
> *nachdem* + **Perfekt oder Präteritum**　**Präsens**

a Schreib die Sätze A, B und E aus B1c mit *nachdem*.

Nachdem Herr Knauser ...

b Noch ein Witz. Bring die Satzpaare in die richtige Reihenfolge und schreib drei Sätze
mit *nachdem* in der Vergangenheit. Schreib den Witz auch in der Gegenwart.

A `·····` Herr und Frau Meier kommen wieder nach Hause.
Sie wundern sich, dass Max schon schläft.

B `·····` Die Babysitterin bekommt ihr Geld.
Sie meint: „Übrigens, ich habe Max versprochen,
dass Sie ihm morgen ein Pony kaufen, wenn er
brav ins Bett geht."

Vergangenheit

Nachdem die Babysitterin gekommen war, gingen ...

C `·····` Die Babysitterin kommt.
Herr und Frau Meier gehen ins Theater.

Gegenwart

Nachdem die Babysitterin gekommen ist, gehen ...

B3　Gezeichnete Witze – Cartoons

Partnerarbeit. Stellt euch vor, ihr sollt einen der Witze in B1b und B2b zeichnen.
Beschreibt eure Zeichnung, eure Partnerin / euer Partner errät den Witz und den Ort.

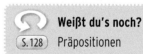

Weißt du's noch?
S.128　Präpositionen

Eher zufällig!

Ein Mann sitzt an einem Tisch. Vor ihm steht ... Über dem Mann ist eine Sprechblase. Dort steht ...

Der Mann ist in einem Restaurant. Das ist Witz B.

- Hotelrezeption
- Flugzeug
- Wohnzimmer
- Restaurant
- Computergeschäft
- Schule
- ...

C1 Lachen und Weinen

> „ Manchmal gibt es Personen, die sich durch meine Zeichnungen **beleidigt fühlen**.

a Partnerarbeit. Lest die Ausschnitte aus Erzählungen. Welche Gefühle verbindet ihr mit den Situationen? Zeichnet Smileys.

☹ negativ   😐 neutral   ☺ positiv

1 Nachdem sie ihn verlassen hatte, saß er ganz allein in seiner Wohnung … ☺ ?

2 Als er nach Hause kam, war alles dunkel. „Alles Gute zum Geburtstag", hörte er plötzlich, und das Licht ging an. … ☺ ?

3 Kaum hatte er sein kaputtes Auto gesehen, brüllte er: „Wer war das? Wer hat das gemacht?" … ☺ ?

4 Immer wieder schauten die Eltern auf die Uhr. Jetzt war es Mitternacht und ihre Kinder Mark und Silvia waren immer noch nicht zu Hause … ☺ ?

5 Er hatte noch gar nicht angefangen, den Witz zu erzählen, da lachten schon alle … ☺ ?

6 Mit Tränen in den Augen erzählten sie ihre Geschichte. Sie hatten alles verloren: Ihre Wohnung war zerstört … ☺ ?

7 „Immer erzählst du mir, dass Simon alles besser konnte und alles besser wusste als ich. Kannst du Simon nicht vergessen?" … ☺ ?

b Ordne die Wörter den Situationen in a zu. Hör dann die Texte und vergleiche.   🔊 1 7

A • Überraschung   B • Zorn
C • Einsamkeit   D • Komik   E • Sorge
F • Eifersucht   G • Verzweiflung

c Finde die Adjektive zu den Nomen in b. Schreib die Paare auf.

✪ eifersüchtig ✪ einsam ✪ zornig ✪
✪ •Zufriedenheit ✪ •Langeweile ✪ •Kind ✪
✪ zufrieden ✪ verzweifelt ✪ besorgt ✪ durstig ✪
✪ gesund ✪ traurig ✪ •Glück ✪ überrascht ✪
✪ •Gesundheit ✪ kindisch ✪ •Hunger ✪
✪ glücklich ✪ komisch ✪ •Trauer ✪ wütend ✪
✪ hungrig ✪ •Durst ✪ •Wut ✪ langweilig ✪

Nomen: die Überraschung — **Adjektiv**: überrascht

d Finde neun weitere Nomen-Adjektivpaare aus den Wörtern in c und schreib sie auf.

Nomen — Adjektiv
die Zufriedenheit — zufrieden

e Partnerarbeit. Lest den Infokasten und sammelt Beispiele aus dem Kasten in c.

> ℹ Die Endungen **-ig**, **-lich**, **-isch** machen aus Nomen **Adjektive**.
> Die Endungen **-heit**, **-keit** und **-ung** machen aus Verben und Adjektiven **Nomen**. Diese Nomen sind immer feminin ●.

-ig: Trauer ↦ traurig   -heit: ● zufrieden ↦ die Zufriedenheit
       •••••   •••••
-lich: •••••   -keit: ● •••••
-isch: •••••   -ung: ● •••••

C2 Assoziationsspiel

a Tatjana hat zu den Monatsnamen einige Nomen aus C1 geschrieben. Warum assoziiert sie die Wörter mit den Monaten? Hör ihre Erklärungen und mach Notizen. Vergleicht in der Klasse.   🔊 1 8

April	Hunger und Durst
Mai	Eifersucht
Juni	
Juli	Langeweile
August	Überraschung
September	

Erklärung April:
Volleyball-Trainingscamp,
jeden Tag fünf Stunden
Training

b Partnerarbeit. Schreibt sechs Monate auf und schreibt mindestens fünf Nomen aus C1 dazu. Erklärt eurer Partnerin / eurem Partner eure Assoziationen.

Warum steht das Wort „Komik" beim Monat September?

Im Fernsehen habe ich …

✪ Urlaubserlebnisse ✪ Sport ✪ Fernsehen ✪
✪ Kino ✪ Einkaufen ✪ Schule ✪ Freunde ✪
✪ Familie ✪ Tiere ✪ … ✪

D1 Wie bitte?

a Probleme beim Verstehen.
Hör den Anfang des Gesprächs
zwischen Karin und Lisa.
Warum kann Karin nicht
verstehen, was Lisa sagt? 🔊 **1** 9

b Karin fragt nach. Was sagt Karin? Ergänze die Sätze.

A Karin versteht Lisa nicht:
Tut mir leid, Lisa, i___ h___ d___ n___ v___.

B Karin bittet um Wiederholung: Ich verstehe
gar nichts, k___ d___ d___ n___ ei___ s___?

C Karin will wissen, ob sie richtig verstanden hat:
Hast du mich gefragt, o___ i___ i___ k___?

c Lies die Sätze.
Welche Sätze passen auch zu A, B und C?

1 **?** Den letzten Satz habe ich nicht verstanden.
2 **?** Bedeutet das, dass ...?
3 **?** Könntest du das noch einmal und etwas
langsamer sagen?
4 **?** Ich verstehe dich nicht. Könntest du etwas
deutlicher sprechen?

> ℹ deutlich ≈ klar

5 **?** Könntest du das wiederholen?
6 **?** Wie bitte? Könntest du etwas langsamer
sprechen?
7 **?** Meinst du, dass ...?

d Partnerarbeit. Partner A liest einen Witz aus B1 sehr
schnell und undeutlich vor. Partner B fragt nach.
Benutzt dazu die Sätze aus b und c.

D2 Schadenfreude

a Sieh die Fotos an und beantworte die Fragen.

1 Warum lachen die Mädchen wohl?
2 Was ist wohl passiert?
3 Wer ist schadenfroh?

> ℹ ● Schadenfreude → schadenfroh sein ≈ sich freuen
> oder lachen, wenn jmdm. etwas Negatives passiert ist

b Hör den Dialog und vergleiche. 🔊 **1** 10

c Hör noch einmal und ordne zu.

Vor dem Film	Lisa und Roman waren im Kino. **1 D** wollte er Popcorn holen. Weil es schon spät war, **2 ?**
Im Kinosaal	Dort hat sie auf Roman gewartet, **3 ?** Er war in den falschen Kinosaal gegangen. Nachdem Roman aus dem falschen Saal gegangen war, **4 ?** Er hatte sie verloren. Deshalb **5 ?**
Nach dem Film	**6 ?** wollte Roman so schnell wie möglich zu Lisa laufen. Dabei ist er gegen die Glastür des Kinocafés gerannt. **7 ?** weil Romans Nase gebrochen war.

A ist Lisa schon in den Kinosaal gegangen.
B hat er im Kinocafé auf Lisa gewartet.
C aber Roman ist nicht gekommen.
D ~~Nachdem Roman zwei Karten gekauft hatte,~~
E Lisa und Roman mussten ins Krankenhaus fahren,
F bemerkte er, dass seine Kinokarte verschwunden war.
G Als der Film aus war,

> ℹ bemerken ≈ etwas sehen oder hören

d Sprecht in der Klasse über die Fragen.

> 🔊 „Du bist aber ganz schön **schadenfroh.**
> Das ist richtig gemein."

1 Warum findet Lisa, dass Karin schadenfroh ist?

> ℹ gemein ≈ böse

> 🔊 „Gehen zwei Tomaten ins Kino.
> **Während** die eine Tomate ..."

2 Warum erzählt Karin diesen Witz?

E   Vorher, nachher oder gleichzeitig?

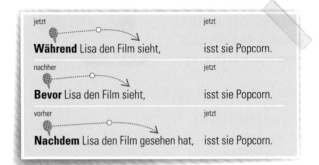

Während ich zwei SMS geschrieben habe, ... **Bevor** der Film anfing, ...

a) Lies die Satzteile und ordne zu.

1 Während Lisa in den Kinosaal gegangen ist, **?**
2 Bevor Lisa in den Kinosaal gegangen ist, **?**
3 Nachdem Lisa in den Kinosaal gegangen war, **?**

A hat sie auf Roman gewartet.
B hat Roman Popcorn gekauft.
C hat sie zwei SMS geschrieben.

jetzt		jetzt
Während Lisa den Film sieht,		isst sie Popcorn.
nachher		jetzt
Bevor Lisa den Film sieht,		isst sie Popcorn.
vorher		jetzt
Nachdem Lisa den Film gesehen hat,		isst sie Popcorn.

b) Pizzaparty. Sieh die Zeichnung an und ergänze die Sätze mit *während*, *nachdem* oder *bevor*. **1 11**
Was findest du komisch? Hör dann Arigonas Telefongespräch und vergleiche.

1 Lena riecht an der Dose mit dem Katzenfutter, ••••• sie sie wieder in den Kühlschrank zurückstellt.

2 ••••• Adrian sich geschnitten hat, kümmert sich Jana um ihn und bringt ihm ein Pflaster.

3 ••••• Lukas den Orangensaft einschenken kann, muss er Gläser aus dem Geschirrschrank holen.

4 ••••• Tobias den Hund mit Chips füttern will, stiehlt die Katze den Schinken.

5 ••••• Petra die Pizza in den Backofen schieben kann, will sie die Pizza noch würzen und sucht die Gewürze.

6 ••••• alle in der Küche beschäftigt sind, telefoniert Arigona mit ihrem Freund.

c) Partnerarbeit. Zeigt die Wörter in der Zeichnung. Hört noch einmal und vergleicht.

✪ riechen ✪ stehlen ✪ •Gewürz ✪
✪ sich kümmern ✪ •Schinken ✪
✪ •Geschirrschrank ✪ füttern ✪ bluten ✪

d) Fragt und antwortet.

Was macht Tobias, während ...

Er ... Was macht ...?

e) Wählt gemeinsam sechs Uhrzeiten und schreibt auf, was ihr letztes Wochenende gemacht habt. Macht dann Dialoge wie im Beispiel.

☉ Am Sonntag habe ich um acht Uhr gefrühstückt.
◆ Während du gefrühstückt hast, habe ich noch geschlafen.
☐ Um 17:00 Uhr bin ich in die Stadt gefahren.
▶ Was hast du gemacht, bevor du in die Stadt gefahren bist?
☐ Ich ...

F1 Humor im Fernsehen

a Lies und hör den Text. Kennst du ähnliche Fernsehsendungen?

Mit versteckter Kamera

A Frau Berger ist in einer Bäckerei und möchte ihre Einkäufe bezahlen. Während sie nach ihrem Geldbeutel sucht, nimmt der Verkäufer ein Brötchen aus ihrer Einkaufstüte und beginnt zu essen. Frau Berger protestiert energisch, doch der Mann meint: „Was wollen Sie? Ich bin hungrig, Sie haben sowieso zu viel Gebäck eingekauft." Wütend verlangt Frau Berger nach dem Geschäftsführer.

Einige Wochen später sitzt Frau Berger vor dem Fernsehapparat und sieht die ganze Szene noch einmal. Hinter der Kasse hatte das Fernsehteam eine Kamera versteckt und alles mitgefilmt.

B Unterhaltungssendungen wie diese sind sehr beliebt: Wir sehen Menschen, die in ihrem Alltag ungewöhnlichen Situationen begegnen. Während sie versuchen, mit diesen Situationen zurechtzukommen, werden sie gefilmt. So wie Frau Berger reagieren sehr viele Menschen zuerst wütend und empört. Nachdem sie aber bemerkt haben, dass die Situation nur gespielt ist, können sie lachen.

C „Lachen und Wut sind verwandte Gefühlsreaktionen", meinen die Verhaltensforscher. „Mit Lachen oder Wut reagieren wir auf Situationen, die uns überraschen. Wir zeigen die Zähne und sind bereit zu handeln. Sobald wir gesehen haben, dass die Situation für uns nicht gefährlich ist, entscheiden wir uns für das Lachen."

b Welche Frage passt zu welchem Textabschnitt? Beantworte die Fragen.

1 ? Wie erklären Wissenschaftler unsere Reaktionen auf ungewöhnliche Situationen? *Wenn eine Situation uns überrascht, ...*

2 ? Wie reagieren die meisten Menschen auf ungewöhnliche Situationen?

3 ? Warum will sich Frau Berger beim Geschäftsführer beschweren?

> • Geldbeutel ≈ eine kleine Tasche für Geld
> • Gebäck ≈ Brot, Brötchen süße Backwaren, etc.
> ungewöhnlich ≈ nicht normal
> begegnen ≈ treffen
> handeln ≈ etwas tun

c Partnerarbeit. Erzählt die Szene aus der Sendung „Mit versteckter Kamera" noch einmal. Erzählt oder erfindet ähnliche Situationen. Macht Notizen wie im Beispiel.

Kaffeeautomat, Geld einwerfen, Kaffeeautomat starten, Becher ✿ ist voll, Kaffeeautomat stoppt nicht, Kaffee läuft über, ...

✿ • Becher

F2 Spaß

a Lies Davids E-Mail. Warum schreibt er dir? Was will er wissen?

☒ Nachricht ▢ ◻ ✕

An: | Alle Freunde   Betreff: | Projekt: „Spaß"

Hallo ...!
Ich brauche Deine Hilfe. Wir haben in der Schule ein Projekt zum Thema „Spaß" gestartet. Wir sollen herausfinden, wie sich Jugendliche in aller Welt amüsieren. Könntest Du mir bitte ein paar Fragen beantworten:

1 Was bringt Dich zum Lachen? 2 Hast Du früher über andere Sachen gelacht als heute? 3 Was machst Du, wenn Du Spaß haben möchtest? 4 Seit wann und wie oft machst Du das? 5 Wie wichtig ist es für Dich, Spaß zu haben? Warum?
Wenn Dir noch etwas zu diesem Thema einfällt, schreib es bitte auch auf. Bitte schreib bald.
Liebe Grüße David

Rosi Rot und Wolf

Während du deine dummen Tricks vorbereitet hast, hab ich das für dich besorgt.

Mein Poster !!!?

b Beantworte Davids E-Mail.

Ich weiß, woran du denkst ...

A1 **Übernatürliche Fähigkeiten?**

a Welche Fotos passen zusammen? Finde vier Paare.

● Mentalist

● Zauberkünstler

● Psychotherapeutin

● Wahrsagerin

b Ergänze die Sätze und ordne ihnen die Fotos (1-4) in a zu.

> ✪ Zauberkünstler ✪ Wahrsagerinnen ✪
> ✪ Mentalisten ✪ Psychologen oder Psychotherapeuten ✪

a ⸺ überraschen ihr Publikum allein mit ihren geistigen Fähigkeiten. [?]

b ⸺ verraten ihren Kunden die Zukunft. [?]

c ⸺ zeigen in ihren Vorstellungen Kartentricks oder lassen Gegenstände verschwinden. [?]

d ⸺ arbeiten mit psychologischen Methoden. [?]

> ℹ️ geistig ≈ nicht körperlich, nur im Kopf (mental, mithilfe von Ideen und Gedanken)
> ● Fähigkeit ≈ das, was jmd. kann
> verraten ⚠️ ≈ jmdm. etwas sagen, was diese Person nicht wissen soll oder darf
> ● Zukunft ≈ die Zeit, die noch vor uns liegt
> ● Vorstellung ≈ eine Präsentation vor vielen Zuschauern
> etwas verschwindet ⚠️ ≈ man kann es nicht mehr sehen

⚠️ → S. 130

c Wer arbeitet mit Tricks? Wer täuscht sein Publikum oder seine Kunden? Was meinst du? Schreib die Personen in das Diagramm.

täuscht sein Publikum	arbeitet mit „ehrlichen" Methoden
Zauberkünstler	

> ℹ️ ehrlich ≈ wenn man die Wahrheit sagt

d Lies die Einträge im Chatroom. Was ist das Thema?

puma:	Habt ihr gestern um acht die Show mit dem Mentalisten gesehen? Der Mann hat echt übernatürliche Fähigkeiten.
Di Fu:	Ich hab da meine Zweifel. Das sind alles bloß Tricks.
puma:	Wenn du so sicher bist, verrate uns doch einen.
Di Fu:	Ich glaub, er arbeitet mit „Cold Reading".
puma:	Was ist das denn schon wieder? Sei ehrlich: Du hast in Wirklichkeit keine Ahnung!

> ℹ️ ○ Zweifel haben, zweifeln an ≈ nicht sicher sein

e Was ist „Cold Reading"? Was meinst du? Kreuze an.

1 [?] Der Mentalist achtet auf die Körpersprache seines Gesprächspartners. Mit diesen Informationen lenkt und beeinflusst er dann die Reaktionen des Partners.

2 [?] Der Mentalist liest die Gedanken seines Gesprächspartners.

> ℹ️ achten auf ≈ genau zusehen oder zuhören
> beeinflussen ≈ etwas tun, was zu Reaktionen bei jmdm. anderen führt

A2 Wie arbeitet ein Mentalist?

a Lies und hör den Text. Ist deine Vermutung aus A1e richtig? 1 13

Täuschungskünstler

1 Sie sind keine Magier oder Zauber-
2 künstler. Sie lassen keine Gegen-
3 stände verschwinden und brauchen
4 keine Kartentricks zu zeigen wie
5 ihre Kollegen. Sie überraschen und
6 begeistern ihr Publikum allein mit
7 ihren geistigen Fähigkeiten und
8 nennen sich deshalb „Mentalisten".
9 Manuel Horeth, ein junger Mentalist
10 aus Österreich, behauptet: „Was ich
11 kann, kann jeder von uns lernen. In jedem von uns steckt ein
12 Mentalist."
13 Manchmal verrät er sogar einen seiner Tricks: In einer Fern-
14 sehshow forderte er das Publikum auf, an einen Gegenstand
15 zu denken und ihn auf ein Blatt Papier zu zeichnen. Mühelos
16 erriet Horeth danach, woran seine Zuschauer gedacht hatten:
17 Es war eine Zahnbürste. Um die Gedanken seiner Zuschauer
18 zu beeinflussen, hatte Horeth vor der Vorstellung am Eingang
19 Bilder von Zahnbürsten aufgehängt. Beim Zeichnen hatten
20 die meisten Menschen im Publikum sich unbewusst an diese
21 Bilder erinnert.
22 Manchmal riskieren Mentalisten sogar ihr eigenes Leben: In
23 einer seiner Shows sprang Horeth mit einem Bungeeseil von
24 einem zwanzig Meter hohen Turm. Davor hatte er sich mit
25 einer Kandidatin unterhalten und ihr zwei Seile gezeigt. Ein
26 Seil hatte die richtige Länge. Ein Seil war aber zu lang, so-
27 dass Horeth den Sprung nicht unverletzt überstehen konnte.

28 Horeth forderte seine Kandidatin auf, ein
29 Seil auszusuchen. Sie sollte dabei nicht
30 lange über ihre Entscheidung nachdenken,
31 sondern einfach auf ihre innere Stimme
32 hören. Die Kandidatin hatte große Angst
33 davor, das falsche Seil zu wählen. Immer
34 wieder wollte sie Horeth daran hindern
35 zu springen. Doch dieser zweifelte nicht
36 an ihrer Entscheidung, sprang und blieb
37 unverletzt.
38 Bei ihren Vorstellungen vertrauen Menta-
39 listen meist auf eine psychologische
40 Technik, die „Cold Reading" genannt wird. Dabei achtet der
41 Mentalist auf viele verschiedene Kleinigkeiten, während er
42 sich mit seinen Kandidaten unterhält, wie zum Beispiel die
43 Intonation, die Körpersprache, die Mimik oder den Atem-
44 rhythmus. Diese Informationen verwendet der Mentalist, um
45 dann mit intelligenten Fragen die Antworten der Kandidaten
46 zu lenken. Auf diese Weise hat Horeth wahrscheinlich auch
47 seine Kandidatin zur richtigen Antwort geführt.
48 Einige Mentalisten haben manchmal aber das Gefühl, dass
49 ihre psychologischen Fähigkeiten nicht ausreichen, um ihr
50 Publikum zu begeistern. Dann greifen sie auch zu einfache-
51 ren Tricks: Sie sammeln vor der Vorstellung Informationen
52 über ihre Kandidaten, setzen Helfer ein oder arbeiten mit
53 versteckten Kameras.
54 Manuel Horeth erklärt ganz offen und ehrlich: „Ich täusche
55 die Menschen mit Worten und mit der Macht der Psycholo-
56 gie. Ich bin ein Täuschungskünstler."

> jmdn. auffordern ≈ jmdn. bitten, etwas zu tun
> mühelos ≈ ohne harte Arbeit, ganz leicht
> ● Mühe ≈ harte Arbeit
> jmdn. hindern an etwas ≈ jmdn. etwas nicht tun lassen
> ● Macht ≈ Möglichkeit und Fähigkeit, etwas zu tun

b Lies noch einmal. Richtig oder falsch?

	richtig	falsch
1 Mentalisten zeigen Kartentricks und lassen Gegenstände verschwinden.	?	?
2 Manuel Horeth meint, jeder kann ein Mentalist werden.	?	?
3 Der Mentalist konnte nicht erraten, was die Zuschauer gezeichnet hatten.	?	?
4 Die meisten Zuschauer im Publikum zeichneten etwas, was sie vorher gesehen hatten.	?	?
5 Eine Kandidatin musste für Horeth ein Bungeeseil aussuchen.	?	?
6 Die Kandidatin wollte nicht, dass Horeth sprang.	?	?
7 Beim „Cold Reading" arbeitet der Mentalist immer mit einem Helfer zusammen.	?	?
8 Alle Mentalisten vertrauen allein auf ihre mentalen Fähigkeiten.	?	?

c Lies die Fragen und mach Notizen. Diskutiert dann in der Klasse.

Welche Tricks von Magiern, Wahrsagerinnen oder Mentalisten kennt ihr? Wie funktionieren diese Tricks vielleicht?

B1 „Cold Reading"

a Ergänze die Sätze mit den richtigen Verben und Präpositionen. Zu welchem Textabschnitt (A–D) aus A2a gehören die Sätze?

> ✪ überraschen mit ^{Dat.} ✪ erinnern an ^{Akk.} ✪
> ✪ hat Angst vor ^{Dat.} ✪ denken an ^{Akk.} ✪
> ✪ nachdenken über ^{Akk.} ✪
> ✪ unterhalten mit ^{Dat.} ✪ zweifelt an ^{Dat.} ✪
> ✪ hören auf ^{Akk.} ✪ hindern am ^{Dat.} ✪
> ✪ arbeiten mit ^{Dat.} ✪ achten auf ^{Akk.} ✪

A Mentalisten und Zauberkünstler (Zeile 1–12)
B Ein Trick wird verraten (Zeile 13–21)
C Der Bungeesprung (Zeile 22–37)
D Mentalisten und ihre Techniken (Zeile 38–56)

1 **A** Mentalisten <u>überraschen</u> ihr Publikum <u>mit</u> ihren geistigen Fähigkeiten.

2 **?** Das Publikum soll ⚬⚬⚬ einen Gegenstand ⚬⚬⚬.

3 **?** Er ⚬⚬⚬ nicht ⚬⚬⚬ ihr und springt.

4 **?** Die Kandidatin soll nicht zu lange ⚬⚬⚬ ihre Entscheidung ⚬⚬⚬, sondern ⚬⚬⚬ ihre innere Stimme ⚬⚬⚬.

5 **?** Manchmal ⚬⚬⚬ Mentalisten ⚬⚬⚬ ganz einfachen Tricks.

6 **?** Die meisten ⚬⚬⚬ sich ⚬⚬⚬ die Bilder am Eingang.

7 **?** Mentalisten ⚬⚬⚬ sich ⚬⚬⚬ ihren Kandidaten und ⚬⚬⚬ ⚬⚬⚬ ihre Körpersprache.

8 **?** Sie ⚬⚬⚬ ⚬⚬⚬ ⚬⚬⚬ der Entscheidung und will den Mentalisten ⚬⚬⚬ Sprung ⚬⚬⚬.

b Schreib mit den Satzanfängen sechs persönliche Sätze. Ein Satz soll eine Lüge sein.

1 Ich denke oft an ^{Akk.} ⚬⚬⚬
2 Ich interessiere mich für ^{Akk.} ⚬⚬⚬
3 Ich habe Angst vor ^{Dat.} ⚬⚬⚬
4 Ich freue mich auf ^{Akk.} ⚬⚬⚬
5 Ich habe oft Lust auf ^{Akk.} ⚬⚬⚬
6 Ich träume oft von ^{Dat.} ⚬⚬⚬

c Partnerarbeit. Macht ein Partnerinterview mit den Sätzen aus b. Achtet auf die Körpersprache eurer Partnerin / eures Partners. Welche Antwort ist wohl die Lüge?

> 99 Mühelos erriet Horeth, **woran** seine Zuschauer gedacht hatten.

> denken **an**: Wo▾ran denkst du oft?
> *Vergleiche:*
> sich interessieren **für** ⟶ wofür
> sich freuen **auf** ⟶ wo▾rauf

> Woran denkst du oft? — An Schokoladeneis.

d Schreib Fragen mit *wo-* oder Fragen mit *wen / wem* zu den Sätzen in a.

> ⚠ Bei Personen:
> Ich denke oft **an** meine Cousine.
> **An wen** denkst du oft?
> sich interessieren für ⟶ für wen, arbeiten mit ⟶ mit wem …

Womit überraschen Mentalisten ihr Publikum?

An wem zweifelt …?

B2 Berühmte Experimente aus der Psychologie

a Lies die Texte A und B. Welche Überschrift passt zu welchem Text? Zwei Überschriften passen nicht.

1 Wir glauben lieber an komplizierte Erklärungen als an einfache.

2 Wenn man eine Wette nicht gewinnen will, verliert man sie ganz sicher.

3 Computer führen uns meist zu falschen Lösungen.

4 Wenn man an etwas nicht denken will, dann denkt man noch öfter daran.

A **?**

Der britische Mentalist Derren Brown wettet, dass seine Kandidatin es nicht schafft, folgendes Verbot einzuhalten: Sie darf fünfzehn Minuten lang nicht auf den roten Knopf ✲ in der Mitte des Zimmers drücken. Das Zimmer darf sie in dieser Zeit nicht verlassen. Die Frau ist ¹damit einverstanden. Während sie wartet, möchte sie Derrens Verbot am liebsten vergessen. Doch immer wieder muss sie ²daran denken. Der Wunsch, auf den Knopf zu drücken, wird immer stärker. Schließlich tut sie es. Derren Brown hat seine Wette gewonnen. (Ironische Prozesse)

● Knopf

B **?**

Zwei Gruppen sollen eine Lernaufgabe lösen. Ein Computer gibt ihnen ³dabei Tipps und führt sie zu einer Lösung. Die eine Gruppe bekommt vom Computer das richtige Resultat, das sehr einfach ist. Die andere Gruppe wird vom Computer zu einer sehr komplizierten Lösung geführt. Diese Lösung ist aber falsch.

Nach der Lernphase vergleichen die Gruppen ihre Lösungen. Dabei kann die Gruppe mit den falschen Resultaten die andere Gruppe ⁴davon überzeugen, dass ihre Lösung richtig ist. Schließlich glauben alle ⁵daran, dass die komplizierte, aber falsche Lösung richtig ist. (Bavelas-Experiment)

> ● Resultat ≈ Lösung
> jmdn. überzeugen von ≈ jmdm. etwas so erklären, dass diese Person die Erklärung richtig findet

b Schreib die Fragen zu den Präpositionalpronomen (1-5) aus den Texten in a und ordne dann die richtige Antwort zu.

„ Die Kandidatin hatte große Angst **davor**, das falsche Seil zu wählen.

Präpositionalpronomen
Dabei (= beim „Cold Reading") achtet der Mentalist auf die Körpersprache.
da**r**an, dafür, davor …

A Beim Lösen der Lernaufgabe.
B Dass die falsche Lösung richtig ist.
C Dass ihre komplizierte Lösung richtig ist.
D Mit der Wette.
E An das Verbot.

1	damit	Womit	*ist die Frau einverstanden*?	**D**
2	daran	Woran	……?	?
3	dabei	Wobei	……?	?
4	davon	Wovon	……?	?
5	daran	Woran	……?	?

c Lies noch einen Text und finde wieder die passende Überschrift.

1 In einer großen Gruppe übernimmt der Einzelne weniger Verantwortung.
2 Wenn viele Menschen bei einem Unfall in der Nähe sind, kommt sehr schnell Hilfe.

c ?

Situation 1: Ein alter Mann stürzt auf der Straße und bleibt am Boden liegen. Mindestens dreißig Menschen sind in der Nähe und haben gesehen, wie der Mann gestürzt ist. Trotzdem dauert es zehn Minuten, bis eine ältere Frau mit ihm spricht und ihm hilft.
Situation 2: Es ist zehn Minuten nach Badeschluss. Das Stadtbad ist leer. Zwei Jugendliche stehen am Ausgang und wollen das Bad gerade verlassen. Da sehen sie eine Frau, die auf der Terrasse des Restaurants stürzt. Sofort laufen sie zu ihr und kümmern sich um sie. (Verantwortungsdiffusion)

> ● Verantwortung übernehmen ≈ erklären, dass man eine Aufgabe übernehmen will
> sich kümmern um ≈ einer Person helfen, die Hilfe braucht

d Zu welchen Texten (A-C) passen die folgenden Situationen? Findet andere Situationen, die zu den Texten passen.

1 Die Lehrerin fragt die Klasse, wer bei der Vorbereitung des Schulfestes mithelfen kann. Niemand meldet sich. Nach der Stunde fragt sie Mark und Sabrina alleine. Beide helfen gerne. **Text:** …

2 Ein Wissenschaftler erklärt im Werbefernsehen eine chemische Formel für eine neue Zahncreme. Obwohl Frau Huber die Erklärung nicht verstanden hat, kauft sie die Zahncreme. **Text:** …

3 Sonja beschließt, keine Schokolade mehr zu essen. Den ganzen Tag denkt sie nur an Schokolade. **Text:** …

e Welche Texte (A-C) sind gemeint? Fragt nach den unterstrichenen Pronomen und antwortet.

1 Sie können sie davon überzeugen.
⊙ Wer kann wen wovon überzeugen?
◆ Beim Bavelas Experiment kann die Gruppe mit den falschen Resultaten die andere Gruppe von ihrer Lösung überzeugen.
Text: B

2 Sie spricht mit ihm. **Text:** …
3 Sie muss immer daran denken. **Text:** …
4 Sie laufen zu ihr. **Text:** …
5 Sie ist damit einverstanden. **Text:** …
6 Sie glauben daran. **Text:** …
7 Sie kümmern sich um sie. **Text:** …

f Partnerarbeit. Sammelt in B1 und B2 Verben zu den Präpositionen.

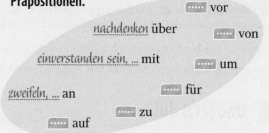

…… vor
nachdenken über
…… von
einverstanden sein, … mit
…… um
zweifeln, … an
…… für
…… zu
…… auf

g Schreibt persönliche Sätze mit Pronomen. Eure Partnerin / Euer Partner fragt.

Ich träume oft davon.
Sie kümmert sich um sie.
…

Wovon träumst du oft? — Vom Fliegen.

Wer kümmert sich um wen? — Meine Schwester kümmert sich um unsere Katze.

C1 Tricks und Psychotricks

a Partnerarbeit. Was denkt ihr, ist für diese Personen wichtig? Schreibt Sätze und diskutiert.

Anna

Jürgen

> ✪ Medizin studieren ✪ gute Noten haben ✪ gut aussehen ✪
> ✪ sportlich sein ✪ viele Freunde haben ✪ Spaß haben ✪
> ✪ im Lotto gewinnen ✪ in einem Fitnesscenter arbeiten ✪ ... ✪

Annas Wunsch ist es, ...
Jürgen findet es wichtig, ...

> Ich glaube, für Jürgen ist es wichtig, Spaß zu haben.

Weißt du's noch?
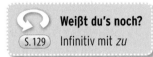
S. 129   Infinitiv mit *zu*

b Hört zu und vergleicht eure Vermutungen. 🔊 ① 14-15

c Hör noch einmal. Was machen die Jugendlichen, um ihre Ziele zu erreichen? Ergänze die Namen und ordne zu.

> **"** Horeth hatte Bilder von Zahnbürsten aufgehängt, **um** die Gedanken seiner Zuschauer **zu beeinflussen**.

> **um ... zu ...**
> Anna lernt viel, **um** gute Noten **zu** bekommen.
> (= **weil** sie gute Noten bekommen **will**.)

A Anna	1 ⟨?⟩ stellt sich vor, Ärztin zu sein,	**a um** gut auszu**zu**sehen.
	2 ⟨?⟩ nimmt Tabletten,	**b um** wieder Lust aufs Lernen **zu** bekommen.
B Jürgen	3 ⟨?⟩ geht ins Solarium,	**c um** sicher **zu** sein, dass sie es schaffen kann.
	4 ⟨?⟩ denkt an die letzte erfolgreiche Prüfung,	**d um** fit **zu** bleiben.

d Was brauchen Mona und Connie nicht (mehr) zu tun? Ergänze die Sätze.

> **"** **Sie brauchen keine** Kartentricks **zu** zeigen wie ihre Kollegen.

> **brauchen** + (nicht, kein, nie, nur ...) ➡ **zu** + Infinitiv

> ✪ an Noten denken ✪ mit ihm joggen gehen ✪ keine Tests mitschreiben ✪ über Fitnessregeln diskutieren ✪ ... ✪

1 Mona: Ich bin froh, dass ich meine Friseurlehre habe. *Ich brauche nicht mehr an Noten zu denken. ...*
2 Connie: Ich bin froh, dass das mit Jürgen aus ist. *Ich ...*

C2 Und jetzt du!

a Partnerarbeit. Was ist in eurem Leben wichtig? Was ist nicht wichtig? Macht zwei Listen und vergleicht.

wichtig	nicht wichtig
Erfolg im Sport haben,	*gut essen,*
Spaß haben	*gute Noten bekommen*

> ✪ gesund sein ✪ mehr Sport treiben ✪ die neuesten Filme sehen ✪ alle U2-CDs / alle ... haben ✪ gut essen ✪ ✪ modische Kleidung tragen ✪ Führerscheinprüfung bestehen ✪ Geld verdienen ✪ Erfolg im Sport ✪ ... ✪

> *Für mich ist es wichtig, Erfolg im Sport zu haben.*

> ℹ Sport treiben ≈ Sport machen
> eine Prüfung bestehen ≈ eine Prüfung schaffen

b Was tust du, um deine Ziele zu erreichen? Was ist für dich nicht wichtig? Was brauchst du deshalb nicht zu tun? Schreib Sätze und vergleiche in der Klasse.

Um Erfolg im Sport zu haben, ... Es ist für mich nicht wichtig, gut zu essen. Deshalb ...

D Kommunikationsstrategien

a Ergänze den Dialog. Hör dann und vergleiche.

A Dann könnten wir doch mal gemeinsam Tennis spielen.

B Ich habe gestern etwas Tolles ausprobiert. Aber du magst ja keinen Sport.

C Du magst sicher keine Ballsportarten.

D Ich habe mit Peter Tennis gespielt. Aber ich glaube, das ist nichts für dich.

1 ⊙ **B** ◆ Das hängt davon ab. Erzähl doch mal.

2 ⊙ **?** ◆ Warum denn nicht? Vielleicht interessiert es mich doch.

3 ⊙ **?** ◆ Doch, Ballspiele mag ich.

4 ⊙ **?** ◆ Ja, warum nicht?

> ℹ️ abhängen von ≈ etwas passiert nur, wenn etwas anderes auch passiert

> **Strategie:** Du möchtest, dass jemand etwas tut. Du erklärst der Person, dass sie das sicher **nicht** mag / kann / will ... Die Person widerspricht und macht schließlich das, was du willst. (Kontrasuggestion)

> ℹ️ widersprechen ≈ erklären, dass die Meinung des anderen falsch ist

b Partnerarbeit. Wählt eine Situation und macht ähnliche Dialoge.

Deine Partnerin / Dein Partner soll ...
- ... mit dir im Kino einen Liebesfilm ansehen.
- ... dir mit Mathematik helfen.
- ... dir sein Moped leihen.
- ... für dich babysitten.

> *Du hast sicher keine Lust, ...*
> *Ich bin sicher, du ...*
> *..., aber das ist sicher nicht wichtig / interessant / für dich*
> *Na, dann könnten wir doch ...*

> *Das hängt davon ab.*
> *Das kommt darauf an.*
> *Im Gegenteil, ich ...*
> *Na ja, warum nicht ...*
> *Doch, ich kann / mag / möchte gerne ...*

c Sieh die Fotos an. Was machen die Jungen für Sabrina? Hör den Dialog und vergleiche. 🔊 **1** 17

Tom   Mark und Sabrina

d Wer wollte was? Wer war erfolgreich? Hör noch einmal, ergänze die Namen und zeichne Smileys.

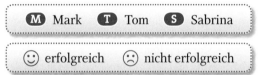

> **M** Mark   **T** Tom   **S** Sabrina

> ☺ erfolgreich   ☹ nicht erfolgreich

1 **M** und **T** wollten gemeinsam ins Kino gehen. ☹

2 **?** wollte mehr Zeit haben, um für die Fahrprüfung lernen zu können. ☺

3 **?** wollte, dass **?** ihre Tennisschüler übernimmt. ☺

4 **?** wollte nicht 20 Stunden auf dem Tennisplatz stehen. ☺

5 **?** wollte etwas anderes für **?** tun, als Tennisstunden zu halten. ☺

6 **?** wollte, dass **?** ihn in die Franckstraße bringt. ☺

7 **?** wollte, dass **?** ihr sein Moped leiht. ☺

8 **?** wollte, dass **?** sie auf seinem Moped mitnimmt. ☺

9 **?** wollte, dass **?** sie mit dem Moped fahren lässt. ☺

e Welche Strategien verwendet Sabrina bei Tom und Mark, um ihre Ziele zu erreichen? Ordne zu.

Bei Tom: Strategie **?**   Bei Mark: Strategie **?**

> **A** **Strategie:** Du bittest eine Person, etwas Einfaches für dich zu tun. Wenn sie deinen Wunsch erfüllt, bittest du sie, etwas Schwierigeres für dich zu tun. (Fuß-in-der-Tür-Technik)

> **B** **Strategie:** Du bittest eine Person, etwas Schwieriges für dich zu tun. Wenn die Person deinen Wunsch ablehnt, bittest du sie, etwas Einfaches für dich zu tun. (Tür-ins-Gesicht-Technik)

> ℹ️ einen Wunsch erfüllen ≈ machen, was jemand will
> einen Wunsch ablehnen ≈ sagen, dass man nicht macht, was jemand will

E1 Alles für Sabrina ...

a Ordne die Bilder den Sätzen zu, ergänze sie und schreib Sätze mit *um ... zu*.

1 **A** Sabrina braucht <u>ein Moped, um zur Fahrschule zu fahren.</u>
   (zur Fahrschule fahren)
2 **?** Kia hätte gern ....., um ... *(ihre Katze filmen)*
3 **?** Maria hätte gern ....., ... *(im Bett lesen können)*
4 **?** José würde gern ..... in Deutschland machen, ... *(schnell Deutsch lernen)*
5 **?** Ulli und Gerald brauchen ....., ... *(am Skitag teilnehmen)*

b Schreib Sätze mit *damit* wie im Beispiel. Finde die Personen **?** in a, die fehlen.

> 🔊 Ich babysitte für Sabrina, **damit** sie für die Führerscheinprüfung **lernen kann**.

1 Mark – **?** – Moped leihen
   Mark leiht Sabrina sein Moped, damit sie zur Fahrschule
   fahren kann.
2 Josés Eltern – **?** – zum Sprachkurs anmelden .....
3 Die Schule – **?** – Skier leihen .....
4 Carina – **?** – Lampe schenken .....
5 Max – **?** – Videokamera leihen .....

> Sabrina braucht ein Moped, **damit** sie zur Fahrschule **fahren kann**.
> Subjekt 1   Subjekt 2
> Subjekt 1 = Subjekt 2 ☐ **damit** oder **um ... zu**.
>
> Mark leiht Sabrina sein Moped, **damit** sie zur Fahrschule **fahren kann**.
> Subjekt 1   Subjekt 2
> ⚠ Subjekt 1 ≠ Subjekt 2 ☐ nur **damit**

E2 *statt ... zu* und *ohne ... zu*

a Zeichne Smileys ☺ ☹ und schreib Sätze mit *statt ... zu* wie im Beispiel. Schreib auch zwei persönliche Sätze.

> 🔊 Ich würde auch lieber ins Kino gehen, **statt** mit einer Dreijährigen **zu** spielen.

1 Tom   mit einer Dreijährigen spielen ☹   Kino gehen ☺
   Ich würde lieber ins Kino gehen, statt mit einer Dreijährigen zu spielen.
2 Silvia   auf Toms Geburtstagsparty gehen ☺   Mathe lernen ☺
3 Caro   immer mit dem Fahrrad fahren ☺   ein Moped haben ☺
4 Christoph am Meer sein ☺   im Supermarkt arbeiten ☺

> **Weißt du's noch?**
> S. 128 Konjunktiv II (Wünsche)

b Partnerarbeit. Schreibt Ratschläge zu den folgenden Themen mit *ohne ... zu*. Findet auch neue Ratschläge.

> 🔊 Du solltest nicht babysitten, **ohne** eine Ahnung von Babys **zu** haben.

Straßenverkehr: ✪ über die Straße gehen ✪ nach links und rechts schauen ✪ nachts Rad fahren ✪
                    ✪ Licht einschalten ✪ ... ✪
Sport: ✪ Skifahren ✪ Handschuhe tragen ✪ trainieren ✪ sich aufwärmen ✪ weit laufen ✪ trinken ✪ ... ✪
Schule: ✪ Text abgeben ✪ gut durchlesen ✪ in den Unterricht kommen ✪ Hausaufgaben haben ✪ ... ✪
Reisen: ✪ Urlaub fahren ✪ ein Zimmer reservieren ✪ ... ✪
Freizeit: ✪ Party machen ✪ mit den Nachbarn sprechen ✪ ... ✪

Du solltest nicht über die Straße gehen, ohne nach links und rechts zu schauen.

> **Weißt du's noch?**
> S. 128 Konjunktiv II (Ratschläge)

F1 Mentaltrainer

a Lies den Text. Wie bereiten sich Skispringer mental auf ihren Sprung vor? Sprecht dann in der Klasse.

Der ideale Sprung ...

Bei einem idealen Sprung muss alles passen. Der Skispringer muss topfit sein, aber er muss sich auch mental gut auf den Wettkampf vorbereitet haben. Die Skispringer vertrauen dabei auf die Fähigkeiten ihrer Mentaltrainer. Sie kümmern sich darum, dass nicht die Nervosität eines Springers seinen Erfolg verhindert. Immer wieder stellen sich die Springer im Geist den idealen Sprung vor. Dabei denken sie intensiv an ihre letzten großen Erfolge. Die Springer müssen an sich glauben und Freude am Wettkampf haben. Dabei kann auch Musik helfen. So mancher Weltklassespringer hört kurz vor dem Wettkampf „I believe I can fly" von R. Kelly.

b Partnerarbeit. Lasst bei diesem Spiel den Text verschwinden. Stellt Fragen nach Satzteilen und Wörtern im Text. Nach jeder Frage streicht ihr die Antwort aus dem Text. Am Ende soll der ganze Text verschwunden sein. Zählt eure Wörter. Wer mit seinen Fragen die meisten Wörter gelöscht hat, hat gewonnen.

> **verhindern** ≈ etwas tun, damit etwas anderes nicht geschieht

Der ideale Sprung ...

~~Bei einem idealen Sprung~~ muss ~~alles~~ passen. Der Skispringer muss topfit sein, aber er muss sich auch mental gut auf den

⊙ Wobei muss alles passen?
◆ Bei einem idealen Sprung. (= 4 Wörter)
◆ Was muss passen?
⊙ alles (= 1 Wort)

Auch solche Fragen sind erlaubt:
Wie heißt das erste Modalverb im Text? *muss* (= 1 Wort)
Was ist der Infinitiv von *ist*? *sein* (= 1 Wort)

F2 Ich habe mich schon darauf gefreut ...

a Roland hat eine E-Mail von seinem Freund Manuel bekommen. Er hat sofort geantwortet. Lies Rolands Antwort und beantworte die Fragen.

✉ Nachricht

| Von: Roland | Gesendet: Dienstag, 17:30 Uhr | An: Manuel |

Hallo Manuel,
ich habe mich auch schon sehr auf Deinen Besuch gefreut. Schade, dass Du nächste Woche nicht nach München kommen kannst. Ich kann gut verstehen, dass Du Dich darüber ärgerst. Vor allem, weil Dein Chef Dir ja zuerst freigegeben hat und jetzt Probleme macht. Aber ärgere Dich nicht zu sehr darüber. Mach Dir auch keine Gedanken über die Eintrittskarten. Das Konzert war sowieso ausverkauft, und ich habe gar keine Karten mehr bekommen. Statt ins Konzert zu gehen, wollte ich mit Dir ein Basketballspiel anschauen. Du hast ja geschrieben, dass Du Basketball magst. Daraus wird jetzt leider nichts. Du schreibst, dass Du vielleicht im März kommen kannst. Sag mir bitte bald Bescheid, damit ich rechtzeitig etwas organisieren kann. Vielleicht klappt es beim nächsten Mal.
Liebe Grüße
Roland

---

1 Wohin wollte Manuel nächste Woche fahren?
2 Warum kann er nicht kommen?
3 Was wollten Manuel und Roland machen?
4 Warum will Roland mit Manuel zu einem Basketball-spiel gehen?
5 Wann will Manuel kommen?

b Was hat Manuel wohl in der E-Mail geschrieben, die Roland gerade beantwortet hat? Schreib Manuels E-Mail an Roland.

Rosi Rot und Wolfi

Denk nicht daran, Rosi

Du solltest wieder normal essen, statt diese blöde Gemüsediät zu machen.

Gar nicht daran denken.

Kannst du Gedanken lesen?

Es muss etwas getan werden!

Tuvalu ist ein Paradies.

A1 Klimawandel

a Lies den Text und die Grafik. Wie hoch könnte die Temperatur auf der Erde im Jahr 2100 sein?

i ● Paradies ≈ wunderbares Land

Monise Tiseni

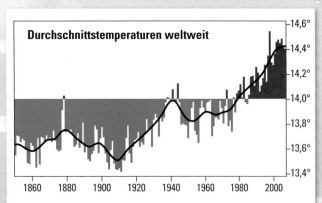

Durchschnittstemperaturen weltweit

14,6°
14,4°
14,2°
14,0°
13,8°
13,6°
13,4°

1860 1880 1900 1920 1940 1960 1980 2000

Naturschutzgebiet Halligen

Arne Hansen

In den fünfundzwanzig Jahren von 1980 bis 2005 ist die Temperatur weltweit um ein halbes Grad gestiegen. Das ist genau so viel wie in den 120 Jahren zuvor. Die Experten nehmen an, dass die Temperatur auf der Erde bis zum Jahr 2100 um weitere sechs Grad steigen kann. Sie rechnen mit dramatischen Folgen für uns alle. Einige davon spüren wir schon jetzt.

Halligen

Tuvalu

i (an)steigen ① ≈ ↑(mehr/größer werden)
annehmen ① ≈ glauben
● Folge ≈ was später kommt
spüren ≈ bemerken, fühlen

b Welche Folgen hat der Klimawandel schon jetzt? Welche Sätze passen zu den Fotos (A-C)?
Welche zwei Ereignisse haben nichts mit dem Klimawandel zu tun?

Ⓐ ? ● Sturmflut

1 Der Meeresspiegel steigt und bedroht Küstenregionen und Inseln.

2 Die Menschen werden immer älter.

3 Die Zahl der Wirbelstürme (Hurrikane und Tornados) steigt.

4 Es gibt mehr Sturmfluten.

5 In manchen Regionen gibt es mehr Trockenheit.

6 Die Gletscher schmelzen.

7 In den großen Städten gibt es mehr Müll.

8 Die Korallenriffe sterben.   *Lösung: S. 147*

Ⓑ ? ● Gletscher   Ⓒ ? ● Korallenriff

i ● Ereignis ≈ was passiert
● Meeresspiegel ≈ Höhe des Meeres
bedrohen ≈ eine Gefahr sein für jmdn./etwas
● Küste ≈ Region zwischen Meer und Land
trocken (● Trockenheit) ≠ nass
schmelzen ① ≈ aus Eis wird Wasser   ① → S. 130

A2 Das Meer kommt!

a Sieh die Fotos an. Lies und hör den Text. Welche Sorgen haben Monise Tiseni und Arne Hansen?

Rettet unsere Inseln!

1 Monise Tiseni ist Taxifahrer von Beruf. Sehr weit kann
2 Monise seine Fahrgäste allerdings nicht transportieren. Er lebt
3 in Tuvalu, einem Inselstaat im Pazifik, und die längste Straße
4 auf Monises Heimatinsel ist nur acht Kilometer lang. „Ich lie-
5 be das Leben hier. Alles ist so einfach. Wenn einmal keine
6 Fahrgäste kommen, fange ich im Meer ein paar Fische und
7 genieße den Tag." Tuvalu ist ein Paradies: Es gibt viel Sonne,
8 Palmen und wunderschöne Strände. Auch aus diesem Grund
9 lieben die ca. 12.000 Bewohner der Inselgruppe ihre Heimat.
10 Auf der anderen Seite des Globus', 20.000 km entfernt, lebt
11 Arne Hansen. Arne ist Kaufmann von Beruf. Auch er ist mit
12 seinem Leben zufrieden. Seine Kunden sind vor allem Touris-
13 ten, die das Naturschutzgebiet Halligen besuchen. Die Halli-
14 gen sind eine Inselgruppe in der Nordsee. „Die wunderbare
15 Landschaft lockt viele Menschen auf unsere Insel. Wir leben
16 hier im Einklang mit der Natur", meint Arne Hansen.
17 Obwohl Monise und Arne in sehr unterschiedlichen Ländern
18 und Kulturen leben, machen sie sich dieselben Sorgen um
19 die Zukunft: Durch den Klimawandel steigt der Meeresspie-
20 gel, und das bedroht die Existenz ihrer Heimatinseln. Auf den

21 Halligen ist man an den Kampf gegen das Meer gewöhnt.
22 Jedes Jahr gibt es Sturmfluten und ein Großteil der Inseln wird
23 überflutet. Doch in den letzten Jahren sind die Stürme häufiger
24 und stärker geworden. Viel Geld wird investiert, um die Küste
25 und die Inseln zu schützen. Trotzdem macht sich Arne Hansen
26 Sorgen: „Wenn der Meeresspiegel in den nächsten Jahren
27 sehr schnell ansteigt, können die Inseln vielleicht nicht mehr
28 gerettet werden."
29 Die 12.000 Bewohner von Tuvalu bereiten sich inzwischen
30 schon ganz konkret auf einen Umzug vor. Der Inselstaat ist
31 arm und es gibt kein Geld, um gegen den Anstieg des Meeres
32 zu kämpfen. Der höchste Punkt der Insel liegt nur ca. vierein-
33 halb Meter über dem Meeresspiegel. Schon jetzt kann nichts
34 mehr auf den Feldern gepflanzt werden, da das Salzwasser
35 die Böden kaputt gemacht hat, und auch das Trinkwasser wird
36 knapp. Die Inseln werden langsam vom Meer geschluckt.
37 Tuvalus Premierminister bittet alle Länder, Verantwortung
38 zu übernehmen und etwas gegen den Klimawandel zu tun.
39 „Unsere Inseln müssen gerettet werden.", appelliert er an
40 alle Verantwortlichen. Denn zum ersten Mal in der Geschichte
41 muss vielleicht ein Land aus der UN-Mitgliedsliste gestrichen
42 werden, weil es ganz einfach nicht mehr existiert.

---

genießen ⓘ ≈ Freude an etwas haben
● Grund ≈ warum etwas passiert
aus diesem Grund ≈ deshalb
● Existenz ≈ das Dasein, das Leben
etwas gewöhnt sein ≈ etwas normal finden

● Umzug (umziehen) ≈ jmd. bringt Möbel etc.
in eine neue Wohnung, um dort zu leben
knapp ≈ sehr wenig
schlucken (● Schluck) ≈ etwas (meistens: Essen
und Trinken) aufnehmen (hier: wegnehmen)
appellieren ≈ auffordern, dringend bitten

ⓘ → S. 130

---

b Lies den Text noch einmal. Vergleiche die Situation auf Tuvalu und den Halligen. Ergänze die Tabelle.

	Tuvalu	Halligen
1 Warum sind die Bewohner mit ihrem Leben auf den Inseln zufrieden?	Paradies, ...	
2 Welche Folgen hat der Anstieg des Meeresspiegels für die Inseln schon jetzt?		
3 Wie versuchen die Verantwortlichen, die Inseln vor dem Anstieg des Meeresspiegels zu schützen?		

c Lies die Fragen und mach Notizen. Diskutiert dann in der Klasse.

1 Würdest du lieber auf den Halligen oder auf Tuvalu leben? Wo ist das Leben wohl angenehmer?

2 Stell dir vor, du lebst auf Tuvalu und musst vielleicht deine Heimatinsel bald verlassen. Welche Gedanken, Wünsche, Sorgen und Hoffnungen hast du?

B1 Folgen des Klimawandels

99 ... und es gibt kein Geld, um gegen den **Anstieg des Meeres** zu kämpfen.

a Sieh die Grafiken an. Welche Frage passt zu welcher Grafik? Zwei Fragen passen nicht.

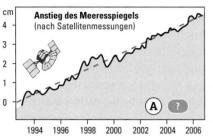

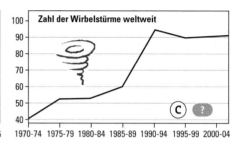

1 Wie verändern sich die Gletscher?

2 Wie hat sich der Meeresspiegel in den letzten Jahren verändert?

3 Wie stark waren die Wirbelstürme in den vergangenen Jahren?

4 Wie viele Wirbelstürme hat es in den vergangenen Jahren gegeben?

5 Wie hoch ist der Meeresspiegel im Jahr 2020?

b Beschreibe das Thema der Grafiken mit jeweils einem Satz.

Grafik ... zeigt, wie sich die Gletscher verändern.

Grafik ... macht deutlich, ...

Man kann in Grafik ... sehen, (dass) ...

> **Weißt du's noch?**
> S.129 Indirekte Fragesätze

c Ergänze die Beschreibungen mit den richtigen Verben ⚬⚬⚬ und den Informationen aus den Grafiken ⚬⚬⚬. Hör zu und vergleiche. 🔊 **1** 19

> **Weißt du's noch?**
> S.128 Genitiv

> ⊙ verändert ⊙ gestiegen (sein) ⊙
> ⊙ abgenommen (haben) ⊙
> ⊙ zugenommen (haben) ⊙

> ⓘ abnehmen ⚠ ≈ > (weniger werden)
> zunehmen ⚠ ≈ < (mehr werden)
> sich verändern ≈ < oder >
> ⚠ → S.130

Grafik A zeigt den Anstieg des Meeresspiegels von 1 ⚬⚬⚬ bis 2 ⚬⚬⚬. Wir sehen, dass der Meeresspiegel in diesen Jahren um 3 ⚬⚬⚬ Zentimeter 4 ⚬⚬⚬ ist.

Grafik B zeigt den Rückgang des Gletschereises seit dem Jahr 5 ⚬⚬⚬. Die Gletscher haben sich stark 6 ⚬⚬⚬. Man kann erkennen, dass die Dicke des Gletschereises stark 7 ⚬⚬⚬ hat. Im Jahr 1955 war das Gletschereis 8 ⚬⚬⚬ Meter dicker als im Jahr 2005.

Grafik C zeigt die Zahl der Wirbelstürme von 9 ⚬⚬⚬ bis 10 ⚬⚬⚬. Man kann sehen, dass die Zahl stark 11 ⚬⚬⚬ hat. Im Jahr 1970 hat es 12 ⚬⚬⚬ Wirbelstürme gegeben, im Jahr 2004 13 ⚬⚬⚬.

d Welche Folgen haben die Entwicklungen, die in den Grafiken gezeigt werden? Schreib Kettensätze mit *wenn ... dann*.

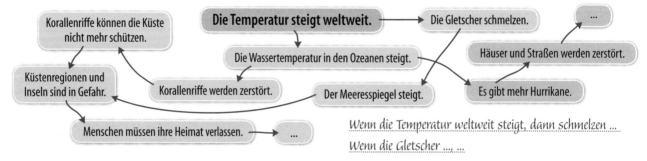

Wenn die Temperatur weltweit steigt, dann schmelzen ...

Wenn die Gletscher ..., ...

B2 Noch mehr Umweltprobleme ...

a Was passt? Ordne die Schlagzeilen (A-H) den Sätzen (1-8) zu.

A Tankerunglück ❋ vor der Küste Frankreichs.

❋ ● Tanker

B Protest gegen Kraftwerksbau ❋ im Naturschutzgebiet.

❋ ● Kraftwerk

C Bald kein Sushi mehr?

D Stadtbewohner öfter krank!

E Kahlenbergs Trinkwasser durch Mülldeponie in Gefahr.

❋ ● Tiger

F Sibirischer Tiger ❋ vom Aussterben bedroht.

G Rätselhaftes Fischsterben im Sonnbergsee.

H Krieg um Öl?

Luft

❋ ● Luft

1 ? Die Meere werden leer gefischt.
2 ? Die Luft ❋ wird verschmutzt.
3 ? Naturlandschaften werden zerstört.
4 ? Energiereserven werden verbraucht.
5 ? Tierarten werden ausgerottet.
6 ? Seen und Flüsse werden verschmutzt.
7 ? Küstenregionen werden zerstört.
8 ? Das Grundwasser wird verschmutzt.

> ❋ ● Bau ≈ Haus, Gebäude
> verbrauchen ≈ etwas benutzen, das dabei weniger wird

Weißt du's noch?
S. 128 Passiv Präsens

b Partnerarbeit. Welche Umweltprobleme aus **a** sind am größten? Was meint ihr? Nummeriert die Probleme und vergleicht mit eurer Partnerin / eurem Partner.

1 Tierarten werden
   ausgerottet

2 ...

> Das größte Problem ist, dass Tierarten ausgerottet werden.

c Gibt es Ursachen oder Verantwortliche für die Probleme in **a**? Sprecht und schreibt Sätze.

> ❢ **Wer macht was?**
>
> **durch** (+ Ursachen)   Die Korallenriffs werden **durch den Klimawandel** zerstört.
>
> **von** (+ Verantwortliche) Der Klimawandel wird **von den Menschen** gemacht.

> ✪ durch Verkehr ✪ durch Bauprojekte ✪
> ✪ von den Industriestaaten ✪
> ✪ von Jägern ✪ von der Industrie ✪
> ✪ durch Unfälle mit Tankschiffen ✪ ... ✪

> Die Luft in den Städten wird durch den Verkehr verschmutzt.

B3 Und deine Umwelt?

a Partnerarbeit. Macht eine Liste mit Umweltproblemen in eurem Wohnort.

> • Es gibt zu viele Autos in der Stadt, die Luft wird verschmutzt.
> • Auf den Straßen liegt viel Müll.
> • In der Nähe unseres Wohnortes wird eine neue Fabrik gebaut.
> • ...

b Vergleicht eure Liste mit einem anderen Paar. Macht gemeinsam eine zweite Liste und diskutiert: Was können wir alle in unserem Alltagsleben tun, um die Umweltsituation zu verbessern?

⊙ Kurze Strecken sollte man mit dem Fahrrad fahren.

◆ Ich finde, man sollte den Müll trennen.

☐ ...

Müll trennen

c Was davon tust du schon?

C   Was muss getan werden?

99 „Unsere Inseln **müssen gerettet werden**!"

a Lies den Text und ordne zu: Welche Energie ist erneuerbar, welche ist nicht erneuerbar?

Ein Grund für den Klimawandel ist das CO_2 in der Atmosphäre. Zuviel CO_2 bedeutet, dass sich das Klima verändert und die Temperatur weltweit ansteigt. In Europa müssen in den nächsten Jahren 20 Prozent des CO_2-Ausstoßes eingespart werden. Um das zu schaffen, soll mehr erneuerbare Energie produziert und eingesetzt werden.

Vergleiche die CO_2-Bilanzen:
Ein Kohlekraftwerk produziert 1000 Gramm CO_2 pro Kilowattstunde (kWh).
Ein Windkraftwerk produziert 24 Gramm CO_2 pro kWh.

ⓘ erneuerbare ● Energie ≈ Energie, die die Natur immer wieder neu bereitstellt
sparen ≈ nicht ausgeben, nicht verwenden
1 kWh = 1 Glühbirne mit 100 Watt 10 Stunden einschalten

A ● Öl

B ● Kohle

C ● Wind
Windpark mit Windrädern

D ● Sonnenenergie

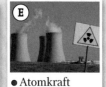
E ● Atomkraft = Kernkraft

F ● Wasserkraft

1   erneuerbare Energie: C, ...
2   nicht erneuerbare Energie: ●●●●●

b Lies die Zeitungsüberschrift und schreib einen kurzen Text über das Projekt.

Windpark soll bis 2030 fertiggestellt werden

Im Interview erklärt Energieexperte Diplomingenieur Gehring das Großprojekt vor Deutschlands Küste ...

Passiv mit Modalverben
Passiv Präsens Der Windpark wird bis 2030 fertiggestellt.
Der Windpark **soll** bis 2030 **fertiggestellt werden**.
(auch: kann, muss, darf, will, mag ... gemacht werden)

1   Der Windpark – 40 km vor der Küste – aufstellen sollen *Der Windpark soll ... aufgestellt werden.*

2   Zuerst – die Teile – von Spezialschiffen – transportieren müssen   *Zuerst müssen ...*

3   Dann – die Windräder – auf dem offenen Meer – zusammenbauen müssen

4   Schließlich – die Stromleitung – in 30 Meter Tiefe – verlegen müssen ✿

ⓘ ● Strom ≈ elektrische Energie

✿ Stromleitung verlegen

c Hör das Interview mit Diplomingenieur Gehring und beantworte die Fragen. 🔊 **1** 20

1   Warum werden die Windparks im Meer aufgestellt?

2   Wie groß sind die Windräder?

3   Wie viel Energie wird in Dänemark von Windparks produziert?

4   Wie viel Energie (Megawatt) soll von den deutschen Windparks im Jahr 2030 produziert werden?

5   Wie viele Kernkraftwerke können durch den Windpark eingespart werden?

d Projekte in der Schule. Was muss für diese Projekte gemacht werden? Schreib zu zwei oder drei Projekten einige Sätze im Passiv. Lies die Sätze in der Klasse vor. Die anderen erraten das Projekt.

Projekte

Umweltprobleme in Kirchdorf (Biologie)

Filmprojekt: Kommissar Kröger (Deutsch)

Brauchen wir mehr Platz? Wir vermessen unsere Schule (Mathe)

Das ist unsere Stadt (Broschüre für Touristen, Erdkunde)

Konzerttournee der Schulband und des Schulchors (Musik)

✪ Interviews mit ... machen
✪ im Internet nach ... suchen
✪ Informationen über ... besorgen (≈ holen)
✪ ... messen ⓘ (≈ Länge, Größe ... herausfinden)
✪ Texte schreiben ✪ Probentermine ausmachen

⚠ → S. 130

Umweltprobleme in Kirchdorf: Im Internet muss ...

D1 Energie sparen

 🔊 **1** 21-23

a Sieh die Bilder an und hör die Ansagen in den Hörtexten. Welches Bild passt zu welcher Ansage? Ergänze die fehlenden Informationen.

Hörtext ┈┈ Hörtext ┈┈ Hörtext ┈┈

b Welche Umweltprobleme erkennt ihr in den Ansagen in **a**? Was kann man dagegen tun? Ordnet zu und sammelt Ideen.

a　Hörtext ┈┈　hoher Energieverbrauch durch weite Transportwege für Nahrungsmittel

b　Hörtext ┈┈　Erdöl wird knapp

c　Hörtext ┈┈　Luftverschmutzung und Staus durch den Verkehr

ℹ️ ● Nahrungsmittel ≈ Lebensmittel
● Stau ≈ zu viele Autos fahren dieselbe Strecke und man kann nicht (schnell) fahren

Wir können mit dem Zug statt mit dem Auto fahren.

Wir sollten mit … heizen.

D2 Sabines Umwelttick

ℹ️ ● Tick ≈ verrückte Idee oder Gewohnheit

a Sieh das Foto an und hör den Text. Warum hat Ruth sich verletzt? Wie ist der Unfall passiert? 🔊 **1** 24

Ruth　　　　　　　　　　Sonja

b Hör noch einmal. Was ist richtig? Kreuze an.

1 Sabine
a ❓ hat eine Glühbirne aus der Lampe gedreht.
b ❓ hat vergessen, das Licht auszuschalten.

2 Sabine will,
a ❓ dass alle in der Familie vegetarisch essen.
b ❓ dass billigere Lebensmittel eingekauft werden.

3 Sonja ist gegen Autos in der Stadt,
a ❓ obwohl man mit dem Auto schneller als mit dem Bus ist.
b ❓ weil Autos laut sind und die Luft verschmutzen.

4 Ruth findet,
a ❓ dass Autos in der Stadt unpraktisch sind.
b ❓ dass ein Auto auch „Freiheit" bedeuten kann.

ℹ️ vegetarisch ≈ ohne Fleisch

c Ordne die Lösungssätze (1-4) in **b** den Hörzitaten (A-D) zu.

A ❓
Sonja: Ich hab gar nicht gewusst, dass Sabine so radikal ist.
Ruth: Da kennst du sie schlecht. … Jetzt sollen wir alle kein Fleisch mehr essen.

B ❓
Ruth: Aber das Auto macht dich mobil und unabhängig.
Sonja: Ja, du kannst ganz mobil und unabhängig im Stau stehen, ist ja voll blöd.

ℹ️ unabhängig ≈ frei, selbstständig

C ❓
Sonja: Gegen Autos in der Stadt bin ich aber auch. … Wegen des Lärms und der schlechten Luft.

D ❓
Sonja: Das nervt!
Ruth: Ja, vor allem gestern Nacht. Da bin ich im Dunklen voll gegen das Bücherregal gerannt.

d Welche Vorteile und welche Nachteile haben Autos in der Stadt? Sammelt Argumente und diskutiert in der Klasse.

ℹ️ ● Vorteil ≠ ● Nachteil ≈ positive Seite ≠ negative Seite

Vorteile 🙂	Nachteile 🙁
Man ist unabhängig	Parkgebühren

Wenn man in der Stadt einkauft, ist das Auto ein Vorteil.

E Sabines Ideen zum Klimawandel

a Schreib Sätze wie im Beispiel. Was muss / soll / darf getan werden?

 ... es **dürfen** nur noch Lebensmittel aus der Region **gekauft werden** ...

Ökoregeln
1) Nur Produkte aus der Region kaufen!
2) Beim Kochen Töpfe mit Deckel ✿ verwenden!
3) Im Winter die Heizung zurückdrehen!
4) Die Wäsche nicht im Wäschetrockner trocknen!
5) An Wochentagen nicht mehr baden, sondern duschen!
6) Für den Urlaub keine Flugreisen buchen!
7) Bei allen Elektrogeräten die Stand-by-Funktion ausschalten!

ℹ️ ● Wäschetrockner ≈ Maschine, die Kleider trocknet
● Elektrogerät ≈ Gerät, das mit Strom funktioniert

1 Nur Produkte aus der Region dürfen gekauft werden. 2 Beim Kochen müssen ...
3 Im Winter soll ...

✿ ● Deckel

b Partnerarbeit. Welche Einsparungen sind mit Sabines Ökoregeln in a möglich? Ordnet zu, hört die Lösungen und vergleicht. 🔊 ① 25

Einsparungen:	Ökoregel:
A 7 Liter Kerosin = 17 kg CO_2	
(1 kg Bananen aus Südamerika)	1
B 1 kg CO_2 pro Tag (Stand-by)	.....
C 1000 kg CO_2 (Flug Hamburg – Istanbul)	.....
D 100 Prozent Strom (Energie)	.....
E 70 Prozent Energie	.....
F 6 Prozent Heizenergie	.....
G 60 Prozent Energie (Töpfe mit Deckel)	.....

Wenn ..., dann kann / können ... eingespart werden.

Wenn man keine Bananen aus Guatemala, sondern ein Kilo Äpfel aus der Region kauft, können 17 kg CO2 eingespart werden.

c Löst die Rechenaufgabe auf S. 145

d Sabines Umwelttick. Hört zu, ergänzt, und macht ähnliche Dialoge. ① 26

🔊 **Falls** das wirklich hilft, warum nicht?
Wegen des Lärms und der schlechten Luft.

✽ falls ≈ wenn

wegen + Genitiv
wegen des Lärms ≈ weil es laut ist
⚠️ gesprochene Sprache auch _wegen_ + Dativ (wegen dir)

Ökoregel 1
☉ Wir sollten wirklich nur L⸺ aus der R⸺ k⸺.
◆ Falls du jetzt meine B⸺ aus dem Einkaufswagen n⸺ willst, werde ich wirklich b⸺.
☉ Wegen dir stirbt gerade ein Korallenriff!
◆ Jetzt übertreib nicht.

Wir sollten .... + Ökoregeln aus a (2-7)

Falls du ... 2 auch den Herd zu früh abstellen **3** die Heizung ganz ausschalten **4** Wäsche aus dem Wäschetrockner nehmen, bevor sie trocken ist **5** dich überhaupt nicht waschen **6** mit dem Zug in die Türkei fahren wollen **7** den Stecker von meinem Computer aus der Steckdose ziehen

Wegen dir ...
✪ schmelzen die Gletscher.
✪ steigt der Meeresspiegel.
✪ gibt es immer mehr Tornados.
✪ sterben die Eisbären ⚹ aus .
✪ kommt die Malariamücke ❋ auch zu uns.

 ⚹ ● Eisbär

 ❋ ● Mücke

e Denk an Familienmitglieder, Freunde oder Bekannte und schreib persönliche Sätze wie im Beispiel.

Wegen ...
✪ ... meines Vaters   ✪ ... meiner Tante
✪ ... meiner Eltern   ✪ ... meines Bruders
✪ ... meines Freundes ✪ ... ✪

Wegen meiner Eltern

Wir konnten die Party nicht bei mir zu Hause machen.

f Partnerarbeit. Lest eure Sätze vor. Eure Partnerin / Euer Partner rät.

☉ Wir konnten .... ◆ Wegen eurer Nachbarn? ☉ Nein, wegen ...

F1 Es wird wärmer …

a Lies den Liedtext. Zu welchen Textteilen (A oder B) passen die Aussagen?

1 Wenn es auf der Erde wärmer wird, hat das auch Vorteile. ?

2 Wenn wir nichts gegen den Klimawandel tun, schaden wir uns selbst. ?

b Hör das Lied. In welcher Reihenfolge kommen diese Themen in den Nachrichten vor?

- ⸺ Tuvalu
- ⸺ Korallenriffe
- ⸺ Klimaflüchtlinge
- 1 Temperaturanstieg
- ⸺ Entwicklung von Impfstoffen
- ⸺ Infektionskrankheiten
- ⸺ Tornados
- ⸺ ausgestorbene Tierarten

> ℹ
> ● Flüchtling ≈ Person, die wegen einer Katastrophe (Krieg usw.) ihr Land verlassen muss
> ● Flucht / fliehen ≈ wenn jemand sein Land verlassen muss
> ● Impfstoff ≈ Medikament gegen Infektionskrankheiten

F2 Projekt „Erneuerbare Energien"

a Lies den Arbeitsplan der Projektgruppe. Was muss alles gemacht werden? Wer macht was?

> **Projekt „Erneuerbare Energien"**
> Aufgaben bis nächsten Donnerstag
>
> 1) Im Internet Informationen sammeln:
>   • zur Windenergie (Jan??)
>   • zur Solarenergie (Mark)
>   • zur Wasserkraft (Sophie)
>   • zu alternativen Energieprojekten (Lisa)
> 2) Jakobs Vater anrufen (Sophie)
>   (Termin Kraftwerksbesichtigung)
> 3) Claudias Eltern besuchen
>   (Interview Solaranlage) (Lisa oder Jan oder Mark?)

b Jan ist neu in der Gruppe. Er möchte wissen, was noch gemacht werden muss. Schreib Lisas E-Mail an Jan.

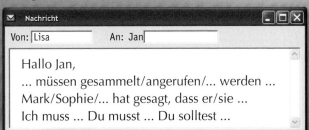

> ✉ Nachricht   ⎯ ☐ ✕
>
> Von: Lisa   An: Jan
>
> Hallo Jan,
> … müssen gesammelt/angerufen/… werden …
> Mark/Sophie/… hat gesagt, dass er/sie …
> Ich muss … Du musst … Du solltest …

Barfuß

(Nachrichten)

A Es wird wärmer, stört das wen?
Ich kann viel früher barfuß gehen.
Schon im März sind wir am Pool.
Ich finde das super, einfach cool.

(Nachrichten)
Es wird wärmer, das ist schön,
Ich kann die Sorgen nicht verstehen.
Mein Wintermantel bleibt zu Haus.
Ich geh im Herbst im T-Shirt aus!

(Nachrichten)
Es wird wärmer, stört das wen?
Klimawandel? – Wegen drei Grad zehn?
Eisbären gibt's noch. Seid doch froh.
Zwar nicht am Nordpol, doch im Zoo.

(Nachrichten)

B Falls ihr denkt, ihr seid gescheiter.
Falls ihr denkt, es geht auch so.
Dann ändert nichts, macht einfach weiter.
Nur weiter so, immer weiter weiter weiter weiter.
Erst wenn's zu spät ist,
werdet ihr sehen:
Wegen euch bleibt die Welt nicht stehen.
Sie wird sich einfach weiterdrehen,
auch ohne euch, auch ohne uns,
auch ohne mich, auch ohne dich.
Sie wird sich einfach weiterdrehen,
auch ohne euch, auch ohne uns,
auch ohne mich, auch ohne dich.
Sie wird sich einfach weiterdrehen,
auch ohne dich.

> ℹ barfuß ≈ ohne Schuhe

Rosi Rot und Wolfi

Warum geht das Licht nicht an?

Die Eisbären sind fast ausgestorben, die nächsten sind wir Wölfe. Es muss etwas getan werden!

Ich habe die Glühbirne herausgedreht.

Und warum das?

Wegen des Klimawandels.

Pflanzen und Wildtiere in den deutschsprachigen Ländern

LK1 Fakten

a Lies den Text. Was sind die Aufgaben der Nationalparks?

Nationalparks

Während in den USA durchschnittlich 27 Menschen auf einem Quadratkilometer wohnen, sind es in Deutschland fast zehnmal so viele. Ein dichtes Netz ✿ von Straßen, Städten, Dörfern und Fabriken lässt den Wildtieren in den deutschsprachigen Ländern immer weniger Lebensraum. Mehrere Nationalparks dienen den Tieren in Deutschland, Österreich und der Schweiz als Schutzgebiete. Für Touristen organisieren die Nationalparks Wanderungen, Kurse und Vorträge, um ihnen die sehenswerte Tier- und Pflanzenwelt zu zeigen.

> ℹ️ dicht ≈ sehr eng
> dienen ≈ unterstützen, helfen
> sehenswert ≈ man sollte es sehen

✿ ● Netz

b Partnerarbeit. Hört zu und ordnet zu. In welchen Nationalparks können welche Tiere beobachtet werden? Macht Dialoge wie im Beispiel. 🔊 **1** 28

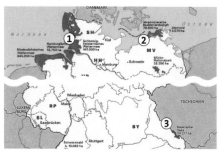
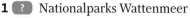

1 ? Nationalparks Wattenmeer
2 ? Nationalpark Vorpommersche Boddenlandschaft
3 ? Nationalpark Bayerischer Wald

4 ? Nationalpark Neusiedler-See – Seewinkel

5 ? Nationalpark im Engadin
6 ? Walliser Alpen

● Wolf **A**

● Steinadler **B**

● Kranich **C**

● Seehund **D**

● Storch **E**

● Biber **F**

⊙ Wohin kann man fahren, um Biber zu sehen?
◆ Nach ... In den Nationalpark ...

⊙ Wo können ... beobachtet werden?
◆ Im Nationalpark ...

c Hör noch einmal. Zu welchem Tier passt welche Frage? Finde die Antworten und die beiden Lösungswörter.

(ä = ae, ö = oe, ü = ue)

1 Welche Tiere waren früher ein Problem für die Fischer? _S_ _ _ _ _ _
  5 9   13   4

2 Welches Tier ist das Markenzeichen der Lufthansa? _ _ _ _ _ _ _
  10 6 7

3 Über 10.000 dieser Tiere leben in Bayern. Welche Tiere sind das? _ _ _ _ _ _
  2

4 Welches Tier ist das Symbol für eine ganze Region geworden? _ _ _ _ _ _ _
  14 15

5 300 dieser Tiere leben heute in den Schweizer Alpen. Welche Tiere sind das? _ _ _ _ _ _ _ _ _
  16   11   3

6 Welche Tiere sind aus Italien in ein deutschsprachiges Land eingewandert? _ _ _ _ _
  1, 8   12

7 Welche zwei Wildtiere bezeichnen die Buchstaben 1–16?

● _ _ _ _ _S_ _ _ _ _ _
  1 2 3 4 5 6 7 8 9 10 11

● _ _ _ _ _
  12 13 14 15 16

LK2 Beispiele

Das Verhältnis zwischen Menschen und Wildtieren ist nicht immer ganz einfach.

ℹ️ ○ Verhältnis ≈ Beziehung

a Beispiel 1: Lies den Text. Was erfährst du über Braunbären? Wer ist Bruno?

Der Bär ist los …

1 Mehrere tausend Jahre lang lebten Braunbären ungestört in den europäischen Wäldern,
2 bis der Mensch sie schließlich intensiv zu jagen begann. Im 19. Jahrhundert waren sie in
3 Europa fast überall verschwunden. Seit einigen Jahrzehnten versuchen Tierschützer, dem
4 Braunbären in Österreich und Deutschland wieder eine Heimat zu geben. Doch der Lebens-
5 raum für die Bären ist klein geworden.

6 Das musste auch der Braunbär „Bruno" erfahren, der vor einigen Jahren in Österreich und
7 Deutschland zum Liebling der Medien wurde. Bruno war aus Italien über die Schweiz nach
8 Österreich und Deutschland gewandert. Unglücklicherweise hatte er von seiner Mutter
9 gelernt, sich seine Mahlzeiten auch aus den Ställen der Bauern zu holen oder sich am
10 Honig ihrer Bienenstöcke satt zu fressen. Für manche Bauern wurde Bruno deshalb bald
11 zum „Problembären". Bruno wanderte kreuz und quer durch die Alpen, immer wieder zog
12 es ihn aber auch von den Bergen abwärts ins Tal. Schließlich holte man Spezialisten aus Finnland, die versuchen sollten, Bruno
13 lebendig zu fangen. Eine Woche lang suchten sie den Bären, ohne ihn aber zu Gesicht zu bekommen. Schließlich beschloss das
14 Land Bayern, Bruno für die Jagd freizugeben. Viele Menschen protestierten, und auch die Presse verurteilte diese Entscheidung.
15 Doch die Jäger waren schnell erfolgreich. Schon einen Tag nach dem Beschluss der Politiker musste Bruno sterben. Die wenigen
16 Bären, die noch in den österreichischen Alpen leben, ziehen es zum Glück vor, nicht mit Menschen in Berührung zu kommen.

Ein Bär frisst den Honig aus einem Bienenstock

ℹ️ ● Liebling ≈ eine Person, die man liebt
○ Medien ≈ Zeitungen, Fernsehen, Radio
● Mahlzeit ≈ Essen
● Stall ≈ Gebäude für Tiere
satt ≠ hungrig

quer ≈ von einer Ecke zu einer anderen
abwärts ≈ hinunter
● Tal ≈ Gebiet zwischen zwei Bergen
lebendig ≠ tot

● Presse ≈ alle Journalisten
verurteilen ≈ etwas scharf kritisieren
vorziehen ⚠️ ≈ lieber haben
● Berührung ≈ Kontakt

⚠️ → S. 130

b Lies noch einmal. Beschreibe Brunos Geschichte anhand der Stichworte im Kasten.

✪ Heimat: Italien ✪ Wanderung nach Deutschland ✪
✪ Bienenstöcke und Nutztiere der Bauern ✪ Spezialisten aus Finnland ✪
✪ Entscheidung der Politiker ✪ Proteste ✪ Jäger töten Bruno ✪

Bruno wurde in Italien geboren.
Als er ..., ist er in die Schweiz
und dann nach Österreich ...

c Pro und kontra. Worüber haben sich die Bauern geärgert, wogegen haben Journalisten und Tierschützer protestiert? Wer hatte recht? Mach Notizen. Diskutiert dann in der Klasse.

Die Bauern ärgerten sich darüber, dass ...

d Beispiel 2: Hör zu. Welche Berufe haben die Personen? Über welches Wildtier sprechen sie? Wie denken sie über dieses Tier? 🔊 ❶ 29–30

e Hör noch einmal und lös die Aufgabe auf Seite 145.

LK3 Und jetzt du!

Partnerarbeit. Beantwortet die Fragen erst zu zweit und diskutiert dann in der Klasse.

1 In welchen Regionen gibt es in eurem Heimatland seltene Wildtiere?
2 Gibt es Nationalparks, Tiergärten und Zoos?
3 Gibt es Konflikte zwischen Naturschützern und anderen Bevölkerungsgruppen?
4 Wie wichtig ist Natur- und Tierschutz in eurem Heimatland, wie wichtig ist er für euch persönlich?

Eine Gruppenpräsentation: Gerettet!

P1 Sammelt Ideen.

a) Arbeitet in Dreier- oder Vierergruppen. Lest den Text und wählt eine der folgenden drei Situationen aus.

Eure Gruppe war in einem kleinen Flugzeug unterwegs, das über einem unbewohnten Gebiet abgestürzt ist. Ihr seid die einzigen Personen, die das Unglück überlebt haben. Ihr müsst versuchen, Hilfe zu holen oder so lange zu überleben, bis Hilfe kommt. ● Flugzeugabsturz

Situation 1:
Das Flugzeug ist über dem Ozean abgestürzt.

Situation 2:
Das Flugzeug ist über der Sahara abgestürzt.

Situation 3:
Das Flugzeug ist über dem Nordpol abgestürzt.

b) Überlebenshilfen. Lest die Liste mit den Gegenständen durch. Überlegt euch, welche sechs Gegenstände die Gruppe für das Überleben am dringendsten benötigt. Überlegt auch, warum ihr diese sechs Gegenstände braucht und wozu ihr sie verwenden wollt. Macht Notizen.

Situation 1: Auf dem Ozean
kleines Schlauchboot oder Floß, Zündhölzer, Signalraketen, Ruder, Öllampe mit Öl, Seekarten vom Absturzgebiet, Messer, Schwimmwesten, 20 Meter Bindfaden, drei Wasserkanister mit Süßwasser, Zelt, Decken und Kissen, Kompass, Angelhaken

● Rakete   ● Schwimmweste   ● Kanister

● Ruder   ● Bindfaden   ● Kompass   ● Angelhaken

Situation 2: In der Sahara
drei Tuben Zahnpasta, zehn Decken, eine Mappe mit Landkarten von Nordafrika, zehn Meter Seil, Sack mit Trockenfrüchten, Campingkocher mit Gaskartuschen, zwei Bleistifte, Messer, Vergrößerungsglas, drei Wasserkanister mit Trinkwasser, fünf Campingstühle, Hüte, eine Schachtel mit alten Zeitungen, Kompass

● Mappe   ● Campingkocher

Situation 3: Am Nordpol
30 Kilo Dosennahrung (Rindfleisch mit Bohnen), 20 Meter Seil, zehn Silvesterraketen, ein Schlauchboot, sechs Sonnenbrillen, drei Wasserkanister (mit gefrorenem Wasser), 20 Schachteln Streichhölzer, ein kleiner Schlitten, ein Erste-Hilfe-Kasten, Decken, Kompass, ein batteriebetriebenes Radio, ein kleiner Ölofen mit Heizöl

● Schlitten   ● Ölofen

● Rind ≈ männliche oder weibliche Kuh
● Silvester ≈ letzter Tag im Jahr, 31.12.
gefrorenes Wasser ≈ Eis (frieren ①)

① → S.130

... brauchen wir auf jeden Fall, um ...
... brauchen wir, damit wir ....
... brauchen wir zum Kochen, ...
... können wir als ... / zum ... gebrauchen.

Damit können wir ...
Falls ..., brauchen wir ...
Mit ... kann ... gemacht / gekocht / geheizt ... werden.

c Einigt euch in der Gruppe auf sechs Gegenstände.

Ich finde / denke / glaube / meine, dass ... brauchen.
..., weil ... / denn ... / ... deshalb...
Ich würde ... mitnehmen.
Wir sollten ...
Falls ..., brauchen wir ganz sicher ...

Du hast völlig recht.
Ich würde lieber ..., weil ...
Ich bin auch dafür.
Ich bin dagegen.
Einverstanden!
Das ist doch Unsinn.

Die Streichhölzer brauchen wir, um die Raketen anzuzünden.

P2 Bereitet die Präsentation vor.

Nach einigen Wochen seid ihr wieder zu Hause. Ein Fernsehsender möchte über eure Erlebnisse berichten, die Journalisten brauchen aber mehr Informationen.

a Lest die Fragen, macht Notizen und bereitet eure Antworten vor.

1 Wann und wie ist das Unglück passiert?

> Als wir ..., ...

2 Was hat euch geholfen zu überleben?

> Wir hatten zum Glück ... dabei.
> Wir konnten glücklicherweise ... retten.

3 Wie haben euch diese Überlebenshilfen geholfen?

> Mit ... konnten wir ..., ... war wichtig, um ...

4 Was habt ihr gegessen und getrunken?

> Wir haben ... gegessen.

5 Wie habt ihr euch während dieser Zeit gefühlt?

> Nachdem / Während / Bevor ..., waren wir ... / haben wir uns ... gefühlt. Wir hatten Angst davor, dass ...

6 Hat es kritische Situationen gegeben?

> Als ..., ... / Immer wenn ..., ... / Nachdem ..., ...

7 Wie habt ihr diese Situationen gelöst?

> Wir konnten / Er / Sie konnte ..., Wir haben ..., um zu ...

8 Wie hat man euch gefunden oder wie habt ihr euch selbst gerettet?

> Nachdem wir ... waren / hatten, ist / hat ...

9 Wie habt ihr euch gefühlt, nachdem man euch gerettet hatte?

> Wir waren glücklich / froh darüber, dass ...

10 Wie fühlt ihr euch jetzt?

> Wir denken noch oft an ...

b Übt eure Präsentation.

Entscheidet, wer welche Fragen behandelt.
Jeder in der Gruppe sollte etwas sagen.

P3 Präsentiert euer Ergebnis.

Die Gruppen präsentieren ihre Erfahrungsberichte und beantworten Fragen.

Grammatik

Finde die Satzzitate 💬 in den Lektionen 25–28.

G1 Verb

a) Verb *brauchen*

☉ Spiel mit, wir **brauchen dich**!

◆ Er **braucht nicht mitzuspielen**, wenn er nicht will.

> **brauchen** + *nicht, kein, nie, nur ...* → **zu** + Infinitiv

> Ich **brauche nicht** mehr an Noten **zu** denken.

→ S.30

b) Verben mit Präpositionen

Ich denke nur noch **an** dich, ich träume **von** dir. ❤

mit Akkusativ: denke **an**   Ebenso: sich interessieren **für**, sich kümmern **um**, ...

mit Dativ: träumen **von**   Ebenso: Angst haben **vor**, zweifeln **an**, ...

→ G2a Präpositionalpronomen

> Ich **denke** oft **an** meine Cousine.

→ S.28, 29

c) Gebrauch Präteritum und Perfekt

Perfekt = in Gesprächen, in persönlichen Briefen, E-Mails usw.

Präteritum = in Berichten, in den Nachrichten, in Büchern ...

→ S.128 Bildung Perfekt und Präteritum

→ S.16

d) Plusquamperfekt

vorher	←→ früher	←→ jetzt
Alex **war** kurz aus der Küche **gegangen**. Der Hund **hatte** die Torte **gefressen**.	Da hat der Hund die Torte gefressen. Alex war wütend. *Perfekt oder Präteritum*	Präsens

> **war/hatte** + Partizip II

→ G3b Temporale Nebensätze

> Für die Schülerzeitung **hatte** ich den Schuldirektor **gezeichnet**. Das hat ihm leider gar nicht gefallen.

→ S.20

e) Passiv mit Modalverben

Die Luft **wird verschmutzt**.

Die Luft **darf** nicht länger **verschmutzt werden**!

Nein!

> kann, muss, darf, soll, will, mag ...
> + Partizip II + **werden**

> Der Windpark **soll** bis 2030 **fertiggestellt werden**.

→ S.38

G2 Nomen und Pronomen, Präpositionen

a) Präpositionalpronomen

☉ **Wovon** hast du letzte Nacht geträumt?

◆ Von Sommerferien, die nie aufhören.

☉ **Davon** träume ich schon lange.

⚠ Bei Personen:

☉ **Von wem** hast du letzte Nacht geträumt?

◆ Von meinem Fahrlehrer.

☉ **Von dem** würde ich nie träumen.

sich interessieren für → **für wen**, arbeiten mit → **mit wem**, ...

> **für, auf, mit, ...** → wo**für**, wor**auf**, wo**mit**
> → da**für**, dar**auf**, da**mit**

Vergleiche:

träumen von → wovon, davon

⚠ freuen auf → wo**r**auf, da**r**auf

denken an → wo**r**an, da**r**an

> **Dabei** achtet der Mentalist auf die Körpersprache.

→ S.28, 29

b Präposition *wegen*

⊙ Warum gehst du nicht spazieren?
◆ **Wegen** des ● Regens / des ● Gewitters / der ● Kälte / der dunklen ○ Wolken.

⚠ gesprochene Sprache auch *wegen* + Dativ (wegen dem Regen, wegen ihr)

⊙ Warum machst du die Party nicht bei dir zu Hause?
◆ **Wegen** ihm / ihr / ihnen.

wegen + Genitiv

Wegen dir stirbt gerade ein Korallenriff!

→ S.40

G3 Satz

a Temporale Nebensätze mit *als* und *(immer) wenn*

Als ich klein **war**, fuhren wir oft ans Meer.

als + Nebensatz = eine Handlung, die einmal passiert, ein Zeitpunkt ● oder eine Zeitspanne ⊢ in der Vergangenheit

Das Schimpansenweibchen Washoe war ungefähr ein halbes Jahr alt, als es in die USA kam.

→ S.13

Immer wenn wir am Meer **waren**, fühlte ich mich wohl.

(immer) wenn + Nebensatz = eine Handlung, die öfters passiert (in der Vergangenheit oder in der Gegenwart)

b Temporale Nebensätze mit *während, bevor* und *nachdem*

jetzt — jetzt
Während Max sein Zimmer **aufräumt**, hört er Musik.

nachher — jetzt
Bevor Max sein Zimmer **aufräumt**, hört er Musik.

vorher — jetzt
Nachdem Max sein Zimmer **aufgeräumt hat**, hört er Musik.

vorher — nachher
Nachdem Max sein Zimmer **aufgeräumt hatte**, hörte er Musik.

Während Lisa in den Kinosaal gegangen ist, hat Roman Popcorn gekauft.

→ S.21, 24

c Infinitivsatz mit *um ... zu, statt ... zu, ohne ... zu*

Stefan fährt mit dem Moped, **um** schneller **zu** sein.
Er fährt durch den Park, **ohne** auf die Spaziergänger **zu** achten.
Er fährt auf der Wiese, **statt** auf dem Fahrradweg **zu** bleiben.
Das kostet 50 €!

*Jürgen nimmt Tabletten, **um** fit **zu** bleiben.*

→ S.30, 32

d Finale Nebensätze mit *damit*

Stefan fährt durch den Park,

damit er schneller **ist** (um schneller zu sein),
damit seine Freunde nicht **warten müssen**.

*Mark leiht Sabrina sein Moped, **damit** sie zur Fahrschule fahren kann.*

→ S.32

e Konditionale Nebensätze mit *falls*

Falls du meine Bananen aus dem Einkaufswagen **nimmst**, werde ich böse.

falls ≈ wenn

Falls das wirklich hilft, warum nicht?

→ S.40

Richtig und falsch

(A) ?

(B) ?

(C) ?

(D) ?

(E) ?

(F) ?

Das sind die Themen in Modul 8:

Ordne die Themen zu.

1 Liebe auf den ersten Blick

2 Zwillingsbrüder

3 *Zwei Wochen gemeinsamer Sommerurlaub ... glaub mir, das war nicht wirklich harmonisch.*

4 Probleme und ihre Ursachen früher und heute

5 Verschwörungstheorien: Wenn die Mondlandung eine Fälschung wäre, ...

6 *Das ist ganz sicher eine Fotomontage.*

Du lernst ...

 Sprechen

- über den Ausgang einer Geschichte spekulieren
- Personen beschreiben
- über Probleme und ihre Ursachen sprechen
- über die Echtheit von Fotos und Videos spekulieren
- Begründung für seltsame Situationen finden
- persönliche Fragen stellen
- über Straftaten sprechen
- Ratschläge geben
- Rollenspiel: Kritik äußern und auf Kritik reagieren
- Fragen zu Veränderungen im Leben stellen

 Schreiben

- Briefe, E-Mails ... von fiktiven Personen schreiben
- eine persönliche E-Mail beantworten: auf Vorwürfe reagieren
- einen persönlichen Brief beantworten
- Ratschläge formulieren
- einen Leserbrief schreiben
- eine persönliche E-Mail schreiben: ein Problem beschreiben

7 Das Experiment: Wie reagieren Menschen in einer Gefängnissituation?

8 Mit dem Gesetz (§) in Konflikt kommen

9 Schlägerei auf dem Schulhof

10 Indianer am Amazonas: Die Yanomami

11 *Ich habe den Computer reserviert.*

12 Ärger auf dem Amt.

 Lesetexte

- Ich möchte dich unbedingt wiedersehen ...
- Guter Zwilling – Böser Zwilling
- Liebesgedichte
- Das Ende der Welt ...
- Moderne Verschwörungstheorien
- Das Experiment
- Menschenrechte
- Opfer des Fortschritts
- Zwei Seiten einer Geschichte

Hörtexte

- 15 Jahre später ...
- Beziehungskisten
- Bist du sicher?
- Original und Fälschung
- Mit dem Gesetz (§) in Konflikt kommen
- Kino auf dem Schulhof
- Ärger
- Die Reservierung
- Reserviert oder bestellt?

Miteinander

A1 Begegnungen

a Partnerarbeit. Lest die Zitate. In welcher Reihenfolge kommen die Zitate wohl im Text vor? Was passiert im Text vielleicht?

A „Wenn du mir das Geld wirklich zurückgeben willst, dann komm in zwei Monaten nach Bremerhaven. Mein Bruder und ich haben dort Arbeit gefunden. Ich möchte dich unbedingt wiedersehen, Selina."

B „Hast du etwas verloren, kann ich dir helfen?" Es war ihr sehr unangenehm, angesprochen zu werden, vor allem in dieser Situation. Was wollte der Typ von ihr? Er sollte sie in Ruhe lassen.

C Auf jeden Fall stand sie vor dem Fahrkartenschalter und suchte in ihrem Rucksack verzweifelt nach ein paar Euro, die ihr weiterhelfen sollten. Der letzte Zug nach Bremen ging in einer Stunde. Wenn sie keine Karte kaufen konnte, musste sie am Bahnhof übernachten. Die Vorstellung, auf einer der schmutzigen Sitzbänke schlafen zu müssen, war schrecklich.

● Sitzbank

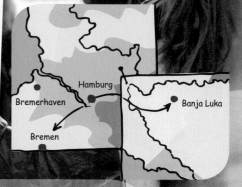

Hamburg
Bremerhaven
Banja Luka
Bremen

ⓘ unangenehm ≈ etwas macht negative Gefühle
übernachten ≈ eine Nacht verbringen
● Vorstellung ≈ eine Idee, ein Bild in Gedanken

b Lies und hör den Text. Ordne die Textzitate aus an den richtigen Stellen zu. 🔊 ① 31

Ich möchte dich unbedingt wiedersehen …

1 Es war genau vor zwei Monaten gewesen, sie hatten sich
2 nach einem Rockkonzert auf dem Hamburger Bahnhof
3 getroffen, ganz zufällig. Selina hatte verzweifelt ihren
4 Geldbeutel gesucht, um sich eine Rückfahrkarte zu kau-
5 fen. Doch der Geldbeutel war weg. Vielleicht hatte sie ihn
6 auf dem Weg zum Bahnhof verloren, vielleicht schon beim
7 Konzert. **1** ❓

8 **2** ❓ Unwillig drehte sie sich um und wollte etwas Un-
9 freundliches antworten. Doch irgendetwas hinderte sie
10 daran, ihren Ärger an dem jungen Mann, der vor ihr stand,
11 auszulassen. Waren es seine graublauen Augen oder war
12 es sein schüchternes Lächeln? Besonders attraktiv fand
13 sie ihn eigentlich nicht. Irgendwie spürte Selina jedoch,
14 dass sie ihm vertrauen konnte: „Ich suche meinen Geld-
15 beutel!", sagte sie nur, und dann begann sie zu weinen.
16 Sie konnte es selbst nicht glauben. Da stand sie und wein-
17 te vor diesem Mann, den sie noch nie gesehen hatte.

18 Wenig später saßen sie im Bahnhofsrestaurant und tranken ei-
19 nen Kaffee. Milan hatte ihr das Geld für die Fahrkarte geliehen.
20 Sie hatten noch etwas Zeit, bis ihre Züge abfuhren. Milan musste
21 nach München und dann weiter nach Banja Luka, in seine Hei-
22 matstadt. „Wie kann ich dir dein Geld zurückgeben? Soll ich es
23 dir schicken?", fragte sie. Noch nie war Selina einem Mann in so
24 kurzer Zeit so nahe gekommen. **3** ❓
25 Nun stand Selina vor der Wohnungstür und klingelte. Ihr Herz
26 schlug bis zum Hals. War es dumm von ihr gewesen, in den Zug zu
27 steigen und die siebzig Kilometer von Bremen nach Bremerhaven
28 zu fahren? Vielleicht hatte Milan sie schon längst vergessen. Aber
29 irgendetwas hatte ihr gesagt, dass sie diesen Mann wiedersehen
30 musste. Sie hatte das Gefühl, dass ihre Zukunft davon abhing.
31 Sie hörte Schritte, dann öffnete sich die Tür. Milan stand vor ihr.
32 Doch er war verändert. Kein Lächeln, kein Zeichen, dass er sie
33 wiedererkannte, nur ein förmliches: „Guten Tag, kann ich Ihnen
34 helfen?" Einen Moment lang zögerte Selina, dann antwortete sie
35 leise: „Entschuldigen Sie bitte, ich habe mich in der Tür geirrt."

ⓘ jmdm. vertrauen ≈ glauben, dass jmd.
etwas richtig macht
weinen ≈ Tränen in den Augen haben,
weil man traurig oder verzweifelt ist

ⓘ ● Schritt ≈ die Bewegung der Beine beim Gehen
förmlich ≈ offiziell, einer ● Form folgen
zögern ≈ etwas nicht tun, weil man sich nicht sicher ist
sich irren ≈ sich täuschen

c Was passt? Ordne zu. Nicht alle Satzhälften in der rechten Spalte passen.

1 Selina hatte kein Geld, **?**
2 Sie hatte Angst, die Nacht **?**
3 Es gefiel ihr überhaupt nicht, **?**
4 Doch dann erklärte sie dem jungen Mann ihre Situation **?**
5 Der Mann hieß Milan **?**
6 Selina fuhr nach Bremerhaven, **?**
7 Selina war sehr enttäuscht **?**

A am Bahnsteig verbringen zu müssen.
B und begann zu weinen.
C um Milan wiederzusehen.
D und lebte in Hamburg.
E dass jemand sie ansprach.
F und lieh Selina das Geld für die Fahrkarte.
G darüber, dass Milan sie nicht besuchen wollte.
H weil sie ihren Geldbeutel zu Hause vergessen hatte.
I als Milan die Türe öffnete und sie nicht wiedererkannte.
J um sich eine Fahrkarte nach Bremen zu kaufen.

d Partnerarbeit. Beantwortet die Frage und diskutiert in der Klasse, wie die Geschichte weitergeht.

Warum sagt Selina: „Entschuldigen Sie bitte, ich habe mich in der Tür geirrt."?

Selina denkt, dass …

A2 15 Jahre später …

a Hör den Anfang des zweiten Teils der Geschichte. Ordne die Sätze (A - D) chronologisch. **1** 32

A ⸺ Selina und ihre Neffen bringen sich in Sicherheit.

B ⸺ Die ersten Regentropfen

C 1 Im Vergnügungspark: Achterbahn und Riesenrad

D ⸺ Das Gewitter: Donner und Blitz

> ● Neffe ♂, ● Nichte ♀ = der Sohn oder die Tochter meines Bruders oder meiner Schwester
>
> ● Vergnügen ≈ Spaß

b Hör nun die ganze Geschichte. Was ist richtig? Kreuze an. **1** 33

1 Selina hat den Kellner
  a **?** wegen seines Aussehens
  b **?** wegen der vielen Leute
  c **?** wegen des Gewitters
  nicht sofort wiedererkannt.

2 Selina hatte in Bremerhaven
  a **?** einen anderen Mann kennengelernt.
  b **?** an der falschen Wohnungstür geklingelt.
  c **?** Nermin getroffen, Milans Bruder.

3 Milan hatte versucht
  a **?** zu heiraten.
  b **?** Selina zu finden.
  c **?** Selina zu vergessen.

4 Milan
  a **?** hatte einen tödlichen Unfall.
  b **?** hatte eine Beziehung mit einer anderen Frau.
  c **?** hat geheiratet.

c Ersetze die unterstrichenen Wörter in den Sätzen mit den Wörtern aus dem Kasten.

1 Der Kellner hatte Mühe, seine Arbeit zu machen.
2 Sein verändertes Aussehen hatte sie unsicher gemacht.
3 Ich heiße Nermin, ich bin Milans Bruder.
4 Die Pause schien Selina sehr, sehr lange zu dauern.
5 Milan ist auch alleine geblieben.

> ✪ ewig   ✪ erledigen   ● Single
> ✪ Bart ✱   ✪ Zwillingsbruder ✿

  ✱ ● Bart

  ✿ ● Zwillingsbruder

B1 Hoffnungen und Enttäuschungen

🔊 Sind Sie nicht die Frau, **die** meinen Bruder besuchen wollte?

a Wie hat Selina die Geschichte ihrer Begegnung mit Milan erlebt? Lies die Situationen (1-9) und zeichne ein „Gefühlsdiagramm" für Selina.

Erste Begegnung

1 Selina sucht ihren Geldbeutel.
2 Milan spricht Selina an.
3 Milan leiht Selina im Bahnhofscafé Geld.
4 Selina fährt nach Bremerhaven.
5 Nermin öffnet die Tür und kennt Selina nicht.

15 Jahre später

6 Selina besucht mit ihren Neffen den Vergnügungspark.
7 Selina glaubt, den Kellner zu kennen.
8 Nermin erklärt Selina die Situation in Bremerhaven.
9 Nermin erzählt, dass Milan einen Unfall hatte.

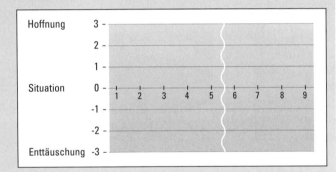

ℹ️ ● Enttäuschung ≈ das, was enttäuscht
(≈ jmd. oder etwas ist anders, als man gehofft hat)

b Partnerarbeit. Vergleicht eure Zeichnungen und diskutiert die Situationen.

↺ **Weißt du's noch?**
S.129 Relativsätze (Relativpronomen im Nominativ)

Das ist die Szene, die ...
Das ist der Moment, der ...
Das ist das Ereignis, das ...
Das sind die Situationen, die ...

... für Selina am glücklichsten / furchtbarsten / schönsten / schwierigsten / ... ist / sind.
... für Selina und Milan das Ende ihrer Beziehung bedeutet / bedeuten.
... zeigt / zeigen, dass Milan und Selina sich verliebt haben.
... zeigt / zeigen, dass Selina eine starke / unsichere / schüchterne / ... Frau ist.

Nummer 2 ist die Szene, die ...

c Ersetze die <u>unterstrichenen</u> Wörter durch die Relativpronomen in der Klammer und schreib Relativsätze. Ordne dann die Teile (A–D) chronologisch.

❞ Sie weinte vor einem Mann, **den** sie noch nie **gesehen hatte**.

A ▪▪▪▪▪

Milan leiht Selina das Geld *(das)* ▪▪▪▪▪. Sie braucht ^{Akk.} das Geld für die Rückfahrkarte.

Milan leiht Selina das Geld, das sie für die Rückfahrkarte braucht.

Milan und Selina verbringen im Bahnhofscafé einige gemeinsame Minuten *(die)* ▪▪▪▪▪. Sie können ^{Akk.} diese Minuten später nicht mehr vergessen.

B ▪▪▪▪▪

Selina flüchtet mit ihren Neffen *(denen)* ▪▪▪▪▪ vor dem Gewitter in ein Zelt. Sie hat ^{Dat.} ihnen den Vergnügungspark gezeigt.

Milans Zwillingsbruder erkennt Selina *(der)* ▪▪▪▪▪. Er kann ^{Dat.} Selina nun das Missverständnis in Bremerhaven erklären.

C ▪▪▪▪▪

Milan *(dem)* ▪▪▪▪▪ wohnt mit seinem Bruder in Bremerhaven. Selina will ^{Dat.} ihm das Geld zurückgeben.

Selina *(der)* ▪▪▪▪▪ glaubt, dass sie mit Milan selbst spricht. Milans Bruder öffnet ^{Dat.} ihr die Tür.

D ▪▪▪▪▪

Selina sucht ihr Geld *(das)* ▪▪▪▪▪. Sie hat ^{Akk.} es kurz zuvor noch in ihrem Rucksack gehabt.

Ein junger Mann *(den)* ▪▪▪▪▪ spricht sie an. Sie hat ^{Akk.} ihn noch nie zuvor gesehen.

d Hoffnungen und Träume. Ordne zu und schreib Relativsätze.

> **Relativsätze (Relativpronomen im Dativ)**
>
> Der Mann, ● **dem** Selina ihre Heimatstadt **zeigen will**.
> → jmdm. etwas zeigen (+ Dativ)
> Das Kind, ● **dem** ... / Die Freundin, ● **der** ... / Die Neffen, ○ **denen** ...

1 [?] „Ich wollte ihm immer schon begegnen."

2 [?] „Ich möchte ihr meine Ideen erklären."

3 [?] „Ich spiele ihnen vielleicht bosnische Lieder vor."

4 [?] „Ich möchte ihr beim Einschlafen zusehen."

5 [?] „Ich kann ihm meine Geheimnisse erzählen."

6 [?] „Ich kann ihm hundertprozentig vertrauen."

7 [?] „Ich kann ihnen vielleicht meine Lieblingsplätze in Bremen zeigen."

Milan ist der Mann, dem ...

Ich lerne sicher seine Verwandten kennen, denen ...

Selina ist die Frau, der ...

Wahrscheinlich lerne ich ihre Freundinnen kennen, denen ...

e Partnerarbeit. Warum können Selina und Milan nicht zusammenfinden? Schreibt Relativsätze.

> **Relativsätze (Relativpronomen im Akkusativ)**
> Der Mann, ● **den** Selina **besucht**.
> → jmdn. besuchen (+ Akkusativ)
> Das Kind, ● **das** ... / Die Freundin, ● **die** ... / Die Neffen, ○ **die** ...

Fehler und Enttäuschungen. Das alles verhindert ein glückliches Ende der Geschichte:

> ⓘ verhindern ≈ etwas unmöglich machen

● Frage	Selina – nicht stellen
○ Informationen	Milans Bruder – Selina nicht geben
● Brief / ● E-Mail / ● SMS	Milan / Selina – nicht schreiben (können)
● Anruf	Milan / Selina – nicht machen (können / wollen)
...	

eine wichtige Frage, die Selina nicht stellt ...

wichtige Informationen, die ...

f Mach die Fehler aus **e** wieder gut. Erfinde eine Szene, die die Geschichte zu einem „guten Ende" führt. Schreib den Brief, die E-Mail, den Dialog etc. zu dieser Szene.

> *Sehr geehrter Herr Milan Muretovic,*
> *ich wollte Ihnen letztes Wochenende das Geld,*
> *das Sie mir geliehen haben, zurückgeben. ...*

> ✉ Nachricht _ □ ✕
>
> Liebe Selina,
> ich musste sehr lange im Internet suchen, bis ...

> Nermin: „Guten Tag, kann ich Ihnen helfen?"
> Selina: „Hallo Milan. Erkennst du mich nicht?"

B2 „Glückspilze" und „Pechvögel"

a Partnerarbeit. Sammelt zu den fünf Menschentypen möglichst viele passende Relativsätze und schreibt jeden Relativsatz auf einen Papierstreifen wie im Beispiel. Die Verben auf Seite 145 können euch helfen.

1 Glückspilz (hat immer Glück)

2 Pechvogel (hat immer Pech)

3 Nörgler / Nörglerin (findet alles schlecht)

4 Besserwisser / Besserwisserin (weiß alles besser)

5 Spaßvogel (macht gerne Späße)

> *Das ist jemand, dem nichts gelingt. (Pechvogel)*

> *Das ist eine Person, die alle lustig finden. (Spaßvogel)*

> *Das sind Menschen, die alles schlecht finden. (Nörgler)*

b Eure Lehrerin / Euer Lehrer sammelt die Papierstreifen ein und liest die Sätze vor. Versucht, den richtigen Menschentyp zu erraten.

C1 Zwillinge

a Ergänze die Adjektive mit den richtigen Endungen. Wie heißen die Zwillinge? Ordne zu.

> „ ... war es sein **schüchternes** Lächeln?

A Mark   **B** Albin

> **Weißt du's noch?**
> S.129 Adjektivdeklination

1 ❓ Ich habe gestern Kevins Zwillingsbruder gesehen. Er hat genau so *(lockig)* <u>lockige</u>, *(blond)* ⚫⚫⚫⚫ Haare und *(blau)* ⚫⚫⚫⚫ Augen wie Kevin. Er hat auch ein *(schmal)* ⚫⚫⚫⚫ Gesicht mit *(viel)* ⚫⚫⚫⚫ <u>Sommersprossen</u> und einer *(spitz)* ⚫⚫⚫⚫ Nase.

2 ❓ Alexandra, meine beste Freundin, hat einen Zwillingsbruder. Die beiden sehen sich sehr ähnlich: Sie haben beide *(kurz)* <u>kurze</u>, *(braun)* ⚫⚫⚫⚫, *(glatt)* ⚫⚫⚫⚫ <u>Haare</u>, ein *(rund)* ⚫⚫⚫⚫ Gesicht und eine *(sportlich)* ⚫⚫⚫⚫ Figur. Beide sind ziemlich <u>kräftig</u>. Gestern trugen sie beide einen *(dick)* ⚫⚫⚫⚫ Pullover aus *(bunt)* <u>bunter</u> Wolle und Kappen aus *(kariert)* <u>kariertem</u> <u>Stoff</u>. Aus *(größer)* <u>größerer</u> Entfernung kann man gar nicht erkennen, wer der Junge und wer das Mädchen ist.

> *Wer ist das?*
> *– breiter Mund*
> *– schmales Gesicht*
> *– spitze Nase*

> **Adjektivendungen Singular (Ergänzung I)**
> ohne Artikelwort = Endungen wie Adjektive nach **ein-**
> z.B.: **ein** rund**es** Gesicht – rund**es** Gesicht
> ⚠ Aber: Dativ (-em, -em, -er)
> aus kariert**em** ⚫ Stoff, aus gut**em** ⚫ Material, aus rot**er** ⚫ Wolle

b Hör zu und vergleiche.
Zeig die <u>unterstrichenen</u> Wörter in den Zeichnungen.

🔊 ➊ 34-35

C2 Guter Zwilling – Böser Zwilling

a Lies die Filmbeschreibung. Was ist mit Kapitän Miller passiert?

Dr. Schwarz, die Ärztin an Bord der Galaktika, bemerkt es sofort. Mit Kent Miller, dem Kapitän des Raumschiffes, stimmt etwas nicht. Sie kannte und liebte Kent als zärtlichen, treuen und rücksichtsvollen Menschen. Seit der Expedition auf den Planeten Erion verhält er sich allerdings sehr seltsam. Nach und nach bemerken auch andere Mannschaftsmitglieder Veränderungen. Früher war Miller ruhig und geduldig. Die Mannschaft kannte ihn als ehrlichen, mutigen und manchmal auch witzigen Menschen. Jetzt zeigt der Kommandant jedoch ganz andere Charaktereigenschaften. Ein Fehler im Transportsystem wird entdeckt und bald wird klar: Kent Millers „böser Zwilling" kommandiert das Raumschiff.

b Beschreibe Kapitän Miller (s. Text in a) und finde die Eigenschaften seines „bösen Zwillings".

> ℹ **Adjektive mit un-, -voll, und -los**
> geduldig ≠ **un**geduldig; rücksicht**voll** ≠ rücksicht**los**

> ✪ rücksichtslos ✪ verlogen ✪ ~~lieblos~~ ✪ untreu ✪
> ✪ nervös ✪ humorlos ✪ ungeduldig ✪ feig ✪

Kent Miller	Millers „böser Zwilling"
zärtlich	lieblos
...	...

C3 „Zwillinge" in meiner Familie

a Ordne die Adjektive aus C1 und C2.

Aussehen: ⚫⚫⚫⚫   Kleidung: ⚫⚫⚫⚫   Charakter: ⚫⚫⚫⚫

b Partnerarbeit. Macht Notizen und beschreibt eurer Partnerin / eurem Partner die Personen.

Beschreibe Personen in deiner Familie (Aussehen, Kleidung, Charakter, ...), die ...

1 ... ganz ähnlich wie du sind.

2 ... ganz anders als du sind.

D Beziehungskisten

a Lies den Text. Wie heißen Annas Eltern?
Wer ist Helmut?

Die Vorgeschichte.

Das ist Anna. Ihre Eltern Sophie und Alexander ¹lernten sich mit 19 Jahren kennen. Bald danach ²verlobten sie sich. Nach einem großen Streit ³trennten sie sich. Bald darauf ⁴verziehen sie sich aber und zogen zusammen. Schließlich ⁵heirateten sie. Wenig später kam Anna auf die Welt. Sophie und Alexander waren sechzehn Jahre verheiratet. Dann ⁶ließen sie sich scheiden. Vor einigen Monaten ⁷verliebte Sophie sich in Helmut.

b Welche Zeichnungen passen zu den <u>unterstrichenen</u>
Verben (1-7) aus a? Ordne zu und schreib die Infinitive.

1 [?] sich sch━━ la━━
2 [?] sich verlie━━
3 [?] sich k━━
4 [?] sich verlo━━
5 [?] sich t━━
6 [?] sich verz━━
7 [?] h━━

c Sieh die Zeichnungen an und finde die passenden
Bildunterschriften.

1 [?]
2 [?]
3 [?]
4 [?]

A Ihre Zukunft als Sängerin ━━
B Urlaub mit Helmut und Sophie ━━
C Der Umzug nach Duisburg ━━
D Annas Beziehung zu Lukas ━━

d In welcher Reihenfolge spricht Anna mit 🔊 ❶ 36
Michael über diese Themen? Hör zu und ergänze in c.

e Annas Probleme. Hör noch einmal. Richtig oder falsch?

	richtig	falsch
Problem 1: Die Band		
a Anna kann am Donnerstag nicht zur Bandprobe kommen.	[?]	[?]
b Anna würde gerne weiter in der Band singen.	[?]	[?]
Problem 2: Der Umzug		
c Annas Mutter möchte mit Anna und Helmut zusammenleben.	[?]	[?]
d Anna denkt daran, alleine zu wohnen.	[?]	[?]
Problem 3: Helmut		
e Der gemeinsame Sommerurlaub hat Helmut gut gefallen.	[?]	[?]
f Anna weiß noch nicht, ob sie Helmut sympathisch findet.	[?]	[?]
Problem 4: Annas Beziehung		
g Michael findet die Beziehung zwischen Anna und Lukas toll.	[?]	[?]
f Anna möchte mit Lukas Schluss machen.	[?]	[?]

f Ordne die Probleme (1-4) aus e den Hörzitaten (A-D) zu.

A Anna: Meine Mutter und ich, wir ziehen nach
[?] Duisburg. Sie hat sich verlobt und will wieder heiraten.

B Michael: Erzähl mir jetzt bloß nicht, dass du nicht
[?] kommen kannst! Die Probe ist wichtig.
  Anna: Ja, ich weiß, ich komm ja auch – auch zum Konzert am Samstag.

C Anna: Er ist ziemlich fertig, genauso wie ich.
[?] Wir mögen uns wirklich sehr.
  Michael: Stimmt. Ihr könnt jetzt nicht einfach Schluss machen.

D Anna: Ja, sie wollen zusammenziehen, und ich
[?] muss mit. Sie möchten es unbedingt mit-einander probieren.
  Michael: Du glaubst wohl nicht, dass das etwas wird.
  Anna: Zwei Wochen gemeinsamer Sommer-urlaub ... glaub mir, das war nicht wirk-lich harmonisch. ...

g Was soll Anna tun?
Diskutiert in der Klasse.

Ich denke, Anna soll ...

☺ mit ihrer Mutter über Helmut sprechen ☺
☺ bei Konzerten weiter für die Band singen ☺
☺ Lukas jedes Wochenende besuchen ☺ ... ☺

E1 Anna und Lukas

🔊 Ihr passt so gut **zueinander**.

Beschreibe die Geschichte der Beziehung von Anna und Lukas. Schreib Sätze wie im Beispiel.

> ✪ in der Disco kennenlernen ✪ tanzen (mit) ✪
> ✪ sympathisch finden ✪ sprechen (mit) ✪
> ✪ anrufen ✪ noch einmal treffen ✪
> ✪ sich verlieben (in) ✪

Anna und Lukas haben sich ... Sie haben ...

> **Reziprokpronomen**
> Er sieht sie. ♀←♂ Sie sieht ihn. ♀→♂
> Sie sehen **sich**. ♀↔♂ (≈ einander)
>
> Er tanzt **mit** ihr. ♀←♂ Sie tanzt **mit** ihm. ♀→♂
> Sie tanzen ~~mit sich~~ miteinander. ♀↔♂

E2 Der Nörgler: Über alles beschwert er sich ...

a **Was hat Helmut im Urlaub gestört?** 🔊 ❶ 37
Hör zu und ergänze die Sätze.

🔊 Alles hat ihn gestört: Der Bus, **mit dem** wir ins Hotel gefahren sind, ...

Anna: Alles hat ihn gestört:

1 der Bus, ▭▭ ▭▭ wir ins Hotel gefahren sind,
2 das Hotel, ▭▭ ▭▭ wir gewohnt haben,
3 die Kellnerin, ▭▭ ▭▭ er gleich am ersten Tag gestritten hat,
4 die anderen Hotelgäste, ▭▭ ▭▭ er nichts zu tun haben wollte

und ... stell dir vor ... auch meine Telefongespräche mit Lukas, die ihn aber schon überhaupt nichts angehen.

> ⓘ das geht ihn nichts an ≈ das darf ihn nicht interessieren

> **Relativsätze (Relativpronomen mit Präpositionen)**
> fahren mit: Der Bus, **mit ●dem** wir **fahren**.
> wohnen in: Das Hotel, **in ●dem** wir **wohnen**.
> sein in: Die Reisetasche, **in ●der** meine Kleider **sind**.
> essen mit: Die Hotelgäste, **mit ○denen** wir jeden Tag **essen**.

b **Hör den Dialog. Was hat Thomas gestern gemacht?**

Thomas war ... Thomas hat ... ❶ 38

c **Hör noch einmal. Was hat Thomas gestört? Ordne zu und schreib Relativsätze mit Präpositionen.**

> **A** scheußliche Tische und Stühle geben
> **B** streiten
> **C** zu viel Geld bezahlen
> **D** nur zehn Sitzreihen geben

1 ❓ das Kino: in dem Kino _das Kino, in dem ..._
2 ❓ Popcorn und Cola: für Popcorn und Cola
  Popcorn und Cola, ...
3 ❓ der Kartenverkäufer: mit dem Kartenverkäufer
4 ❓ das Kinocafé: in dem Kinocafé

d **Partnerarbeit. Denkt an verschiedene Orte und Situationen. Was kann einen Nörgler alles stören? Sammelt möglichst viele Ideen und schreibt Relativsätze.**

> ✪ im Theater: die Theaterkarten, die Schauspieler, das Theaterstück ...
> ✪ beim Fußballspiel: der Ball, der Schiedsrichter ...
> ✪ im Supermarkt: ... ✪ im Kleidergeschäft: ...
> ✪ in der Schule: ... ✪ auf dem Campingplatz: ... ✪ ...

die Theaterkarten, die zu teuer waren

die Schauspieler, von denen er sehr enttäuscht war

e **Nörgler und Optimisten. Macht mit den Ideen aus d Dialoge wie im Beispiel.**

☉ Gestern war ich im Theater.
◆ Und wie war's?
☉ Die Karten waren viel zu teuer.
◆ Wenn das Stück gut war, macht das doch gar nicht so viel.

> _Das macht doch nichts._
> _Das ist doch nicht so schlimm._
> _Mir gefällt das._
> _Stört dich das wirklich?_

F1 Liebesgedichte

a Lies und hör die Gedichte. Welches Gedicht findest du optimistischer?

1

Ohne dich

Nicht nichts
ohne dich
aber nicht dasselbe

Was ist „nicht nichts"?
Das Leben?
wie früher? Klar!

Nicht nichts
ohne dich
aber vielleicht weniger

Das schreibt sicher ein Mann!
warum „vielleicht"?

Nicht nichts
aber weniger
und weniger

also doch weniger!

Nicht nichts
ohne dich
Aber nicht mehr viel.

Klingt traurig!
Hat sie ihn schon
verlassen?

(Erich Fried)

2

du

ich sage
du

Ist das ein Gespräch?
Wo sind die beiden?

langsam
sage ich
du

ganz langsam
sage ich
du

Warum noch langsamer?
Damit er sie
besser versteht?

ein ganzes
langes
ausatmen
lang
sage ich
du

Oder spricht ein Mann?
Aha! Das „du" wird
intensiver!

(Ernst Jandl) *= alles geben?*

b Partnerarbeit. Sprecht über die Notizen neben den Texten.

Ich glaube auch, dass …

Das verstehe ich nicht.

Ich finde, dass …

F2 Wir sollten Schluss machen …

a Lies Katrins E-Mail. Was stört Katrin an Robert?

Nachricht

Von: Katrin   Gesendet: Sonntag 00:13 Uhr   An: Robert

Robert,
vielleicht sollten wir Schluss machen. Es klappt nicht mehr mit uns. Wir waren gestern um 16.00 Uhr verabredet. Eine halbe Stunde lang habe ich auf Dich gewartet, dann bin ich gegangen. Wo warst Du? Was für eine Entschuldigung hast Du diesmal? Außerdem gibt es auch noch ein paar andere Dinge, die mich stören: Deine E-Mails an Anna zum Beispiel, von denen sie mir immer so begeistert erzählt, oder die vielen Wochenenden, an denen Du angeblich keine Zeit hast. Max hat Dich übrigens letztes Wochenende mit Anna im Kino gesehen. Wir müssen dringend miteinander reden, Robert. Melde Dich bitte!
Katrin

> angeblich ≈ wie jemand behauptet
> sich melden ≈ Kontakt aufnehmen

b Schreib Roberts Antwort. Schreib etwas zu den folgenden Punkten.

- die Verabredung gestern
- der Kinobesuch mit Anna
- die Termine am Wochenende
- die E-Mails an Anna
- was Robert an Katrin stört / nicht stört
- die Beziehung zu Katrin

Rosi Rot und Wolfi

Du bist die Frau, für die …

Danke Matthias!

Du bist die Frau, mit der …

Du bist die Frau, ohne die ich nicht mehr leben kann.

30 A Wenn das wahr wäre, ...

● Pest und andere Krankheiten

A Probleme und ihre Ursachen

a Partnerarbeit. Seht die Bilder an. Was sind die Ursachen für diese Probleme?
Woran glaubten die Menschen früher? Woran glauben wir heute?

● Krieg

● Wirtschaftskrise

● Unwetter

● Liebeskummer

Wer ist wohl schuld daran?

der Teufel ⚹
Hexen ✥
schwarze Magie
Verschwörer

früher

heute

eine schlechte Regierung
der Klimawandel, das Wetter
schlechte Lebensbedingungen, Infektionen
Menschen mit bösen Absichten
Verschwörer

i ● Ursache ≈ Grund
  ●/○ Verschwörer ≈ Menschen, die gemeinsam planen, jmdm. zu schaden
  ● Regierung ≈ Personen, die ein Land regieren (≈ für ein Land entscheiden)
  ● Bedingung ≈ Voraussetzung
  ● Infektion ≈ Krankheit durch den Kontakt mit einem Virus oder einem Bakterium
  ● Absicht ≈ was jmd. machen will

⚹ ● Teufel   ✥ ● Hexe

Früher dachte man, dass ... schuld an / die Ursache für ... ist.
Heute weiß man, dass ...
Manche Menschen glauben auch heute noch, dass ...

Ich bin sicher, ...
Ich nehme an, ...
Ich glaube, ...
Wahrscheinlich ...
Vielleicht ...

b Welche Ereignisse fanden im 17. Jahrhundert (zwischen 1600 und 1700)
statt? Was meint ihr?

Ich glaube, Leonardo da Vinci
hat früher gelebt.

1 Leonardo da Vinci malt sein berühmtes Bild „Mona Lisa".
2 Die Französische Revolution bringt Napoleon an die Macht.
3 Kolumbus entdeckt Amerika.
4 Katholische und evangelische Soldaten kämpfen im Dreißigjährigen
   Krieg gegeneinander.
5 William Shakespeare schreibt in England Theaterstücke.
6 In Europa werden tausende unschuldige Frauen als Hexen auf dem Scheiterhaufen ✹ verbrannt.
7 Wolfgang Amadeus Mozart wird geboren.
8 Der Sonnenkönig ✿ Ludwig XIV. regiert in Frankreich.

i malen ≈ mit Farben ein Bild herstellen
   katholisch, evangelisch ≈ christliche Religionsgemeinschaften

Lösung:
S. 147

✹ ● Scheiterhaufen   ✿ ● König

c Lies und hör den Text über den Bauern Veith Bayer. Welche Ereignisse aus b kommen im Text vor? 2 · 1

Das Ende der Welt ...

1 Vor fünf Jahren waren seine Frau und vier seiner Kinder an der
2 Pest gestorben ... Kälte und Unwetter hatten nun schon zum
3 vierten Mal hintereinander das Getreide auf seinen Feldern
4 zerstört ... Und jetzt, im Jahr 1618, hatte ein Krieg begonnen.
5 Jeden Tag konnten Soldaten kommen und sein Haus nieder-
6 brennen. Das Leben war sehr schwer geworden für Veith Bayer.
7 Ein Unglück nach dem anderen traf ihn und seine Familie. Den
8 anderen Bauern in der Region ging es ähnlich.

9 Wenn Veith Bayer auf seinem Feld arbeitete, gingen ihm immer
10 wieder dieselben Fragen durch den Kopf: „Warum können wir
11 nicht in Frieden leben? Wer ist schuld an unserem Unglück?
12 Wer ist schuld an all den täglichen Katastrophen?"
13 Heute wissen wir, wie es im Jahr 1618 zum sogenannten „Drei-
14 ßigjährigen Krieg" kam. Wir wissen, dass Klimaveränderungen
15 im 17. Jahrhundert zu Kälteperioden und Unwettern führten.
16 Und wir kennen die Ursachen für die Pest und andere tödliche
17 Krankheiten. Die Menschen im frühen 17. Jahrhundert wussten
18 dies alles nicht.

19 Doch im Wirtshaus erzählte man einander Geschichten. Einfa-
20 che Geschichten, mit denen man alles erklären konnte. Auch
21 Veith Bayer hörte diese Geschichten: Das Ende der Welt stand
22 bevor, so hieß es. Der Endkampf zwischen den guten Mächten
23 und den bösen Mächten hatte begonnen. Der Teufel war schuld
24 an dem Unglück der Menschen. Angeblich war er aber nur des-
25 halb so erfolgreich, weil er Helfer und Helferinnen hatte: Men-

26 schen, die ihn in seinem Kampf unterstützten. Anfangs
27 fand Veith Bayer diese Geschichten einfach lächerlich,
28 doch sie gingen ihm nicht aus dem Kopf.

29 Vor zwei Wochen hatte er seine Nachbarin im Wald beob-
30 achtet. Sie hatte ein Loch ✿ gegraben und dabei seltsa-
31 me Wörter und Sätze gesprochen. Gleich danach war das
32 Unwetter gekommen, das seine Ernte fast völlig zerstört
33 hatte ... „Wenn der Teufel nicht überall Helfer hätte, wäre
34 er nicht so erfolgreich.", hatten die Leute im Wirtshaus
35 gesagt. „Könnte es nicht sein, dass ...?"

36 Die Geschichten, die Veith Bayer im Wirtshaus gehört hat-
37 te, hatten schreckliche Folgen. Im 16. und 17. Jahrhundert
38 haben sie Zehntausenden Menschen, vor allem Frauen,
39 das Leben gekostet: Als angebliche „Hexen" hat man sie
40 auf dem Scheiterhaufen verbrannt.

41 Wenn Ereignisse mysteriös und gefährlich erscheinen,
42 suchen Menschen nach einfachen Erklärungen. Oft werden
43 bestimmte Gruppen von Menschen für diese Ereignisse
44 verantwortlich gemacht. Immer wird dabei angenommen,
45 dass die Verschwörer böse Absichten haben. Vor allem in
46 Krisenzeiten sind solche Verschwörungstheorien populär.
47 Auch heute begegnen wir noch solchen Ideen. Manche
48 könnten gefährlich sein, manche erscheinen einfach
49 lächerlich. Beweise für Verschwörungstheorien gibt es
50 nie. Denn wenn es Beweise gäbe, wären die Verschwö-
51 rungstheorien keine Verschwörungstheorien mehr.

✿ ● Getreide ≈ Korn
● Katastrophe ≈ unglückliches Ereignis, das sehr vielen Menschen schadet
● Wirt ≈ Besitzer eines ● Wirtshauses (≈ einfaches Restaurant, Gasthaus)
unterstützen ≈ helfen

✿ ● Loch

d Was passt? Such die Antworten im Text in c und mach Notizen.

1 Warum war das Leben für Veith Bayer schwierig geworden? *Viel Pech: seine Frau und vier seiner Kinder ...*
2 Was wissen wir heute über die Probleme der Menschen im 17. Jahrhundert?
3 Wem gaben die Menschen früher die Schuld an ihren Problemen?
4 Wen und was hat Veith Bayer im Wald beobachtet?
5 Warum hat er bei seinen Beobachtungen an die Geschichten im Wirtshaus gedacht?
6 Welche Folgen hatten diese Geschichten im 16. und 17. Jahrhundert?
7 In welchen Situationen erfinden Menschen Verschwörungstheorien?

B1 Moderne Verschwörungstheorien

99 **Wenn** es klare Beweise **gäbe, wäre** die Verschwörungstheorie keine Verschwörungstheorie mehr.

a **Lies die Texte (1-3) und ordne die drei richtigen
Überschriften (aus A-H) zu. Kennst du noch andere
Verschwörungstheorien?**

A **Warum musste Kennedy sterben?**

B **Die Mondlandung im Studio**

C **Jacko lebt!**

D **Geheime Codes in unseren Zeitungen?**

E **Außerirdische unter uns**

F **Warum starb Lady Di?**

G **Sparmotoren**

H **9/11 – Die ganze Wahrheit!**

1 ? Zu den bekanntesten Verschwörungstheorien zählt die Behauptung, dass niemals Menschen auf dem Mond waren. Die Verschwörungstheoretiker glauben, dass alle Fotos und Filme von der Mondlandung in einem Studio auf der Erde entstanden sind. Am Projekt „Mondlandung" haben 400.000 Menschen mitgearbeitet. Wenn die Verschwörungstheoretiker recht hätten, müssten also 400.000 Menschen Teil dieser großen Verschwörung sein.

2 ? Einige Michael-Jackson-Fans glauben, dass ihr Idol noch lebt. Michael Jackson hatte am Ende seines Lebens viele Probleme. Die Jackson-Fans glauben, dass Michael vor diesen Problemen flüchten wollte. Wenn alle Fans an Jacksons Tod glauben würden, könnte er selbst nämlich irgendwo auf der Welt ein ruhiges Leben führen.

3 ? Im Bereich der Wirtschaft gibt es zahlreiche Verschwörungstheorien. So glaubt man beispielsweise, dass es schon längst Motoren gibt, die nur einen halben Liter Benzin auf 100 km brauchen. Wenn diese Erfindung bekannt wäre, würden viele Firmen keine Gewinne machen. Deshalb wird sie geheim gehalten.

ℹ entstehen ❗≈ gemacht werden   (❗ → S.130)
zahlreich ≈ sehr viele
● Gewinn ≈ das, was eine Firma verdient

b **Realität und Spekulation. Ordne zu und schreib Sätze.**

Konjunktiv II: Irreale Bedingungen
Realität:
Die Menschen haben Angst. Deshalb entstehen Verschwörungstheorien.
Spekulation (= nicht real):
Wenn die Menschen weniger Angst ᴷᵒⁿʲᵘⁿᵏᵗⁱᵛ ᴵᴵ **hätten**, ᴷᵒⁿʲᵘⁿᵏᵗⁱᵛ ᴵᴵ **würden** keine Verschwörungstheorien **entstehen**.

↻ **Weißt du's noch?**
S.128 Konjunktiv II

A auf einer Insel im Pazifik leben
B 400.000 Menschen Verschwörer sein
C viele Firmen weniger Geld verdienen

Realität	Spekulation
1 Im Jahr 1969 waren die ersten Menschen auf dem Mond.	? *Wenn die Mondlandung eine Fälschung wäre, ...*
2 Michael Jackson ist tot.	? *Wenn er nicht tot wäre, ...*
3 Es gibt keine „Supersparmotoren".	? *Wenn es solche Motoren gäbe, ...*

B2 Partnerinterview

a **Lies den Fragebogen und beantworte die Fragen. Stell dir dann vor, du wärst deine Partnerin/dein Partner und beantworte die Fragen auch für sie/ihn.**

Situation	ich	Meine Partnerin/ Mein Partner
1		
2		

Wie misstrauisch bist du?

1 **Wenn man mich um eine Unterschrift gegen ein Kraftwerksprojekt bitten würde, ...**

C◯ würde ich zuerst im Internet nach Informationen suchen.

A◯ würde ich sofort unterschreiben.

B◯ würde ich den Aktivisten nach mehr Informationen fragen.

D◯ würde ich erklären, dass ich nicht lesen und schreiben kann.

2 Wenn ich einen Werbespot über ein neues „Super-produkt" sehen würde, ...

(A) würde ich es am nächsten Tag kaufen.

(D) würde ich den Werbespot auswendig lernen.

(B) würde ich mich in einem Geschäft beraten lassen.

(C) würde ich denken: Das ist sicher Unsinn.

3 Wenn ein Unbekannter mir anbieten würde, mich mit seinem Auto nach Hause zu bringen, ...

(D) würde ich nach dem Preis des Autos fragen.

(C) würde ich auf keinen Fall mitfahren.

(A) würde ich sofort mitfahren.

(B) würde ich fragen, ob mein Freund auch mitfahren darf.

4 Wenn man mich einladen würde, an einer Telefon-umfrage zum Thema Körperpflege mitzumachen, ...

(A) würde ich sofort alle Fragen beantworten.

(B) würde ich fragen, was mit meinen Antworten passiert.

(C) würde ich das Telefongespräch sofort beenden.

(D) würde ich mich in die Badewanne setzen.

5 Wenn jemand mir erzählen würde, dass mein Lieb-lingssänger seine Lieder nicht selbst singt, ...

(C) würde ich die Person als Lügner beschimpfen.

(B) würde ich fragen, woher er diese Information hat.

(D) würde ich ihm einige Lieder vorsingen.

(A) wäre ich traurig und enttäuscht.

6 Wenn ich von einem Unbekannten eine Einladung zu einer Internet-Freundschaft bekommen würde, ...

(A) würde ich die Einladung sofort annehmen.

(B) würde ich schauen, wer seine Freunde sind, und mich dann vielleicht anmelden.

(D) würde ich mir einen neuen Computer kaufen.

(C) würde ich mich sicher nicht anmelden.

> ⓘ misstrauisch sein ≈ kein Vertrauen haben
> sich von jmdm. beraten lassen ≈ sich von
> jmdm. einen Rat (= Ratschlag) geben lassen

b Partnerarbeit. Lest euch eure Vermutungen vor und korrigiert sie. Zählt dann eure Punkte zusammen und vergleicht eure Ergebnisse mit der Auswertung auf Seite 145.

> Ich glaube, in Situation 1 würdest du ...
> Ich glaube, wenn jemand ..., dann
> würdest du ...
> Nein, sicher nicht. Ich würde ...

alle	Punkte
A	0
B	1
C	2
D	3

B3 Was müsste passieren, damit ...?

a Partnerarbeit. Was müsste passieren, damit ihr die Verschwörungstheorien aus B1 glaubt? Sammelt Ideen und schreibt Sätze wie im Beispiel.

> 1 ~~eine neue CD produzieren~~
> 2 sparsame Autos produzieren
> 3 keine Spuren auf dem Mond sein
> 4 ein Fernsehinterview geben
> 5 die NASA (berichten)
> 6 die Astronauten ...
> 7 ...

> ✪ ... dann würde ich glauben, dass die Mondlandung gefälscht ist.
> ✪ ... dann würde ich glauben, dass er noch lebt.
> ✪ ... dann würde ich glauben, dass es Supersparmotoren gibt.
> ✪ ...

1 Wenn Michael Jackson eine neue CD produzieren würde, ...

b Findet weitere Fragen. Beantwortet die Fragen und sprecht.

Was müsste passieren, damit ...

... du einen Bungee-Sprung probierst?

... du mit dem Fahrrad auf der falschen Straßenseite fährst?

... du bei einer Prüfung schummelst?

... du deine Haare rot färbst?

... du mit Absicht eine Fensterscheibe zerbrichst?

... du jemanden einen Idioten nennst?

... _du_

> ⓘ schummeln ≈ mit Tricks versuchen, einen Vorteil zu bekommen

> Wenn ich mich im Fasching als Teufel verkleiden würde, dann würde ich vielleicht ...

> Wenn ich / jemand / ...,
> dann würde ich ...

C Bist du sicher?

> **Angeblich** war er aber nur deshalb so erfolgreich, weil er Helfer und Helferinnen hatte.

a Welche Zeichnung (A-B) passt zu welchem Dialog? Welcher Satz (C-D) passt zu welchem Dialog? 🔊 2 2-3
Hör die beiden Dialoge und ordne zu.

 A  B

C Das steht in der Zeitung. **D** Das hat ein Freund erzählt.

Dialog 1: ? ?
Dialog 2: ? ?

b Hör noch einmal und ergänze die Dialoge.

☻ selbstverständlich ☻ (sich) irren ☻ tatsächlich ☻ angeblich (2x) ☻
☻ zweifellos ☻ eventuell ☻ ●Eindruck (den Eindruck haben) ☻
☻ offenbar ☻ anscheinend ☻

Dialog 1

...
☉ Woher hast du das?
◆ Olli hatte den **a** ⸺, dass da etwas nicht gestimmt hat.
☉ Und das glaubst du so ganz **b** ⸺?
◆ **c** ⸺ hat ihm das ein Spieler erzählt.
☉ **d** ⸺ ein Spieler von Neufeld?
◆ Ja, wie kommst du da drauf?
☉ Die Spieler von Neufeld können **e** ⸺ nicht verlieren und erzählen jetzt **f** ⸺ solche Märchen.

Dialog 2

...
☐ Das kann nicht stimmen.
▶ Nein, sie verlässt ihn **g** ⸺. Sie haben **h** ⸺ nur noch gestritten.
☐ Du musst dich **i** ⸺, woher hast du das?
▶ Aus der „Bunten Woche".
...
Warum würde die Zeitung das schreiben, wenn es nicht wahr wäre?
☐ Na warum wohl? **j** ⸺ damit du sie kaufst und den Unsinn liest.

c Ordne die neun Wörter aus **b** zu.

A Ich bin sicher. (100%)	B Ich bin nicht ganz sicher. (≈ 50%)	C Ich weiß es nicht. (0%)
offenbar, ...	vielleicht wahrscheinlich, ...	⸺

d Ordne auch die folgenden Aussagen der Tabelle in **c** zu.

1 Ich behaupte, ...
2 Ich vermute, ...
3 Ich stelle fest, ...
4 Ich bin überzeugt, ...
5 Ich nehme an, ...
6 Ich weiß nicht, ...
7 Ich glaube, ...
8 Ich frage mich, ...
9 Ich habe keine Ahnung ...

✿ feststellen ≈ behaupten

e Gruppenarbeit. Bildet Viergruppen (A, B, C, D). A verlässt das Klassenzimmer. B und C erzählen, was sie über A wissen oder was sie glauben zu wissen. D macht Notizen. A kommt zurück und D erzählt, was B und C behauptet oder vermutet haben. A bestätigt oder korrigiert die Aussagen. Verwendet die Wörter aus der Tabelle in **c**.

B *Angeblich spielt Lea sehr gut Klavier.*

C ...

D *spielt gut Klavier*

D *Mark glaubt, dass du sehr gut Klavier spielst.*

A *Tatsächlich? Da muss er sich irren. Ich ...*

D Original und Fälschung

a Partnerarbeit. Seht die Fotos an. Was ist ein Originalfoto, was ist eine Fotomontage? Was meint ihr?

Das erste / zweite / ... Foto ist ganz sicher ein Originalfoto / eine Fotomontage.
Es ist schon möglich / nicht möglich, dass ...
Foto A ist anscheinend ...
Ich nehme an, das erste Foto ...
Wahrscheinlich ist ...
Das vierte Foto ist eventuell ...

b Seht die Fotos aus Videos an. Sind die Videos echt oder eine Fälschung? Welche Tricks haben die Videofilmer vielleicht benutzt? Was meint ihr? Macht Notizen. Die Bilder rechts können helfen.

100 km/h mit dem Fahrrad   Cola-Explosion

schütteln

- Tachometer   - Last(kraft)wagen (= LKW)   spritzen

- Gartenschlauch

Vielleicht war der Tachometer kaputt.

c Hör den Dialog und vergleiche mit deinen Vermutungen in **b**. 🔊 **2** 4

d Fälschung oder Realität? Hör noch einmal. Finde die Argumente und ordne die Personen zu. Wer sagt das: Felix (F) oder Mia (M)?

> **F** Felix: „Ich glaube, das Video ist eine Fälschung.“
> **M** Mia: „Ich glaube, das Video ist echt.“

100 km/h mit dem Fahrrad

1 [?] Der Tachometer im Auto ...
2 [?] Der Tacho zeigt ...
3 [?] Der Radfahrer fährt ...
4 [?] Mit einem Fahrrad ...

a ... kann man nicht 100 km/h fahren, da kann man noch so wild treten.
b ... eine falsche Geschwindigkeit, und der Radfahrer fährt nur 50 km/h.
c ... hinter einem Lastwagen, der schneller als 50 km/h fährt.
d ... zeigt 100 km/h.

> ℹ️ treten ① ≈ mit dem Fuß gegen etwas oder jmdn. drücken
>
> ① → S. 130

Cola-Explosion

5 [?] Das ist ...
6 [?] Der Junge hat gleichzeitig ...
7 [?] Den Gartenschlauch hat ...

e ... er aus dem Video gelöscht.
f ... eine Spezialcola gewesen.
g ... einen Gartenschlauch in der Hand gehalten.

e Diskutiert die Fragen in der Klasse.

1 Welches Video war eine Fälschung?
2 Welches Video war echt?
3 Welchen Sendungen im Fernsehen können wir vertrauen?
   Wo gibt es vielleicht Fälschungen?

Lösung: S. 147

E1 **Ängste**

Herr Phobik hat immer und überall Angst. Was könnte wohl alles passieren? Ordne zu und schreib Sätze. Finde weitere Situationen und Sätze.

🔊 Wenn das so einfach ist, **könnte** ja alles gefälscht sein.

> **Konjunktiv II: Vermutungen**
> Alles **könnte** gefälscht **sein**.
> ≈ Es wäre möglich, dass alles gefälscht ist.

1 im Schwimmbad   **4** am Abend vor dem Fernseher
2 auf dem Bahnhof   **5** in der Apotheke
3 im Restaurant   **6** ...

- ins Wasser fallen
- in den falschen Zug steigen
- der Kellner | unsympathisch sein
- keinen Liegestuhl bekommen
- die falschen Medikamente bekommen
- der Fernsehapparat | kaputtgehen
- eine Hautkrankheit bekommen
- das Essen | zu teuer sein   ✪ ...

1 Im Schwimmbad könnte er ins Wasser fallen. Er ...
2 Auf dem Bahnhof ...

E2 **Da bin ich nicht ganz sicher ...**

🔊 Das Video **dürfte** echt **sein**.

> **Konjunktiv II: Vermutungen**
> Das Video **dürfte** echt **sein**.
> ≈ Es ist sehr wahrscheinlich, dass das Video echt ist.
> Die Aufnahme **müsste** echt **sein**.
> ≈ Ich bin ziemlich sicher, dass die Aufnahme echt ist.

a Lies die Fragen und beantworte sie. Ordne zu.

1 In welchen Sätzen ist der Sprecher sicher, dass er recht hat? _a_
2 In welchen Sätzen ist er nicht so sicher? ⚬⚬⚬⚬

a ~~Der Radfahrer muss ein Spezialrad haben.~~
b Die Aufnahme müsste echt sein. **c** Jemand dürfte das Video mit dem Computer verändert haben.
d Der Tachometer könnte eine falsche Geschwindigkeit zeigen. **e** Das Video kann nicht echt sein.

b Sieh die Fotos genau an und ordne zu. Schreib Sätze wie im Beispiel.

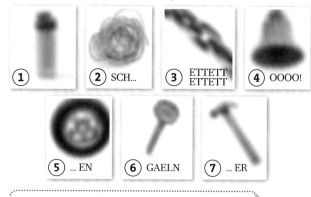

①   ② SCH...   ③ ETTETT ETTETT   ④ OOOO!

⑤ ... EN   ⑥ GAELN   ⑦ ... ER

> • Kette • Reifen • Nagel • Feuerzeug
> • Glocke • Schnur • Hammer

> Wahrscheinlichkeit
> Das **könnte** ein Hund **sein**. (+)
> Das **dürfte** ein Hund **sein**. (+)(+)
> Das **müsste** ein Hund **sein**. (+)(+)(+)

Nummer 4 dürfte eine Glocke sein.

c Hör zu und vergleiche. 🔊 **2** **5**

d Partnerarbeit. Zeichnet Gegenstände. Deckt einen Teil der Zeichnung mit Papier ab. Eure Partnerin / Euer Partner errät die Gegenstände.

Das könnte eine Kuh sein.

> • Kuh • Badehose • Birne
> • Schere • Stiefel • Wolke
> • Bein • Pflaster • Mülleimer
> • Wecker ✪ ...

E3 **Was man so liest und hört ...**

🔊 Ich habe gehört, es **soll** ganz einfach **sein**.

a Lies die Zeitungsschlagzeilen und schreib Sätze.

Schule verkauft Sportplatz

Bürgermeister im Gefängnis

Wetter morgen wieder schlechter

Ich habe gelesen, die Schule soll ...
Ich habe gehört, ...

> **sollen**
> Das Video **soll** eine Fälschung **sein**.
> ≈ Das habe ich gehört oder gelesen. Ich weiß aber nicht, ob die Information stimmt.

b **Kettenspiel**   Spielregeln s. S. 146

eXtra

F1 Seltsame Sätze

**a) Partnerarbeit. Könnt ihr Situationen finden, die für die Sätze (1-8) passen?
Für welchen Satz gibt es keine passende Situation?**

1 Wenn wir ruhiger wären, wäre er nicht so laut.
2 Sie dürfte Zwillingsschwestern haben, die ein Jahr älter sind.
3 Ruf Ruth an, ihr Freund soll Italiener sein.
4 Wenn es nicht so hart wäre, wäre es weich genug.

5 Er hat gerade gesagt, dass es gerade sein dürfte.
6 Wenn ich Freunde hätte, hätte ich keine Freunde.
7 Es wäre gut, wenn ich hier wäre.
8 Wenn ich hätte, was ich ihm gegeben habe, wäre ich glücklicher.

> Vielleicht ist bei Satz 1 ein Baby aufgewacht und schreit ...

> ...ja, weil die Erwachsenen zu laut waren.

b) Vergleicht eure Ideen in der Klasse und auch mit der Lösung auf Seite 147.

F2 Eine dumme Geschichte ...

a) Lies Yvettes Brief und beantworte die Fragen.

Liebe Laura,
ich hab da eine blöde Geschichte gehört. Ich soll am Schulkiosk alles gratis bekommen, weil Leons Vater der Kioskbesitzer ist. Stell Dir das vor! Leons Vater würde mir nie etwas schenken. Wer könnte wohl so einen Unsinn erfinden? Hast Du eine Idee? Es muss jemand sein, der mich nicht mag. Wenn ich wüsste, wer solche Geschichten erzählt, würde ich diesen Leuten ordentlich meine Meinung sagen.
Es stimmt, dass ich manchmal am Kiosk nichts bezahle. Aber nur deshalb, weil ich so oft meinen Geldbeutel vergesse. Aber ich habe immer noch alles bezahlt. Das müsste eigentlich jeder wissen. Vielleicht sollte ich einen Leserbrief an die Schülerzeitung schreiben. Ich könnte aber auch einen Zettel an die Informationstafel hängen: „Wer erzählt dumme Geschichten über mich?“ oder so ... Was würdest Du an meiner Stelle tun? Die Sache stört mich wirklich sehr. Bitte hilf mir!
Deine
Yvette

1 Wer ist Leon?
2 Was stört Yvette?
3 Warum hat sie am Kiosk manchmal kein Geld?
4 Was möchte sie machen?
5 Was will sie von Laura?

b) Schreib Lauras Antwortbrief.

Liebe Yvette,
ich habe ... noch nicht / auch gehört.
... dürfte / könnte die Geschichte erzählen.
Wenn die Geschichte wahr wäre, ...
An Deiner Stelle würde ich ...
Du könntest aber auch ...
Liebe Grüße

Rosi Rot und Wolfi

31 A

Gut und Böse

A Das Böse in uns

a Lies das Diagramm. Sieh dann die Fotos (A-C) an und lies die Bildunterschriften. Ordne als Erstes die passenden Fotos zu.

Das Experiment

Wer? Dr. Zimbardo und sein Team

Wo? ⋯⋯

zentrale Frage: Wie reagieren Menschen in einer Gefängnissituation?
(= Wie beeinflussen die Bedingungen in einem Gefängnis das Verhalten von Menschen?)

⬇

Teilnehmer Wie viele? Wer? ⋯⋯

⬇

Gefangene ❓ **Wärter**

⬇

⚡ **Konflikt** ❓

⬇

Folge ❓

⬇

Ende des Experiments
geplante Dauer? ⋯⋯
wirkliche Dauer? ⋯⋯

ℹ zentral ≈ in der Mitte,
hier: sehr wichtig
● Bedingung ≈ Voraussetzung
◌ Verhalten ≈ ● Tun, ● Handeln

Die Gefangenen wollten sich die Behandlung nicht gefallen lassen.

A

ℹ sich etwas gefallen lassen ≈ etwas Negatives ohne Kritik akzeptieren

b Lies und hör den Text. Ergänze dann die fehlenden Informationen im Diagramm. 🔊 **2** 6

Moritz Bleibtreu

DAS EXPERIMENT
BIST DU STARK GENUG?

20 Männer.
Zwei Gruppen.
Eine Erfahrung,
die du nie vergisst.

Nach einer wahren Begebenheit.

Der deutsche Spielfilm „Das Experiment" bezieht sich auf das Experiment an der Stanford-Universität.

ℹ sich beziehen auf ≈ jmdn. oder etwas als Vorbild haben

⚙ ● Spray

ℹ
● Albtraum ≈ sehr schlechter Traum
● Gewalt ≈ wenn man körperliche Kraft benutzt (z.B. schlagen), um etwas zu erreichen
verständnisvoll ≈ wenn man versteht, was jmd. denkt oder fühlt
verhaften ≈ wenn die Polizei jmdn. fängt und ins Gefängnis bringt
◌ Ungeziefer ≈ unangenehme Insekten
● Anführer ≈ Person an der Spitze einer Gruppe
● Zelle ≈ kleiner Raum (auch Telefonzelle)
jmdn. in einen Raum sperren, jmdn. einsperren ≈ jmdn. in einen Raum bringen, aus dem er nicht heraus kann

Die Wärter durften die Regeln, die für die Gefangenen gelten sollten, teilweise selbst bestimmen.

B

ℹ gelten ⚠ ≈ etwas ist für jmdn. richtig/erlaubt
bestimmen ≈ Entscheidungen für andere treffen

⚠ → S. 130

Der Protest führte zu strengen Strafen. Die Strafen sollten das Misstrauen unter den Gefangenen wecken und ihr Gemeinschaftsgefühl zerstören.

C

ℹ ● Protest ≈ Handlungen, die zeigen, dass jmd. mit etwas nicht einverstanden ist
● Strafe ≈ unangenehme Folge eines Verhaltens für jmdn. durch eine andere Person
◌ Misstrauen ≠ Vertrauen
● Gemeinschaft ≈ eine Gruppe, die zusammengehört, oft mit gleichen Interessen

Das Experiment

1 Tarek Fahd braucht Geld. In einer Zeitungsanzeige liest er, dass
2 Freiwillige für ein wissenschaftliches Experiment gesucht wer-
3 den. Der Job ist gut bezahlt, und Tarek beschließt, an dem Ex-
4 periment teilzunehmen. Als er sich am Psychologischen Institut
5 der Universität Köln meldet, weiß er allerdings noch nicht, dass
6 die nächsten Tage für ihn zum Albtraum werden ... So beginnt
7 der deutsche Spielfilm „Das Experiment" mit Moritz Bleibtreu
8 in der Hauptrolle.
9 Dieser Film bezieht sich auf ein Experiment, das an der Stan-
10 ford-Universität in den USA durchgeführt wurde. Der Psycho-
11 loge Philip Zimbardo und seine Mitarbeiter wollten herausfin-
12 den, wie die Bedingungen in einem Gefängnis das Verhalten
13 von Menschen beeinflussen. Würden die Menschen in dieser
14 Situation mit Aggression und Gewalt reagieren oder würden
15 sie einander verständnisvoll und menschlich behandeln? Die
16 vierundzwanzig Freiwilligen, die sich für das Experiment mel-
17 deten, wurden in zwei Gruppen eingeteilt: Eine Gruppe sollte
18 die Gefängniswärter spielen, die andere Gruppe sollte die Rolle
19 der Gefangenen übernehmen.
20 Einige Tage später wurden die „Gefangenen" von der Polizei
21 verhaftet. Sie wurden in einen Raum im Keller der Universität
22 gebracht, den man als „Gefängnis" umgebaut hatte. Die „Wär-
23 ter" durften die Regeln, die für die „Gefangenen" gelten sollten,
24 zum Großteil selbst bestimmen. Wenn die „Gefangenen" eine
25 Regel nicht einhielten, wurden sie von den „Wärtern" bestraft.
26 Einer der „Gefangenen" erinnert sich: „Nachdem wir im „Ge-
27 fängnis" angekommen waren, mussten wir unsere Kleider
28 ausziehen und unsere Wertsachen abgeben. Dann sind wir
29 mit einem Spray ✿ gegen Ungeziefer behandelt worden.
30 Wir durften nicht mehr unsere Namen verwenden, sondern
31 mussten uns untereinander mit einer Nummer ansprechen.
32 In der Nacht sind wir immer wieder geweckt worden und
33 mussten unsere Nummern nennen."
34 Schon am Morgen des zweiten Tages beschlossen die „Ge-
35 fangenen", sich diese Behandlung nicht gefallen zu lassen.
36 Ihr gemeinsamer Protest führte jedoch sofort zu strengen
37 Strafen durch die „Wärter". Die Anführer der Protestakti-
38 on wurden in eine kleinere Zelle gesperrt, bekamen kein
39 Essen und mussten auf dem Boden schlafen. Einige der
40 „bösen Gefangenen" durften relativ schnell wieder zu den
41 anderen „Gefangenen" zurückkehren, einige „gute Gefan-
42 gene" mussten ohne Grund in die „Strafzelle". Diese un-
43 terschiedliche Behandlung weckte das Misstrauen unter
44 den „Gefangenen" und zerstörte ihr Gemeinschaftsgefühl
45 und ihre Solidarität.
46 Als schließlich mehrere „Gefangene" psychisch zusam-
47 menbrachen und das „Gefängnis" verlassen wollten,
48 musste Philip Zimbardo sein Experiment beenden. Es sollte
49 eigentlich zwei Wochen dauern. Doch schon nach sechs
50 Tagen war die Situation für „Gefangene" und „Wärter"
51 zu gefährlich geworden. Wie Tests vor dem Experiment
52 gezeigt hatten, waren alle Teilnehmer normale, psychisch
53 gesunde Menschen gewesen. Die Situation im „Gefäng-
54 nis" hatte jedoch das „Böse" in ihnen geweckt.

c) **Lies den Text noch einmal. Richtig oder falsch? Korrigiere die falschen Sätze.**

richtig falsch

1 Tarek Fahd möchte an einem Experiment an der Stanford-Universität teilnehmen.   ☐ ✖
2 Der Psychologe Philip Zimbardo wollte wissen, wie Menschen in einer Gefängnissituation reagieren.   ☐ ☐
3 Die Teilnehmer konnten wählen, ob sie „Gefangene" oder „Wärter" spielen wollten.   ☐ ☐
4 Die „Wärter" konnten meist selbst entscheiden, wie sie die „Gefangenen" behandeln wollten.   ☐ ☐
5 Alle „Gefangenen" bekamen von den „Wärtern" neue Namen.   ☐ ☐
6 Die „Gefangenen" versuchten erfolgreich, etwas gegen ihre Situation zu unternehmen.   ☐ ☐
7 Es gelang den „Wärtern", das Vertrauen zwischen den „Gefangenen" zu zerstören.   ☐ ☐
8 Nach zwei Wochen musste das Experiment beendet werden, weil man nicht mehr für die Sicherheit der Teilnehmer sorgen konnte.   ☐ ☐

d) **Lies die Fragen und mach Notizen. Die Antworten stehen nicht direkt im Text. Sprecht in der Klasse.**

1 Philip Zimbardo wollte das Verhalten von Menschen in einer Gefängnissituation studieren. Was waren die Ergebnisse seines Experiments? _Das Experiment hat gezeigt, dass ..._

2 Warum haben die „Wärter" die „Gefangenen" so schlecht behandelt? _Die „Wärter" wollten, dass die „Gefangenen"_ _(sich schlecht fühlen / Angst haben / ...)_ _Die „Wärter" hatten Angst, dass die „Gefangenen" ..._

3 Würdest du dich als Teilnehmer für ein solches Experiment melden? _Ich würde ..., weil ..._

B1 „So sind wir behandelt worden ..."

a) Wie heißen die Sätze im Text?
Finde die Zeilen und lies die Sätze vor.

> ,, Die vierundzwanzig Freiwilligen, die sich für das Experiment meldeten, **wurden** in zwei Gruppen **eingeteilt**.

1 Einige Tage später verhaftete die Polizei die „Gefangenen". (Zeile ⸱⸱⸱⸱)

2 Man brachte die „Gefangenen" in den Keller der Universität. (Zeile ⸱⸱⸱⸱)

3 Die „Wärter" bestraften die „Gefangenen", wenn sie eine Regel nicht einhielten. (Zeile ⸱⸱⸱⸱)

4 Die Anführer der Protestaktion sperrte man in eine kleinere Zelle. (Zeile ⸱⸱⸱⸱)

> **Passiv Präsens**
> Spielfilm (= heute):
> Das Experiment **wird beendet**.
> **Passiv Präteritum**
> Experiment an der Stanford-Universität (= 1971):
> Das Experiment **wurde beendet**.

b) Ein „Gefangener" erzählt. Finde die Zeilen im Text und lies die Sätze vor.

① *Man hat uns mit einem Spray gegen Ungeziefer behandelt. (Zeile ⸱⸱⸱⸱)*

② *In der Nacht hat man uns geweckt, und wir mussten unsere Nummer nennen. (Zeile ⸱⸱⸱⸱)*

> **Passiv Präteritum**
> Die Gefangenen **wurden** ⸺ von den Wärtern **bestraft**.
> **Passiv Perfekt**
> *Wir **sind** von den Wärtern bestraft worden.* ◄⸺
> **sein** + Partizip + **worden**

c) Auch das ist passiert ... Schreib Sätze im Passiv Präteritum. Erzähl dann aus der Sicht eines „Gefangenen".

Was bei der Polizei und im Gefängnis passierte:

1 die „Gefangenen" | vor den Augen ihrer Freunde | verhaften
Die „Gefangenen" wurden vor den Augen ihrer Freunde verhaftet.

2 den „Gefangenen" | die Fingerabdrücke ✳ | abnehmen

3 den „Gefangenen" | die Augen | verbinden

4 die „Gefangenen" | ins „Gefängnis" | bringen

5 den „Gefangenen" | Uhren und Handys | abnehmen

6 den „Gefangenen" | ein Strumpf ✴ | über den Kopf ziehen

7 Spaziergänge im Freien | den „Gefangenen" | verbieten

8 das Licht | um 20 Uhr | abschalten

Ich bin vor den Augen meiner Freunde verhaftet worden.

✳ •Fingerabdruck   ✴ •Strumpf

d) Partnerarbeit. Wie haben sich die „Gefangenen" gefühlt, als sie so behandelt wurden?
Schreibt Sätze mit den Beispielen aus c.

Als sie verhaftet wurden, war das sicher sehr peinlich für sie.

> ✪ peinlich sein ✪ sich wie ... fühlen ✪ sich fürchten ✪
> ✪ kein Mensch mehr sein ✪ seine Persönlichkeit verlieren ✪
> ✪ interessant finden ✪ allein / hilflos / deprimiert sein ✪
> ✪ wütend werden ✪ sich ärgern ✪ ... ✪

> ❶ sich fürchten ≈ Angst haben

e Kettenübung. Schreibt vier Fragen im Passiv Perfekt und fragt in der Klasse. Wie viele Personen könnt ihr finden, die eure Fragen mit *Ja* beantworten? Sprecht über eure Erfahrungen. Erzählt dann in der Klasse.

> *Bist du schon einmal operiert worden?*

✪ in einem Restaurant | nicht bedienen ✪ von einem Polizisten | nach dem Ausweis | fragen ✪
✪ von einem Sporttrainer | loben ✪ im Krankenhaus | operieren ✪ von einem Verkäufer | schlecht behandeln ✪
✪ bei einem Fest | offiziell begrüßen ✪ von einem Erwachsenen | beleidigen ✪ in der Schule | bestrafen ✪
✪ von einem großen Insekt | stechen ✪ ohne Absicht | einsperren ✪ beim Sport | verletzen ✪ ... ✪

> ℹ loben ≈ positive Rückmeldung geben
> stechen ⚠ ≈ mit einem spitzen Gegenstand gegen etwas drücken
> ⚠ → S. 130

B2 Nachspiel

a Lies den Text. Was sind die Unterschiede zwischen Zimbardos Experiment und der Filmhandlung?

Dem <u>Psychologen</u> Philip Zimbardo hat der Film „Das Experiment" gar nicht gefallen. In seinem Experiment an der Stanford-Universität sind nie <u>Menschen</u> zu Schaden gekommen. „<u>Gefangene</u>", die das „Gefängnis" verlassen wollten, konnten ohne Probleme gehen. Im Film können die <u>Psychologen</u> das Experiment nicht rechtzeitig beenden, und es gibt <u>Tote</u> und <u>Verletzte</u>. Die „<u>Guten</u>" kämpfen gegen die „<u>Bösen</u>", genau wie in einem Actionfilm. Deshalb will Philip Zimbardo nicht, dass sein <u>Name</u> und sein Experiment mit dem Film in Zusammenhang gebracht werden.

Film	Zimbardos Experiment
·····	*Es sind nie Menschen zu Schaden gekommen.*

> ℹ ● Zusammenhang ≈ sich beziehen auf

b Partnerarbeit. Schaut euch die <u>unterstrichenen</u> Wörter in **a** an. Welche Wörter kommen von einem Adjektiv oder einem Partizip und welche nicht?

kommen von einem Adjektiv oder Partizip	kommen <u>nicht</u> von einem Adjektiv oder Partizip
Gefangene (gefangen), ...	*Psychologe, ...*

Adjektive und Partizipien als Nomen
gut
der Gut**e** (die/das Gute, ein Guter, eine Gute, ...)
den Gut**en**
dem Gut**en**
des Gut**en**
– die Gut**en**

verletzt – die **Verletzten** (der Verletzt**e**, ein Verletzt**er**, eine Verletzt**e**, ...)

→ S. 129 Adjektivdeklination

---

n-Deklination
der Mensch
den Mensch**en**
dem Mensch**en**
des Mensch**en**

der Psychologe
den Psycholog**en**
dem Psycholog**en**
des Psycholog**en**

○ die Menschen, die Psychologen
auch: ● Name, ● Student, ● Polizist,
● Herr, ● Franzose, ...

C Mit dem Gesetz (§) in Konflikt kommen

a Sieh die Bilder an und ordne die Straftaten zu. Hör zu und sprich nach. 🔊 2 7

Ⓐ Ⓑ Ⓒ Ⓓ Ⓔ Ⓕ

Straftaten

1 ● Einbruch ?		4 ● Sachbeschädigung ?
2 ● Ladendiebstahl ?		5 ● Taschendiebstahl ?
3 ● Brandstiftung ?		6 ● Körperverletzung ?

b Partnerarbeit. Lest die Zeitungsmeldungen. Eure Partnerin / Euer Partner liest die Zeitungsmeldungen auf Seite 146. Erzählt eurer Partnerin / eurem Partner, was passiert ist. Welche Straftaten aus a passen zu den Meldungen?

A Pech hatte ein Taschendieb in der Wiener U-Bahn. Ein Kontrolleur wollte seine Fahrkarte sehen. Als er sie verzweifelt in einem braunen Geldbeutel suchte, erkannte ein anderer Fahrgast seinen Geldbeutel. Der Dieb hatte ihn kurz zuvor gestohlen.

B „In so kurzer Zeit kann man nicht so viele Kilos zunehmen", dachte eine Verkäuferin im Einkaufszentrum Kumberg und rief die Polizei. Die Überwachungskameras im Geschäft bestätigten ihren Verdacht. Die beiden Jugendlichen hatten unter ihren Jacken vier Pullover angezogen, die sie nicht bezahlt hatten.

ⓘ ● Dieb ≈ jmd., der etwas stiehlt
stehlen ❗ ≈ etwas nehmen, das jmd. anderem gehört
bestätigen ≈ sagen oder zeigen, dass etwas richtig ist
● Verdacht ≈ Vermutung, dass jemand eine Straftat begangen hat

❗ → S.130

In Wien ist Folgendes passiert: Ein Taschendieb …

c Welche Straftaten aus a und b sind für euch am schlimmsten? Warum? Macht eine Liste und vergleicht.

ⓘ schlimm ≈ schlecht, böse

d Such die unbekannten Wörter in einem Wörterbuch oder frag deine Lehrerin / deinen Lehrer. Schreib dann alle Wörter aus den Kästen in das Schaubild.

● Mörder ● Einbrecher ● V̶e̶r̶b̶r̶e̶c̶h̶e̶r̶
● Kriminalbeamte ● Sozialarbeiter ● A̶n̶w̶a̶l̶t̶

✪ eine Straftat / ein ● Verbrechen / einen ● Mord / …
begehen ✪ einbrechen ✪ B̶u̶ß̶g̶e̶l̶d̶ ̶v̶e̶r̶l̶a̶n̶g̶e̶n̶ ✪
✪ mit Regeln nicht zurechtkommen ✪
✪ für ● Gerechtigkeit sorgen ✪ mit dem ● Gesetz
in ● Konflikt kommen ✪ v̶e̶r̶d̶ä̶c̶h̶t̶i̶g̶ ̶s̶e̶i̶n̶ ✪
✪ ein Verbrechen aufklären ✪ Straftäter betreuen ✪
✪ jmdn. vor ● Gericht bringen ✪
✪ einen ● Anwalt brauchen ✪ schuldig sein

Die „Guten" Das Gesetz § Die „Bösen"

Handlungen Handlungen

Bußgeld verlangen verdächtig sein

Personen Personen

Anwalt Verbrecher

e Hör die Radiosendung zum Thema Jugendkriminalität und beantworte die Fragen. 🔊 2 8

1 Was ist Herr Reitmeier von Beruf? ••••
2 Warum begehen Jugendliche seiner Meinung nach Straftaten? ••••
3 Welche drei Typen von Strafen werden in der Sendung genannt? *Gefängnisstrafen, …*

f Partnerarbeit. Sprecht über die folgenden Fragen.

1 Mit welchen Regeln kommst du nicht so gut zurecht? Warum?
2 Welche Straftaten begehen Jugendliche in deinem Heimatland?
3 Welche Dinge tun Menschen jeden Tag, die eigentlich gegen das Gesetz sind (zum Beispiel Müll auf die Straße werfen)?
4 Wie sollte man junge Straftäter bestrafen?

D1 Die Guten und die Bösen

a Partnerarbeit. Lest die Namen und seht die Bilder an. Wer sind die Guten?
Wer sind die Bösen? Welche anderen guten oder bösen Charaktere aus
Filmen oder aus der Literatur kennt ihr?

(B)

> ✪ Mr. Freeze ✪ Batman ✪
> ✪ Catwoman ✪ Darth Vader ✪
> ✪ Prinzessin Leia ✪ Lara Croft ✪ ... ✪

> ... gehört zu den ...
> ... ist ein Guter / eine Gute.
> ... ist ein Böser / eine Böse.

(A)

b Welche Charaktere findet ihr interessant, welche langweilig, warum?

> Lara Croft finde
> ich interessanter als
> Prinzessin Leia.

> Ihr Computerspiel ist gut.

D2 Kino auf dem Schulhof

a Partnerarbeit. Seht das Foto an. Vier Jugendliche sind
Zeugen dieser Szene. Lest ihre Kommentare und ordnet zu.

Klaus   Fabian

● Schlägerei auf dem Schulhof

A „Ich würde ¹mich raushalten, dabei kann man nur
²draufzahlen." (?)

B „Die ³gehen auf einen Schwächeren los. Ich würde mich
einmischen." (?)

C „Wenn man sich einmischt, ⁴hat man selbst das Problem am
Hals. Ich würde Hilfe holen." (?)

D „Es hängt davon ab, wem man hilft. Wenn man einem
⁵Außenseiter hilft, ⁶ist man bei den anderen unten durch." (?)

> ❶ „Ich würde helfen."
> ❷ „Ich würde nur mit anderen
>   gemeinsam helfen."
> ❸ „Ich würde nicht helfen."
> ❹ „Ich würde vielleicht helfen."

b Findet die Erklärungen für die unterstrichenen Wörter.

> ✪ hier: sich nicht einmischen
> ✪ jmdn. aggressiv behandeln
> ✪ eine unangenehme Sache lösen müssen
> ✪ Nachteile haben ✪ unbeliebt sein
> ✪ jmd., der nicht in die Gruppe passt

1 = ...
2 = Nachteile haben
3 = ...

c Wie würdet ihr reagieren, wenn ihr Zeugen
der Szene wärt? Wählt eine Möglichkeit aus **a**
oder ergänzt selbst. Vergleicht in der Klasse.

> Ich würde ...

d Hör den Dialog und
beantworte die Fragen.

1 Was haben Mark und Lena auf dem
   Schulhof gesehen?
2 Was stört Lena an Marks Reaktion?
3 Was möchte sie tun?

e Hör noch einmal. Richtig oder falsch?

		richtig	falsch
1	Mark vergleicht die Schlägerei mit einem Film.	?	?
2	Fabian ist stärker als Klaus.	?	?
3	Lena will mit Klaus und seinen Freunden sprechen.	?	?
4	Mark meint, Lena sollte Fabian nicht helfen, weil er unbeliebt ist.	?	?
5	Lena möchte sich mit Fabian verabreden.	?	?
6	Lena will, dass Mark ihr gegen Klaus hilft.	?	?
7	Die Schlägereien an der Schule stören nur Lena.	?	?

E1 **Wer mit wem gegen wen?**

a Lies die Sätze und ordne die Namen richtig zu.

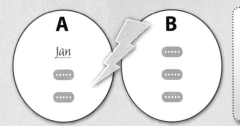

🔊 Fabian, **dessen** blutige Nase ich noch vor mir sehe, war fix und fertig.

A Jan

B

⭐ Niklas
⭐ Amelie
⭐ Sophie
⭐ Jan
⭐ Emma
⭐ Ben

1 Jan, dessen Bruder Niklas ein Problem mit Ben hat, war früher Sophies Freund.

2 Sophie, deren Freundin Amelie in Ben verliebt ist, will mit Jan nichts mehr zu tun haben.

3 Emma, deren Freund Jan mit Ben in dieselbe Klasse geht, findet Sophie einfach schrecklich.

4 Ben, dessen Freundin Amelie letzte Woche einen Streit mit Jan hatte, war früher Emmas Freund.

Relativsätze (Relativpronomen im Genitiv)

Der Mann, **dessen** Fahrrad gestohlen wurde, wohnt in der Berggasse. das Fahrrad **des Mannes** (= **sein** Fahrrad)

Das Kind, **dessen** Fahrrad ...
Die Frau, **deren** Fahrrad ...
Meine Freunde, **deren** Fahrräder ...

---

b Mach aus den vier Sätzen in a acht Sätze.

1 Jan war früher Sophies Freund.

2 Jans Bruder (sein Bruder) Niklas hat ein Problem mit Ben.

E2 **Zivilcourage**

a So reagieren verschiedene Personen in schwierigen Situationen. Welche Reaktionen hast du schon einmal erlebt?

Elvira: „Ich sage dem Täter, dass er ein Idiot ist."

Mark: „Ich gehe auf ihn los. Ich schaffe das ganz allein."

Lea: „Ich fange in solchen Situationen immer zu weinen an."

Jonas: „Mit solchen Typen rede ich gar nicht. Ich gehe ihnen aus dem Weg."

Semir: „Die Polizei rufe ich sicher nicht. Das geht sie nichts an."

Jasmin: „Ich halte den Täter fest und spreche mit ihm."

---

b Lies die Tipps aus dem Ratgeber zum Thema Zivilcourage. Welche Tipps passen zu den Reaktionen in a?

Zivilcourage

Du ärgerst dich, wenn jemand unfair behandelt wird und du sagst das auch laut? Du protestierst, wenn jemand Regeln verletzt? Dann zeigst du Zivilcourage. Zivilcourage verlangt Mut. Hier sind einige Tipps, falls du es auch einmal mit aggressiven Personen zu tun hast:

1. Hol Hilfe. Sprich Personen an, die in der Nähe sind und helfen können.

2. Bleib ruhig und mach dich nicht zum Opfer.

3. Jeder Körperkontakt mit dem Täter ist schlecht. Mach keine schnellen Bewegungen.

4. Such das Gespräch mit dem Täter. Siezen ist besser als duzen.

5. Beschimpfe und beleidige den Täter nicht.

6. Melde die Situation der Polizei.

Elvira = 5, Mark = ...

c Welche Ratschläge aus b würdest du den Personen in a geben? Welche Vorschläge würdest du machen? Schreib Sätze wie im Beispiel.

Konjunktiv II (Ratschläge geben, Vorschläge machen)
Hol Hilfe!
Ratschlag: **An deiner Stelle würde ich** Hilfe holen.
Wenn ich du wäre, würde ich Hilfe holen.
Vorschlag: **Du könntest / Ich könnte / Wir könnten** Hilfe holen.

(Ratschlag für Elvira) An deiner Stelle würde ich den Täter nicht beleidigen. (Vorschlag für Elvira) Du könntest ...

E3 **Probleme lösen**

Unser Nachbar hat einen großen Hund. Immer wenn ...

a Schreib ein reales oder ein erfundenes Problem auf ein Blatt Papier.

b Partnerarbeit. A liest ihr / sein Problem B vor. B gibt einen Ratschlag. Dann liest B ihr / sein Problem vor, A gibt einen Ratschlag.

c Kettenübung. A und B tauschen ihre Zettel. Beide suchen neue Partner. Die Probleme und die Partner werden mehrere Male gewechselt.

d Sammelt alle Texte ein und lest sie vor. Sammelt die Ratschläge, die ihr gehört habt.

F1 Schuldig oder nicht schuldig?

a Hör das Fallbeispiel aus dem Psychologiekurs. Was ist passiert? Lies die Sätze und kreuze an. **2** 10

a ☐ Ein psychisch kranker Mann ist in den Fluss gefallen.

b ☐ Ina und Maria sind in einen Fluss gefallen.

c ☐ Maria wurde von einem psychisch kranken Mann ins Wasser gestoßen.

b Hör noch einmal und ergänze die Personen in der Skizze.

c Partnerarbeit. Macht Notizen zu den Personen. Wer hat am meisten schuld an Marias Unfall und warum? Vergleicht und versucht, eine gemeinsame Liste in der Klasse zu finden.

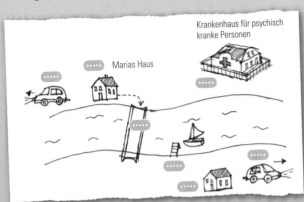

Krankenhaus für psychisch kranke Personen

Marias Haus

1 Marias Eltern: _sind weggefahren, vertrauen ihrer Tochter_

2 Maria: ·····

3 Ina: ·····

4 Inas Eltern: ·····

5 Der psychisch Kranke: ·····

6 Der Fischer: ·····

7 Das Personal im Krankenhaus: ·····

> Ich finde, … hat am meisten / am wenigsten schuld an dem Unfall.
> An der zweiten Stelle steht bei mir …
> … hat mehr schuld als …

F2 Leserbriefe

a Lies den Zeitungsartikel und beantworte die Fragen.

Kein neues Jugendzentrum in Kumbach

Das geplante Jugendzentrum in Kumbach soll nun doch nicht gebaut werden. Das wurde gestern den Bürgern von Kumbach bei einer Bürgerversammlung mitgeteilt. Das Geld soll für ein neues Hotelprojekt verwendet werden. Die Entscheidung wurde sehr kritisch aufgenommen. In Kumbach gibt es kein Kino und keine Diskothek. Es gibt auch keine Sportplätze oder Sportvereine. Ein neues Jugendzentrum wäre deshalb dringend notwendig. In der Diskussion wurden auch Zahlen aus der neuesten Kriminalstatistik genannt. „Es ist ganz klar, dass es in den letzten Jahren mehr Einbrüche und Diebstähle gegeben hat", meinte ein Diskussionsteilnehmer. „Wenn Jugendliche keine Möglichkeit haben, ihre Freizeit sinnvoll zu nützen, kommen sie auf dumme Gedanken. Der Fernseher zu Hause ist sicher zu wenig."

1 Warum wird das Jugendzentrum in Kumbach nicht gebaut?

2 Wie ist das Freizeitangebot für Jugendliche in Kumbach?

3 Warum könnte ein Jugendzentrum gegen die Jugendkriminalität helfen?

ℹ ● Bürger ≈ Einwohner
   ● Versammlung ≈ Treffen

Rosi Rot und Wolf

Und dann ist der arme Wolf vom Jäger getötet worden.

Und das arme Rotkäppchen wurde vom Wolf gefressen.

b Schreib einen Leserbrief aus der Sicht eines Jugendlichen.

> Sehr geehrte Redaktion,
> ich habe gelesen, dass …
> Ich finde diese Entscheidung …
> In Kumbach gibt es …
> Wir Jugendliche müssen / wollen / dürfen …
> Wenn ich in Kumbach etwas entscheiden könnte, würde ich …
> Mit freundlichen Grüßen

32 A Das ist dein gutes Recht!

A1 Grundrechte

Lies den Text und beantworte die Fragen.

1 Wann, von wem und warum wurde die „Deklaration der Menschenrechte" beschlossen?

2 Wie viele Artikel enthält die Deklaration?

> ℹ️ sich bemühen ≈ sich anstrengen
> garantieren ≈ jmdm. etwas fest versprechen
> enthalten ⚠️ ≈ etwas als Inhalt haben
> ● Staatsangehörigkeit haben ≈ Bürger eines Staates sein
> ○ Eigentum ≈ ● Besitz
> ○ Asyl ≈ wenn ein Staat jmdn. vor der Gewalt eines anderen Staates schützt

⚠️ → S. 130

Menschenrechte

Der Zweite Weltkrieg war wohl die größte Katastrophe des 20. Jahrhunderts. Mehr als 60 Millionen Menschen mussten in diesem Krieg ihr Leben lassen. Nach Kriegsende bemühte man sich, Regeln zu finden, die ähnliche Katastrophen in Zukunft verhindern sollten. Ein Ergebnis war die „Deklaration der Menschenrechte", die im Jahr 1948 von der UNO beschlossen wurde. Jeder Mensch sollte die gleichen Grundrechte besitzen, und alle Staaten sollten ihren Bürgern diese Grundrechte garantieren. Die Deklaration enthält 30 Artikel. Einige wichtige Grundrechte aus der Deklaration findest du in der folgenden Liste:

United Nations

- Recht auf Leben, Freiheit und Sicherheit
- Recht auf Schutz durch das Gesetz
- Recht auf Staatsangehörigkeit
- Recht auf Eigentum
- Recht auf freie Meinungsäußerung
- Recht auf Arbeit
- Recht auf Bildung
- Recht auf Teilnahme an politischen Entscheidungen
- Recht auf Asyl

Die Deklaration wurde in über 370 Sprachen übersetzt. Die Übersetzungen findest du auf der Website des OHCHR (Office of the High Commissioner for Human Rights).

A2 Indianer am Amazonas: Die Yanomami

Sieh die Fotos an und lies die Bildunterschriften. Was weißt du jetzt über die Yanomami? Sammle und erzähle.

A

Der Dorfplatz: Bei regelmäßigen Versammlungen wird hier über wichtige Themen abgestimmt. Die Yanomami haben keine Könige oder andere politische Führer.

> ℹ️ regelmäßig ≈ immer wieder zur selben Zeit
> abstimmen ≈ die Mehrheit in einer Gruppe entscheidet

B

Pflanzen sind nicht nur wichtige Nahrungsmittel. Die Männer gewinnen daraus auch das Gift für ihre Jagdwaffen.

> ℹ️ ● Nahrungsmittel ≈ was man essen kann
> ● Gift ≈ was dem Körper schadet und tödlich sein kann

C Der Deutsche Rüdiger Nehberg lebte bei den Yanomami und machte die Öffentlichkeit auf die Probleme der Indianer aufmerksam.

> ℹ️ ● Öffentlichkeit ≈ alle Menschen in einem Land

D Vertreter des „Fortschritts": Goldsucher am Amazonas. Die Yanomami kämpfen oft vergeblich um ihr Land.

> ℹ️ ● Vertreter ≈ jmd., der für eine Gruppe spricht
> ● Fortschritt ≈ Verbesserung
> vergeblich ≈ ohne Chance

Venezuela
Guyana Frz. Guayana
Kolumbien Surinam
Ecuador Gebiet der Yanomami
Peru Brasilien
Bolivien
Chile Paraguay
Uruguay
Argentinien

> Die Yanomami leben von …
> Sie …

A3 Menschenrechte am Amazonas

a Lies und hör den Text. Wie ist die Situation der Yanomami heute? 2 11

Opfer des Fortschritts

1 Im Jahr 2154 gibt es auf der Erde
2 keine Rohstoffe mehr. Die Men-
3 schen müssen im Weltall danach
4 suchen. Auf dem Planeten Pandora
5 werden sie fündig. Doch dort leben
6 die Na'vi, ein friedliches Volk, das sein
7 Land und seine Lebensart behalten
8 will. Schließlich kann ein militärischer
9 Konflikt nicht mehr verhindert werden.
10 In James Camerons Science-Fiction-
11 Film „Avatar" wird erzählt, wie das Volk der Na'vi um sein Land
12 kämpft ... Völker, die um ihr eigenes Land kämpfen müssen, exis-
13 tieren aber nicht nur in Science-Fiction-Filmen, sondern ganz
14 real überall auf dieser Welt. Im südamerikanischen Amazonas-
15 gebiet lebt beispielsweise der Indianerstamm der Yanomami.
16 Die Yanomami besitzen wertvolles Wissen über mehr als 500
17 verschiedene Arten von Pflanzen. Sie verwenden sie sowohl als
18 Nahrungsmittel als auch zum Hausbau oder als Medizin.
19 Die Amazonas-Indianer leben in großen Gemeinschaftshäu-
20 sern, die bis zu 400 Personen Platz bieten. In den Häusern gibt
21 es zwar keine Wohnungen oder Zimmer, sondern nur eine Feu-
22 erstelle für jede Familie, aber das stört die Yanomami nicht.
23 Das soziale Leben findet meist auf dem großen Dorfplatz statt.
24 Die Yanomami haben weder Könige noch andere politische
25 Führer. Jeder in der Gemeinschaft hat dieselben Rechte. Bei
26 regelmäßigen Versammlungen auf dem Dorfplatz werden
27 wichtige Themen diskutiert. Jedes Stammesmitglied kann dort
28 seinen Standpunkt vertreten. Dann wird abgestimmt.

29 Jahrhundertelang lebten die Ya-
30 nomami ungestört in den Wäl-
31 dern des Amazonas. Doch dann
32 wurde im Amazonasgebiet Gold
33 gefunden. Bald kamen tausende
34 Goldsucher in den Urwald. Ver-
35 geblich kämpften die Yanomami
36 um ihr Land. Entweder mussten
37 sie ihr Land freiwillig aufgeben
38 oder sie wurden getötet.
39 Der Deutsche Rüdiger Nehberg
40 lebte einige Zeit lang bei den Yanomami und machte die
41 Öffentlichkeit auf die Menschenrechtsverletzungen auf-
42 merksam. Auch Vertreter von Menschenrechtsorganisati-
43 onen wie „Survival International" forderten Unterstützung
44 für die Indianer. Durch den internationalen Druck hat sich
45 die schwierige Lage der Yanomami inzwischen verbes-
46 sert.
47 Doch es ist noch viel zu tun. Wenn in einer Region Boden-
48 schätze gefunden werden, wird manchmal weder auf die
49 Natur noch auf die Bevölkerung Rücksicht genommen. Im
50 Namen des „Fortschritts" werden die Menschen in diesen
51 Regionen gezwungen, ihr Land zu verlassen. Ihre Rechte
52 werden nicht beachtet. Viele Völker verlieren mit ihrer
53 Lebensgrundlage auch ihre Identität.
54 In Camerons Film „Avatar" kämpfen die Na'vi erfolgreich
55 um ihre Rechte. Doch vielen realen Völkern wird es aus
56 eigener Kraft nicht gelingen, ihre Identität, ihre Kultur und
57 ihr Wissen zu schützen und zu behalten.

---

i ● Rohstoff ≈ Kohle, Öl, Holz, Wolle, Gold, Silber, Eisen usw.
behalten ❗ ≠ aufgeben
militärisch ≈ mit Soldaten
● Art ≈ wie etwas aussieht oder gemacht wird
einen Standpunkt vertreten ❗ ≈ seine Meinung sagen

i ● Druck ≈ starker Einfluss
● Lage ≈ Situation
● Bevölkerung ≈ alle Menschen, die in einem Land oder
einer Region leben
zwingen ❗ ≈ jmdn. mit Gewalt dazu bringen, etwas zu tun
beachten ≈ auf etwas achten
● Grundlage ≈ Voraussetzung   ❗ → S. 130

---

b Ordne die Satzteile zu und ergänze die Lücken mit Informationen aus dem Text.

1 In James Camerons Film „•••"
2 Die Yanomani
3 Bei den Yanomami haben
4 Als im Amazonasgebiet ••• gefunden wurde,
5 Internationale Organisationen

A kamen viele Fremde
B haben die Öffentlichkeit
C alle Stammesmitglieder
D muss das Volk der Na'vi
E besitzen wertvolles Wissen

a über die Situation der ••• informiert.
b dieselben •••.
c über die ••• des Amazonas.
d ins Land der Yanomami.
e um sein Land kämpfen.

c Lies noch einmal die Liste der Menschenrechte in A1. Welche Rechte der
Yanomami wurden von den Goldsuchern verletzt?

B1 Bei den Goldsuchern ...

a Such die passenden Textstellen in A3a und ergänze die Sätze mit den Konjunktionen aus dem Grammatikkasten.

> Die Yanomami haben **weder** Könige **noch** andere politische Führer.

zweiteilige Konjunktionen	
weder ... noch ...	= das eine **nicht** und das andere **auch nicht**
entweder ... oder ...	= das eine **oder** das andere
zwar ..., aber ...	= das eine, **aber** auch das andere
nicht nur ..., sondern (auch) ...	
sowohl ... als auch ...	= das eine **und** auch das andere

1 Völker wie die Na'vi existieren *nicht nur* in Science-Fiction-Filmen, *sondern (auch)* (und) ganz real überall auf dieser Welt.

2 Die Yanomami verwenden die Pflanzen ••••• als Nahrungsmittel ••••• (und) zum Hausbau.

3 Es gibt in den Häusern ••••• nur eine Feuerstelle für jede Familie, ••••• (aber) das stört die Yanomami nicht.

4 Die Yanomami mussten ••••• ihr Land aufgeben ••••• (oder) sie wurden getötet.

5 Wenn Bodenschätze gefunden werden, wird manchmal ••••• (nicht) auf die Natur ••••• (und auch nicht) auf die Bevölkerung Rücksicht genommen.

b Ordne die Sätze aus a den folgenden Themen zu.

A Der Urwald als Lebensgrundlage ?
B Camerons Film „Avatar" ?
C Der Konflikt mit den Goldsuchern ?
D Der Fortschritt und seine Opfer ?
E Familienleben ?

c Lies den Text und beantworte die Fragen.

1 Wie lernte Rüdiger Nehberg das Leben der Goldsucher kennen?
2 Woher kamen die meisten Goldsucher?
3 Wie waren die Arbeitsbedingungen im Lager?
4 Wie viel Gold blieb den Goldsuchern?
5 Warum sind die Goldsucher für Nehberg auch Opfer?

Die Feinde der Yanomami

Rüdiger Nehberg interessierte sich ••••• für die Yanomami, ••••• und wollte ••••• das Leben der Goldsucher am Amazonas kennenlernen. Einige Wochen lang arbeitete er deshalb in einem ihrer Lager. In dieser Zeit erfuhr Nehberg, dass die Feinde der Yanomami ••••• Täter ••••• und Opfer waren. Sie waren meist in den Slums der Großstädte aufgewachsen und hatten in ihrem Leben nur zwei Möglichkeiten: ••••• weiterhin in den Slums um das tägliche Überleben zu kämpfen ••••• oder ihr Glück am Amazonas zu suchen. Im Gegensatz zu ihrem Leben in der Stadt fanden sie am Amazonas ••••• Arbeit, mussten ••••• aber die Bedingungen ihrer Arbeitgeber akzeptieren. Und diese Bedingungen waren unmenschlich hart. Sie konnten ••••• selbstständig auf einem eigenen Stück Land arbeiten, durften ••••• aber nur einen ganz kleinen Teil des Goldes, das sie fanden, behalten. Dieses Gold konnten sie ••••• nicht an ihre Familien schicken ••••• und auch nicht für eigene Zwecke ausgeben, denn sie mussten damit alles bezahlen: ••••• den Flug an den Amazonas ••••• und die Lebensmittel und die Miete für die Zelte im Lager. Nach einigen gefährlichen Jahren als Goldsucher mussten sie froh sein, die Zeit im Urwald überlebt zu haben.

d Ersetze die einfachen Konjunktionen im Text durch die zweiteiligen Konjunktionen aus a.

Rüdiger Nehberg interessierte sich *nicht nur* für die Yanomami, *sondern* und wollte *auch* das Leben der Goldsucher am Amazonas kennenlernen. ...

B2 Yanomami, Goldsucher oder ...?

Partnerarbeit. Schreibt Fragesätze mit *Wer?* wie im Beispiel und findet die Antwort. Schreibt auch eigene Fragen.

1 **weder ... noch:** eigene Wohnungen haben – eigene Häuser haben *Wer hat weder eigene Wohnungen noch ...?*

2 **nicht nur ... sondern auch:** hart arbeiten – sehr wenig Geld verdienen *Wer ...?*

3 **zwar ... aber:** Gold finden – nicht reich werden •••••

4 **entweder ... oder:** weiter in Slums wohnen – als Goldsucher in den Urwald gehen •••••

5 **sowohl ... als auch:** bei den Yanomami leben – als Goldsucher leben •••••

B3 Projekttage am Luisengymnasium

a) Lies zuerst die Informationen zu den Personen und dann die Informationen an der Pinnwand.
Für wen passt welche Information? Für eine Person gibt es keine passende Information.

A ? Lukas möchte mehr über die Arbeit von Survival International wissen.

B ? Carina interessiert sich für indische Entspannungstechniken.

C ? Yusuf möchte seine Basketballmannschaft für das Sportfest anmelden.

D ? Frau Schneider sucht Teilnehmer für ihr Biologieprojekt.

E ? Lisa möchte einen interessanten Radausflug machen.

F ? Jürgen hat Einladungen für die Regenwaldausstellung vorbereitet.

G ? Leo muss ein Referat zur Geschichte der Olympischen Spiele halten.

Biologie: Treffen der Projektgruppe „Tiere und Pflanzen der Regenwälder Indiens" ①
Themen: Party zur Ausstellungseröffnung planan,
Einladungen schreiben
Ort / Zeit: Klasse 7b, Donnerstag 15:00 Uhr

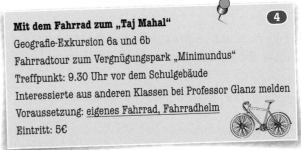

Mit dem Fahrrad zum „Taj Mahal" ④
Geografie-Exkursion 6a und 6b
Fahrradtour zum Vergnügungspark „Minimundus"
Treffpunkt: 9.30 Uhr vor dem Schulgebäude
Interessierte aus anderen Klassen bei Professor Glanz melden
Voraussetzung: eigenes Fahrrad, Fahrradhelm
Eintritt: 5€

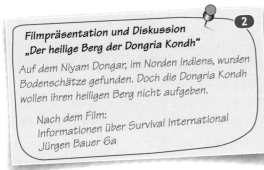

Filmpräsentation und Diskussion „Der heilige Berg der Dongria Kondh" ②

Auf dem Niyam Dongar, im Norden Indiens, wurden Bodenschätze gefunden. Doch die Dongria Kondh wollen ihren heiligen Berg nicht aufgeben.

*Nach dem Film:
Informationen über Survival International
Jürgen Bauer 6a*

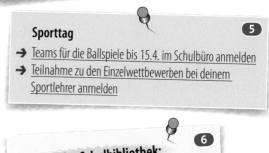

Sporttag ⑤
→ Teams für die Ballspiele bis 15.4. im Schulbüro anmelden
→ Teilnahme zu den Einzelwettbewerben bei deinem Sportlehrer anmelden

Neu in der Schulbibliothek: ⑥

Bücher:	DVDs:
„Die Geschichte der Olympischen Spiele."	*„China – Land der Gegensätze"*
„Mit dem Fahrrad durch Indien"	*„Rücksichtslos" (Ein Film von Gregor Sams)*

Gültigen Bibliotheksausweis mitbringen!

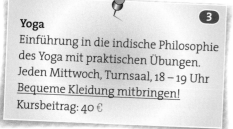

Yoga ③
Einführung in die indische Philosophie des Yoga mit praktischen Übungen.
Jeden Mittwoch, Turnsaal, 18 – 19 Uhr
Bequeme Kleidung mitbringen!
Kursbeitrag: 40 €

ℹ️ ● Ausstellung ≈ Veranstaltung, bei der interessante Objekte gezeigt werden
heilig ≈ besonders wertvoll, weil es sich auf Gott bezieht
gültig ≈ wenn etwas gilt

b) Was ist bei den Veranstaltungen zu tun? Schreib Sätze zu den <u>unterstrichenen</u> Informationen aus a.

„ Doch es **ist** noch viel **zu** tun.

> **sein + zu + Infinitiv**
> 40 € **sind zu** bezahlen. ≈ 40 € müssen bezahlt werden.
> ein Ausweis **ist mitzu**bringen ≈ ein Ausweis muss mitgebracht werden

1 Die Party zur Ausstellungseröffnung ist zu planen.

2 ...

C　Ärger

a Partnerarbeit. Ordnet die Situationen den Bildern zu.
Welche Probleme haben die Personen wohl?

✿ ● Stempel

1 **A** auf dem Parkplatz stehen
2 **?** Genehmigung beantragen
3 **?** Tankstelle geschlossen sein
4 **?** Doppelzimmer reservieren
5 **?** Moped schieben
6 **?** per Autostopp kommen

7 **?** Stempel ✿ brauchen
8 **?** Versicherungsnummer fehlen
9 **?** Reservierung nicht gefunden
10 **?** Einzelzimmer zu teuer sein
11 **?** Amt zumachen
12 **?** kein Zelt dabeihaben

> ***i*** ● Genehmigung beantragen ≈ eine offizielle Erlaubnis fordern
> ● Versicherung ≈ Firma, die gegen ein Risiko (Krankheit usw.) schützt

b Hört die Texte und vergleicht mit euren Vermutungen in **a**.
Worüber und über wen ärgern sich die Personen in den Hörtexten?

🔊 2　12-14

> *Der Junge ärgert sich, weil die Tankstelle geschlossen ist. Es ist ... Uhr und ...*

c Such die Wörter im Wörterbuch und ergänze die Sätze.

> ✪ Geld abheben ● Geldautomat ● Liegewagen ● Werkzeug
> ✪ entwerten ✪ klingeln ● Einzelheit ● Laune ● Lokal ✪ (sich) anstellen ✪

Situation

1 Du feierst deinen Geburtstag.
2 Du möchtest im Zug schlafen.
3 Du möchtest dein Moped reparieren.
4 Der Kontrolleur kommt.
5 Du sitzt im Kino.
6 Du gehst auf eine Party.
7 Du bist sehr hungrig.
8 Du brauchst dringend 30 Euro.

Problem

a Dein ▭▭ ist weg. Dein Bruder hat es ohne zu fragen genommen.
b Im Fast-Food-▭▭ musst du dich eine Viertelstunde ▭▭.
c Ein Handy ▭▭ und wird nicht ausgeschaltet.
d Du willst ▭▭, aber der ▭▭ funktioniert nicht.
e Dein bester Freund hat den ganzen Abend schlechte ▭▭.
f Jemand spielt im ▭▭ laut Musik.
g Deine Eltern wollen jede ▭▭ über die Party wissen.
h Du konntest den Fahrschein nicht ▭▭, weil jemand vor dem Entwerter gestanden hat.

d Partnerarbeit. Lest die Situationen aus **c** und diskutiert die folgenden Fragen.

1 Macht dich eine dieser Situationen wirklich wütend?
2 Was tust du in diesen Situationen?
3 Welche anderen Situationen machen dich oder andere Familienmitglieder wütend?
4 Haben dich früher andere Dinge als heute gestört? Was hat sich verändert?

e Rollenspiel: Kritik äußern. Wählt aus **b** oder **c** eine Situation, die euch wirklich stört, und spielt ein Rollenspiel.

Rollen: eine Jugendliche/ein Jugendlicher und der Tankwart/die Beamtin/die Frau an der Rezeption/
der Fahrgast im Liegewagen ...

Kritik äußern
höflich: Entschuldigen Sie, ... / Wäre es vielleicht
möglich, ... ? / Könnten Sie bitte ... ? / Es wäre schön,
wenn Sie da etwas Rücksicht nehmen könnten.
unhöflich: Das geht doch nicht. / Das ist eine
Frechheit! / Das können Sie einfach nicht tun. /
Was glauben Sie eigentlich?

auf Kritik reagieren
positiv/höflich: Daran habe ich gar nicht gedacht. /
Das tut mir schrecklich leid. / Das ist mir wirklich
unangenehm. / Es war doch keine Absicht. / So was ist
mir ja noch nie passiert.
negativ/unhöflich: Ach kommen Sie, so schlimm ist
das doch gar nicht. / Das ist ja lächerlich. / Das ist doch
nicht mein Problem. / Das geht Sie nichts an.

D1 Die Reservierung

a Lies den Prospekt und hör zu. Welchen Computer lässt Thomas reservieren? Wann muss er ihn abholen? Wie heißt die Verkäuferin? 🔊 **2** 15

neuestes High-Speed-Laufwerk, Super-Size-Festplatte, Software

RX20   RS10   Rx30

Sonderangebot

Bestellen Sie sich Ihr Modell noch heute!
Tel. Nr. 069 633 2002, Anzahlung mit Kreditkarte

b Partnerarbeit. Ordnet die Sätze zu. Was sagt der Verkäufer (V), was sagt der Kunde (K)?

1 Was kann ich für Sie tun? ••••

2 Guten Tag. Ich hätte gern ... ••••

3 ... kann ich Ihnen sehr empfehlen. ••••

4 Das ist mir zu teuer / zu ... ••••

5 Das ist eine einmalige Gelegenheit. ••••

6 Ich würde gerne ... reservieren / bestellen. ••••

7 Wie wär's mit ...? ••••

8 Das muss ich mir noch überlegen. ••••

9 Vielen Dank für Ihre Mühe. Auf Wiedersehen. ••••

10 Welch-... ist besser / billiger / ...? ••••

11 Vielen Dank, auf Wiedersehen. ••••

c Ordnet die Sätze aus **b** dem Diagramm zu. Spielt dann ähnliche Dialoge wie in **a**.

Handys: H12 ⊗ H13 ⊗ H14 ⊗ ...
Kameras: KL ⊗ KX ⊗ ...

Verkäufer	Kunde
A Gruß. Nach Wünschen fragen. ?	
	→ **B** Gruß. Sagen, was man möchte. ? ?
C Den Kunden beraten, etwas empfehlen. ? ? ?	←
	→ **D** Fragen stellen, sich entscheiden. ? ? ?
E Gruß. ?	←
	→ **F** Sich bedanken. Gruß. ?

D2 Reserviert oder bestellt?

a Sieh das Foto an: Welche Probleme gibt es wohl bei der Abholung?

KOSTENLOSER DSL-CHECK.

Vielleicht ist die Reservierung verschwunden.

b Hör den Dialog und beantworte die Fragen. 🔊 **2** 16

1 Hat Thomas den Computer reserviert oder bestellt?

2 Hat Frau Schnell einen Fehler gemacht?

c Hör noch einmal und ergänze die Sätze.

1 Frau Schnell   **2** Der Verkäufer
3 Tina   **4** Thomas   **5** Herr Winter, ein Kunde

A 2 erklärt, dass man den RS10 nicht reservieren konnte.

B •••• glaubt, dass •••• einen Fehler gemacht hat.

C •••• empfiehlt einen anderen Computer.

D •••• will unbedingt, dass der Verkäufer einen RS10 besorgt.

E •••• findet auch, dass ein leichterer Computer vielleicht doch gut sein könnte.

F •••• hat den Computer aus dem Schaufenster gekauft.

G •••• findet Thomas peinlich.

d Partnerarbeit. Beantwortet die Fragen, macht Notizen und vergleicht in der Klasse.

1 Warum findet Tina die Situation im Elektronikgeschäft peinlich?

2 Wie geht die Geschichte wohl weiter?

Herr Winter — sich ärgern — ...

E1 Irgendwer will irgendwas ...

a Partnerarbeit. Ordnet zu und macht Dialoge wie im Beispiel.

🔊 Ich will nicht **irgendeinen** Computer, ich will den RS10.

irgend- + ein
irgendein Computer ≈ egal, welcher Computer
(irgendeinen, irgendeinem, irgendeines, irgendeine ...)
⚠ Plural: ○ irgend**welche**

⊗ Kaufst du dir ein neues Handy?
⊗ Wir könnten einen Film anschauen.
⊗ Soll ich dir Handschuhe mitbringen?
⊗ Sollen wir heute in ein Restaurant essen gehen?
⊗ Nimmst du eine Beilage zum Fleisch?

⊗ Skihandschuhe ⊗ „Herr der Ringe" sehen ⊗
⊗ H35 kaufen ⊗ ins Restaurant Schönblick ⊗
⊗ Bratkartoffeln ⊗

ℹ ● Beilage ≈ was man zu Fisch / Fleisch isst (z.B. Reis, Kartoffeln usw.)

☉ Kaufst du dir ein neues Handy?
◆ Ja, aber nicht irgendein Handy. Ich will mir das H35 kaufen.

b Ein Rätsel. Ersetze die unterstrichenen Wörter durch die Wörter im Kasten. Dann erhältst du ein Rätsel. Versuche, die Rätselfrage zu beantworten.

🔊 **Irgendwo** finden Sie sicher noch ein Modell.

irgend- + Fragewort
irgendwer ≈ egal, wer
irgendwo ≈ egal, wo
irgendwann ≈ egal, wann
(irgendwem, irgendwohin ...)

⊗ ohne Verletzungen ⊗ ein Fenster ⊗
⊗ ein Mann ⊗ vom 32. Stock ⊗ er ⊗

Irgendjemand ist von irgendwo durch irgendwas gesprungen. Irgendwer hat irgendwie überlebt. Warum?

Ein Mann ist ⸱⸱⸱ durch ⸱⸱⸱ gesprungen. ⸱⸱⸱ hat ⸱⸱⸱ überlebt. Warum?

Der Mann hat ... überlebt, weil ...   Lösung: S. 147

E2 Entschuldigungen und Erklärungen

a Lies die Sätze. Wer sagt was?

🔊 Ich **habe** einfach **anrufen müssen**.

A Thomas   **B** Der Verkäufer

1 ❓ „Wir haben den Computer nicht reservieren dürfen."
2 ❓ „Da habe ich natürlich sofort anrufen müssen."
3 ❓ „Das hat der Kollege nicht wissen können."

Perfekt mit Modalverben
Ich **habe anrufen müssen**. ≈ Ich musste anrufen.
haben + 2x Infinitiv

b Schreib die passenden Entschuldigungen zu den Fragen.

⊗ gestern die Handyrechnung bezahlen müssen
⊗ Telefonnummer nicht finden können
⊗ einfach nicht spielen wollen
⊗ für den Mathetest lernen müssen
⊗ das Wasser nicht abdrehen können

1 Warum haben Sie die Reservierung nicht bestätigt?
   Ich habe Ihre Telefonnummer nicht finden können.
2 Warum warst du am Sonntag nicht im Park? ⸱⸱⸱⸱
3 Warum läuft die Badewanne über? ⸱⸱⸱⸱
4 Warum hast du heute kein Geld fürs Kino? ⸱⸱⸱⸱
5 Warum hast du gestern nicht Fußball gespielt? ⸱⸱⸱⸱

E3 Veränderungen

a Denk an drei wichtige Veränderungen in deinem Leben in den letzten Jahren und schreib sie auf einen Zettel.

Wir sind in eine Wohnung in die Stadt gezogen.

b Denk an zwei bis drei Konsequenzen, die diese Veränderungen für dich, deine Familie oder deine Freunde hatte. Schreib diese Sätze auch auf.

ℹ ● Konsequenz ≈ Folge

→ *Wir haben in einer kleineren Wohnung wohnen müssen.*
→ *Mein Vater hat länger schlafen können, weil ...*

c Die Lehrerin / Der Lehrer sammelt alle Zettel ein. Jeder bekommt einen Zettel einer / eines anderen. Stell Fragen und finde so die Person, die den Zettel geschrieben hat. Sprecht dann über die Situation.

eXtra

F1 Zwei Seiten einer Geschichte

a Partnerarbeit. Lest den Text und beantwortet die Fragen. Eure Partnerin / Euer Partner liest den Text auf Seite 146 und beantwortet dieselben Fragen.

1 Was ist Bauxit?
2 Wo liegt der Niyam Dongar?
3 Welches Projekt ist am Niyam Dongar geplant?
4 Wie leben die Menschen rund um den Niyam Dongar?
5 Welche Folgen hätte der Bauxitabbau für die Menschen?
6 Denken die Menschen negativ oder positiv über den Bergbau?

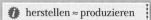
ℹ herstellen ≈ produzieren

1 In Orissa, im Norden Indiens, lebt das Volk der
2 Dongria Kondh. Seit Jahrtausenden leben die Dongria
3 Kondh in den Wäldern rund um den Niyam Dongar. Sie le-
4 ben dort ganz im Einklang mit der Natur. Der Niyam Dongar
5 ist ein heiliger Berg für sie. Doch auf dem Niyam Dongar
6 wurde Bauxit gefunden. Bauxit ist ein wichtiger Rohstoff,
7 um Aluminium herzustellen. Ein großer internationaler Kon-
8 zern möchte das Bauxit abbauen. Die Dongria Kondh sollen
9 ihr Land verlassen. Die Menschen in den Dörfern möchten
10 aber weder ihr Land noch ihre Lebensart aufgeben. Sie
11 haben Angst, dass durch den Bauxitabbau ihre Flüsse ver-
12 schmutzt und ihre Wälder zerstört werden. Survival Interna-
13 tional und einige berühmte Schauspieler unterstützen die Dongria Kondh in ihrem Kampf
14 gegen die Bergbaufirma. Auf seiner Homepage zeigt Survival International Interviews mit
15 verzweifelten Menschen, deren Lebensgrundlage durch den Bergbau zerstört wurde. Die
16 Rechte der Dongria Kondh sind unbedingt zu respektieren, fordert Survival International.

b Partner A (s. Text Seite 81) ist ein Vertreter von Survival International, Partner B (s. Text Seite 146) ist ein Vertreter der Bergbaufirma. Vergleicht eure Antworten. Welche Unterschiede gibt es?

F2 Ein Garantiefall

a Lies die E-Mails und beantworte die Fragen.

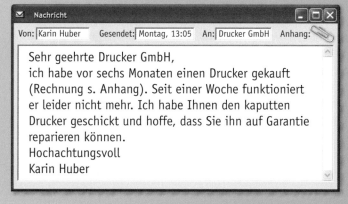

Von: Karin Huber   Gesendet: Montag, 13:05   An: Drucker GmbH   Anhang:

Sehr geehrte Drucker GmbH,
ich habe vor sechs Monaten einen Drucker gekauft
(Rechnung s. Anhang). Seit einer Woche funktioniert
er leider nicht mehr. Ich habe Ihnen den kaputten
Drucker geschickt und hoffe, dass Sie ihn auf Garantie
reparieren können.
Hochachtungsvoll
Karin Huber

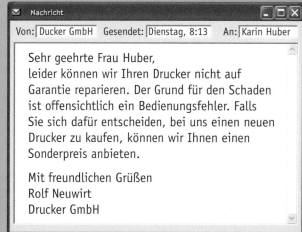

Von: Ducker GmbH   Gesendet: Dienstag, 8:13   An: Karin Huber

Sehr geehrte Frau Huber,
leider können wir Ihren Drucker nicht auf
Garantie reparieren. Der Grund für den Schaden
ist offensichtlich ein Bedienungsfehler. Falls
Sie sich dafür entscheiden, bei uns einen neuen
Drucker zu kaufen, können wir Ihnen einen
Sonderpreis anbieten.

Mit freundlichen Grüßen
Rolf Neuwirt
Drucker GmbH

1 Welches Problem hat Karin mit ihrem Drucker?
2 Warum will die Firma den Drucker nicht auf Garantie reparieren?
3 Welches Angebot macht die Firma?

b Karin schreibt ihrer Freundin eine E-Mail und erzählt ihr von ihrem Problem mit dem Drucker. Schreib Karins E-Mail.

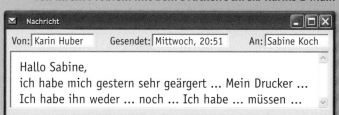

Von: Karin Huber   Gesendet: Mittwoch, 20:51   An: Sabine Koch

Hallo Sabine,
ich habe mich gestern sehr geärgert ... Mein Drucker ...
Ich habe ihn weder ... noch ... Ich habe ... müssen ...

Rosi Rot und Wolfi

Das politische System in den deutschsprachigen Ländern

LK1 Fakten

Lies die Texte und ergänze die Tabelle mit den Informationen zu den vier Ländern.

	Regierungsformen	Bundesländer und Kantone	Wahlen und Frauenwahlrecht	Regierung und Bundespräsidenten
Deutschland	Monarchie, dann ...	.....	.....	.....
Österreich	.....	Bundesländer	.....	.....
Schweiz	.....	.....	.....	Regierungschef, Bundesräte
Liechtenstein	.....	– – – –	.....	.....

Von der Monarchie zur Demokratie

Kaiser Wilhelm, Franz Josef, Maria Theresia ... Mehrere Jahrhunderte lang herrschten Könige, Kaiser und Kaiserinnen in Deutschland und Österreich. Nach der Hitlerdiktatur (1933-1945) und dem Ende des Zweiten Weltkriegs wurde in beiden Ländern das heutige demokratische System eingeführt. In der Schweiz gibt es schon seit 1848 ein demokratisches Regierungssystem. Und die 35.000 Einwohner Liechtensteins leben auch heute noch in einer Monarchie, allerdings auf parlamentarisch-demokratischer Grundlage.

Kaiser Wilhelm

Bundesländer und Kantone

Deutschland, Österreich und die Schweiz bestehen aus mehreren politischen Einheiten mit einer eigenen Verwaltung. Die Bundesländer (Deutschland und Österreich) und Kantone (Schweiz) können zu bestimmten Themen selbstständig Gesetze beschließen. Am stärksten ist diese Selbstständigkeit in der Schweiz. Hier gibt es in den sechsundzwanzig Kantonen nicht nur unterschiedliche Schulordnungen, sondern manchmal sogar ein unterschiedliches Strafrecht.

> ● Monarchie ≈ Staatsform, in der ein König oder Kaiser regiert
> ● Demokratie ≈ Staatsform, in der die Bürger die Regierung wählen
> herrschen ≈ regieren

> ● Verwaltung ≈ die Organisation eines Staates (Ämter usw.)

Wahlen

In allen deutschsprachigen Ländern gibt es linke, rechte, konservative, liberale und nationale Parteien, die bei den Parlamentswahlen gewählt werden können. In der Schweiz gibt es darüber hinaus regelmäßige Volksabstimmungen über den Inhalt von Gesetzen. Die Politiker müssen bei ihren Entscheidungen die Ergebnisse dieser Abstimmungen berücksichtigen und möglichst gerechte Kompromisse suchen.

An den Wahlen und Abstimmungen können alle erwachsenen Frauen und Männer gleichberechtigt teilnehmen. Doch das war nicht immer so. Die Frauen mussten sehr lange für das Frauenwahlrecht kämpfen. In Österreich und Deutschland dürfen Frauen seit dem Jahr 1918 wählen, in der Schweiz erst seit dem Jahr 1971. Die Liechtensteinerinnen dürfen überhaupt erst seit 1984 politisch mitbestimmen.

> ● konservativ ≈ traditionelle Werte und Meinungen sind wichtig
> liberal ≈ die Freiheit des Einzelnen ist wichtig
> ● Parlament ≈ vom Volk gewählte Versammlung, z.B. der Deutsche Bundestag
> berücksichtigen ≈ beachten

> gerecht ≈ fair
> ● Kompromiss ≈ Entscheidung, bei der es keine Sieger und Verlierer geben darf
> gleichberechtigt ≈ die gleichen Rechte haben

Die Regierung

In Deutschland und Österreich führt eine Bundeskanzlerin oder ein Bundeskanzler die Regierung. Mehrere Minister und Ministerinnen unterstützen sie oder ihn dabei. In der Schweiz regieren sechs Bundesräte/-innen, jedes Jahr übernimmt einer oder eine von ihnen das Amt des Regierungschefs. Bundespräsidenten oder -präsidentinnen, die das Land nach außen vertreten, gibt es in Deutschland und Österreich. In Liechtenstein übernimmt der Fürst diese Aufgabe. Die deutschen und österreichischen Regierungsmitglieder vertreten ihre Länder auch in der EU. Sie haben dort einen Sitz im EU-Rat.

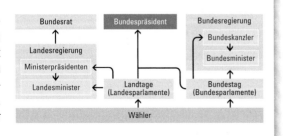

LK2 Beispiele

a Sieh die Fotos an und lies die Texte. Welcher Text passt zu welchem Foto? Ordne zu.

Reform und Kritik

Die Demokratie lebt vom Mut zu Reformen und von der Kritik an politischen Entscheidungen. Diese Kritik zeigt sich zum Beispiel in Form von Protesten. So können die Interessen der Bürger besser berücksichtigt und neue Situationen besser gemeistert werden.

1 **?** **Protest und Reform**

Von 1949 bis 1990 bestand Deutschland aus zwei getrennten Staaten mit unterschiedlichen politischen Systemen. Die Berliner Mauer war ein Symbol für diese Trennung. Nach dem Fall der Berliner Mauer im Jahr 1989 kam es zur Wiedervereinigung der beiden Staaten.

2 **?** **Reform**

Deutschland gehört zu den ersten EU-Mitgliedsstaaten. Für neutrale Staaten wie Österreich und die Schweiz war eine EU-Mitgliedschaft keine einfache Entscheidung. Nach langen Diskussionen und einer Volksabstimmung wurde Österreich im Jahr 1995 Mitglied der Europäischen Union, die Mehrheit der Schweizer und Schweizerinnen hat sich gegen den Beitritt entschieden.

3 **?** **Protest**

Bei Demonstrationen zeigen Bürger und Bürgerinnen ihre Kritik offen auf der Straße. Immer wieder wird in Deutschland beispielsweise gegen Atomkraftwerke protestiert, deren Laufzeit in Deutschland vor einigen Jahren von den Politikern verlängert wurde.

i ● Reform ≈ Veränderungen, die etwas verbessern sollen

i ● Mehrheit ≈ mehr als 50%

i ● Demonstration ≈ Menschen protestieren gemeinsam auf der Straße

b Hör die Umfrage unter Jugendlichen. Wer nennt welches Ereignis aus **a**? Ordne zu. 🔊 **2** 17-19

Interessierst du dich für Politik? Eine Umfrage.

 Emma: „Ich habe auch schon an Demonstrationen teilgenommen." **?**

Jürgen: „Wenn es weniger Politiker gäbe, würde sich nicht wahnsinnig viel verschlechtern." **?**

 Alex: „Ich arbeite bei der Schülerzeitung mit." **?**

c Hör noch einmal. Richtig oder falsch?

	richtig	falsch
1 Emma hat eine Demonstration für den Tierschutz organisiert.	?	?
2 Emma hat Politiker aktiv unterstützt.	?	?
3 Jürgen will, dass die Politiker ihm bei der Jobsuche helfen.	?	?
4 Jürgen findet Politik langweiliger als Sport.	?	?
5 Alex weiß viel über Politik.	?	?
6 Die Schüler konnten bei einem Bauprojekt in Alex' Schule mitbestimmen.	?	?

LK3 Und jetzt du!

Beantworte die Fragen. Diskutiert dann in der Klasse.

1 Wie sieht das politische System in deinem Heimatland aus?

2 Welche Beispiele für Reformen und öffentliche Kritik in deinem Heimatland fallen dir ein?

3 Wie wichtig ist Politik in deinem Leben?

4 Bist du in irgendeiner Form politisch aktiv? (Klassensprecher, Verein, Unterschriften sammeln, freiwillige Sozialarbeit, Kirche usw.)

5 Was müsste passieren, dass sich mehr Jugendliche für Politik interessieren?

6 Was würdest du tun, wenn du Politiker(in) wärst?

P1 Sammelt Ideen und Informationen.

a) Gruppenarbeit. Sammelt die Namen von bekannten oder berühmten Paaren. Sie können Freunde, Feinde, Liebespaare, Comicfiguren, Superhelden, historische Figuren, berühmte Ehepaare usw. sein.

Freunde: Goethe und Schiller, Winnetou und Old Shatterhand ...
Feinde: Cäsar und Brutus, Darth Vader und Luke Skywalker ...
Liebespaare: Quasimodo und Esmeralda, Romeo und Julia ...
Comicfiguren: Max und Moritz, Bart Simpson und Milhouse ...
Superhelden: Batman und Robin ...
Historische Figuren: Cäsar und Kleopatra, Kaiser Franz Josef und Sissi ...
Figuren aus der Literatur: Gretchen und Faust, Sherlock Holmes und Watson ...
Ehepaare: Steffi Graf und Andre Agassi, Lady Di und Prinz Charles, Adam und Eva ...

b) Sammelt in Büchern, Zeitschriften oder im Internet Bilder und Informationen zu euren Paaren.

Gretchen und Faust

Vor 200 Jahren schrieb Johann Wolfgang von Goethe sein berühmtes Theaterstück „Faust". Faust ist unglücklich, da er als Wissenschaftler und Forscher den Sinn des Lebens nicht entdecken konnte. Da bietet ihm der Teufel seine Hilfe an. Faust muss ihm dafür seine Seele versprechen. Der Teufel führt Faust zu Gretchen, einer jungen schönen Frau. Faust und Gretchen verlieben sich ineinander. Bald darauf erwartet Gretchen ein Kind von Faust. Auf der Straße vor Gretchens Haus kommt es zu einem Streit zwischen Faust und Gretchens Bruder Valentin. Faust tötet Valentin und muss die Stadt verlassen. Gretchen ist verzweifelt. Nach der Geburt tötet sie ihr eigenes Kind und stirbt wenig später im Gefängnis. Als Faust davon erfährt, ist er noch unglücklicher als zu Beginn des Stückes.

 ● Seele ≈ Teil des Menschen; religiöse Menschen glauben, dass die Seele nach dem Tod eines Menschen weiterlebt.

Max und Moritz

Max und Moritz sind zwei Jungen, die allen Erwachsenen im Dorf Probleme machen. Sie stehlen die Hühner einer alten Frau, füllen die Pfeife des Lehrers mit Schießpulver und brechen nachts in die Backstube des Bäckers ein. Schließlich bereiten die Erwachsenen den bösen Taten der Jungen ein Ende. Wilhelm Busch hat die Geschichte von Max und Moritz vor 200 Jahren gezeichnet und geschrieben.

 ● Tat ≈ was man tut

Steffi Graf und Andre Agassi

Steffi Graf war Deutschlands erfolgreichste Tennisspielerin. Sie gewann alle wichtigen Tennisturniere der Welt, war jahrelang die Nummer eins der Tennisrangliste und wurde 1988 auch Olympiasiegerin im Tennis. Nach ihrer Karriere heiratete sie den Amerikaner Andre Agassi, der in den 80er- und 90er- Jahren einer der besten Tennisspieler der Welt war. Steffi Graf und Andre Agassi haben zwei Kinder.

P2 Bereitet das Zuordnungsspiel vor.

a Lies den Text. Welche Person aus P1b beschreibt sich hier wohl selbst?

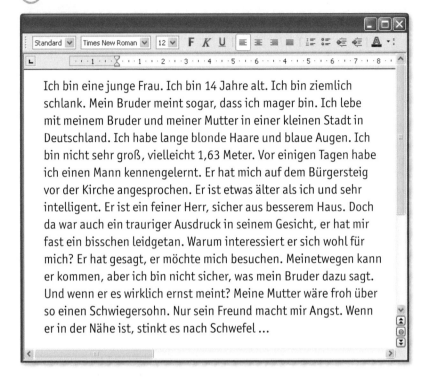

Ich bin eine junge Frau. Ich bin 14 Jahre alt. Ich bin ziemlich schlank. Mein Bruder meint sogar, dass ich mager bin. Ich lebe mit meinem Bruder und meiner Mutter in einer kleinen Stadt in Deutschland. Ich habe lange blonde Haare und blaue Augen. Ich bin nicht sehr groß, vielleicht 1,63 Meter. Vor einigen Tagen habe ich einen Mann kennengelernt. Er hat mich auf dem Bürgersteig vor der Kirche angesprochen. Er ist etwas älter als ich und sehr intelligent. Er ist ein feiner Herr, sicher aus besserem Haus. Doch da war auch ein trauriger Ausdruck in seinem Gesicht, er hat mir fast ein bisschen leidgetan. Warum interessiert er sich wohl für mich? Er hat gesagt, er möchte mich besuchen. Meinetwegen kann er kommen, aber ich bin nicht sicher, was mein Bruder dazu sagt. Und wenn er es wirklich ernst meint? Meine Mutter wäre froh über so einen Schwiegersohn. Nur sein Freund macht mir Angst. Wenn er in der Nähe ist, stinkt es nach Schwefel …

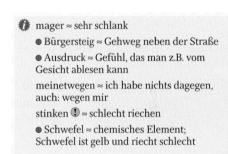

🔸 mager ≈ sehr schlank
● Bürgersteig ≈ Gehweg neben der Straße
● Ausdruck ≈ Gefühl, das man z.B. vom Gesicht ablesen kann
meinetwegen ≈ ich habe nichts dagegen, auch: wegen mir
stinken ❗ ≈ schlecht riechen
● Schwefel ≈ chemisches Element; Schwefel ist gelb und riecht schlecht

❗ → S. 130

b Gruppenarbeit. Schreibt eigene Texte.

Jeder in der Gruppe wählt eine Person und schreibt eine Personenbeschreibung aus der Sicht dieser Person wie im Beispiel oben. Ihr dürft dabei aber nicht die Namen der Personen nennen. Denkt dabei zum Beispiel an folgende Fragen:

1 Wo wohnt die Person?
2 Wie alt ist die Person?
3 Wie sieht die Person aus?
4 Welche Charaktereigenschaften hat die Person?
5 Was ist die Person von Beruf?

6 Welche andere Person ist in ihrem Leben wichtig?
7 Wie hat sie diese andere Person kennengelernt?
8 Was denkt sie über diese andere Person?
9 Was hat sie mit dieser Person schon unternommen?
10 Was möchte sie mit dieser Person unternehmen?

c Lest eure Texte in der Gruppe gegenseitig durch und macht Verbesserungsvorschläge.

d Sammelt aus dem Internet oder aus Zeitschriften Fotos, die zu den Personen passen.

Klebt die Texte und die Fotos auf verschiedene Kartonkärtchen und nummeriert sie. Hängt die Texte und die Fotos dann an verschiedenen Stellen des Klassenzimmers auf.

P3 Das Spiel

Lest die Texte an den Wänden des Klassenzimmers und seht die Fotos an. Findet die Personen und die Fotos, die zusammengehören. Macht Notizen und vergleicht dann in der Klasse.

Grammatik

Finde die Satzzitate ◯ in den Lektionen 29–32.

G1 Verb

a) *sein + zu + Infinitiv*

40 € sind zu bezahlen.
≈ 40 € müssen bezahlt werden.

> *Ein Ausweis ist mitzubringen.*

→ S.77

des Yoga mit prak
Jeden Mittwoch T
Bequeme Kleidun
Kursbeitrag: 40 €

b) Verb *sollen*: subjektiv berichten

Das Video **soll** eine Fälschung **sein**.
= Das habe ich gehört oder gelesen. Ich weiß aber nicht, ob die Information stimmt.

> *Ich habe gehört, es soll ganz einfach sein.*

→ S.64

c) Perfekt mit Modalverben

Ich **habe** nicht **kommen können**.
≈ Ich konnte nicht kommen.

haben + 2x Infinitiv
(Verb + Modalverb)

> *Das hat der Kollege nicht wissen können.*

→ S.80

d) Gebrauch Konjunktiv II der Gegenwart

Irreale Bedingungen

Realität:
Ich habe kein Moped.
Ich komme zu spät zur Schule.

Spekulation (= nicht real):
Wenn ich ein Moped **hätte**, **würde** ich pünktlich zur Schule **kommen**.

> *Wenn es klare Beweise gäbe, wäre die Verschwörungstheorie keine Verschwörungstheorie mehr.*

→ S.60

Irreale Wunschsätze

Hätte ich doch nur ein Moped!

Vermutungen

	Wahrscheinlichkeit
Das **könnte** ein Hund **sein**.	⊕
Das **dürfte** ein Hund **sein**.	⊕ ⊕
Das **müsste** ein Hund **sein**.	⊕ ⊕ ⊕

> *Alles könnte gefälscht sein.*

→ S.64

Ratschläge geben, Vorschläge machen

Ratschlag:
Du solltest Hilfe holen.
An deiner Stelle würde ich Hilfe holen.
Wenn ich du wäre, würde ich Hilfe holen.

Hol Hilfe!

Vorschlag:
Du könntest/Ich könnte/Wir könnten Hilfe holen.

> *An deiner Stelle würde ich den Täter nicht beleidigen.*

> *Wir könnten Hilfe holen.*

→ S.72

e) Passiv Präteritum – Passiv Perfekt

Das T-Shirt **wurde** zu heiß **gewaschen**.

> *Das T-Shirt ist zu heiß gewaschen worden.*

Passiv Präteritum: **wurd-** + Partizip II
Passiv Perfekt: **sein** + Partizip II + **worden**

> *Einige Tage später wurden die „Gefangenen" von der Polizei verhaftet.*

→ S.68

G2 Nomen und Pronomen, Präpositionen

a) Reziprokpronomen: *sich* und *einander*

♀←♂ Er sieht sie. Er tanzt mit ihr.
♀→♂ Sie sieht ihn. Sie tanzt mit ihm.
♀↔♂ Sie sehen **sich**. Sie tanzen ~~mit sich~~
(selten: einander) **miteinander**.

> *Ihr passt so gut zueinander.*

Verben mit Präpositionen + **einander**

→ S.56

b) Indefinitpronomen *irgend-*

irgend- + *ein:* irgendein Computer ≈ egal, welcher Computer
(irgendeinen, irgendeinem, irgendeines, irgendeine ...)
⚠ Plural: ○ irgendwelche
Ebenso: *irgend-* + *jemand*
irgend- + **Fragewort**: irgendwer, irgendwo,
irgendwann irgendwem ... ≈ egal wer, egal, wo, egal wann ...

> *Irgendjemand ist von irgendwo durch irgendwas gesprungen*

→ S.80

c) n-Deklination

Nominativ	● der Mensch
Akkusativ	● den Mensch**en**
Dativ	● dem Mensch**en**
Genitiv	● des Mensch**en**
Plural	○ die Mensch**en**

Ebenso: ● Name, ● Student, ● Polizist, ● Herr, ● Franzose …

> *Dem **Psychologen** Philip Zimbardo hat der Film „Das Experiment" gar nicht gefallen.*

→ S. 69

d) Adjektive und Partizipien als Nomen

	gut
Nominativ	● der / ● die Gute
Akkusativ	● den Gut**en** / ● die Gute
Dativ	● dem / ● der Gut**en**
Genitiv	● des / ● der Gut**en**
Plural	○ die Gut**en**

(ein Gut**er**, eine Gut**e** …),
Ebenso: verletzt – der Verletzt**e** / die Verletzt**en** …

→ Adjektivdeklination S. 129

> *Die „**Guten**" kämpfen gegen die „**Bösen**", genau wie in einem Actionfilm.*

→ S. 69

G3 Adjektiv

Adjektivendungen Singular ohne Artikelwort (Ergänzung 1)

> ohne Artikelwort = Endungen wie Adjektive nach **ein-**
> z.B.: **ein** rund**es** Gesicht – rund**es** Gesicht

Wer ist das?
breiter Mund – schmales Gesicht – spitze Nase

⚠ Aber: Dativ (-em, -em, -er): aus kariert**em** ● Stoff, aus gut**em** ● Material, aus rot**er** ● Wolle

→ Adjektivdeklination S. 129

> *Gestern trugen sie zum Beispiel beide einen dicken Pullover aus bunt**er** Wolle und Kappen aus kariert**em** Stoff.*

→ S. 54

G4 Satz

a) Relativsätze (Relativpronomen im Akkusativ, Dativ, Genitiv und mit Präpositionen)

	Akkusativ	Dativ	Genitiv	mit Präposition
Das ist der ● Mann, …	**den** wir … besuchen.	**dem** ich … erkläre.	**dessen** Tasche …	**für den** ich … suche.
Das ist das ● Kind, …	**das** wir … besuchen.	**dem** ich … erkläre.	**dessen** Tasche …	**für das** ich … suche.
Das ist die ● Frau, …	**die** wir … besuchen.	**der** ich … erkläre.	**deren** Tasche …	**für die** ich … suche.
Das sind die ○ Männer, … ○ Kinder, … ○ Frauen, …	**die** wir … besuchen.	**denen** ich … erkläre.	**deren** Taschen …	**für die** ich … suche.

> *Alles hat ihn gestört: Der Bus, **mit dem** wir ins Hotel gefahren sind, …*

→ S. 53, 56, 72

b) Zweiteilige Konjunktionen

weder … noch … ≈ das eine **nicht** und das andere **auch nicht**

entweder … oder … ≈ das eine **oder** das andere

zwar … aber … ≈ das eine, **aber** auch das andere

nicht nur … sondern (auch) … |
sowohl … als auch … | ≈ das eine, **und** auch noch das andere

> *Die Yanomami haben **weder** Könige **noch** andere politische Führer.*

→ S. 76

Grenzen

Das sind die Themen in Modul 9:

Ordne die Themen zu.

1 Immer schneller, immer weiter, immer höher …

2 Ich habe Schmerzen in der Brust.

3 Vegetarisch essen

4 Spiegel im Weltraum

5 Das liebe Geld

6 Stadt auf dem Mond

Du lernst …

 Sprechen

- Vermutungen anstellen
- über Vor- und Nachteile von Projekten diskutieren
- Vorhersagen für die Zukunft bewerten
- Simulationsspiel: ein Projekt vor einer Kommission präsentieren – Fragen zum Projekt stellen
- Partnerinterview „Kunst in unserem Leben"
- über Berufswünsche sprechen
- ein Bewerbungsgespräch führen

 Schreiben

- eine E-Mail aus der Zukunft schreiben
- Fünfzeiler: Gedichte schreiben
- einen Text für einen Aufsatzwettbewerb schreiben
- Bericht über persönliche Erlebnisse wiedergeben
- eine persönliche E-Mail mit eigenen Erlebnissen und Vorschlägen schreiben

7 Ob Klassik, Jazz oder Pop, das ist egal … Es gibt grundsätzlich nur gute oder schlechte Musik.

8 U-Musik aus Deutschland

9 Gute Fahrt!

10 Im Paradies musste niemand arbeiten …

11 Warum haben Sie sich für die Stelle bei uns beworben?

12 Was ist Glück? Entdeckungen von Gehirnforschern

 Hörtexte

- Beim Arzt
- Hamburger statt Sojaburger
- Die Wohnung der Zukunft gibt es schon heute …
- Der Proberaum
- Musik beim Autofahren
- Was willst du werden?
- Die Bewerbung
- Ein schöner Gedanke …
- Überschriften

 **Lesetexte**

- Grenzen des Sports
- Das tut mir heute noch leid …
- Buchbesprechung: „Tiere essen"
- Luz Long und Jesse Owens
- Lebensmenschen
- Städte der Zukunft
- Die Stadt auf dem Mond
- Die Stimme
- U-Musik aus Deutschland
- Falco
- Die Toten Hosen
- Was ist Arbeit?
- Was willst du werden?
- Glücklichsein kann man lernen …

Wenn er schneller gelaufen wäre, ...

A Immer schneller, immer weiter, immer höher ...

a Sieh die Fotos an und lies die Bildunterschriften. Was könnte das Thema des Textes sein?

A

Spritze

Manche Sportler versuchen, mithilfe von verbotenen Medikamenten und Drogen zu siegen: Sie dopen.

> ℹ Droge ≈ Medikament oder Mittel, das dem Körper schadet
> siegen ≈ gewinnen

B

Spitzensportler verdienen gut, doch die Zuschauer erwarten Höchstleistungen.

> ℹ erwarten ≈ darauf warten, dass etwas Bestimmtes passiert

C

100-Meter-Strecke

Weltrekord 1936   Weltrekord 2009
Jesse Owens: 10,2 Sekunden   Usain Bolt: 9,58 Sekunden

Könnte der junge Owens auch heute noch Rekorde liefern?

> ℹ Strecke ≈ der Weg zwischen zwei Punkten
> liefern ≈ etwas Bestelltes bringen;
> hier: Rekorde liefern ≈ Rekorde für die Zuschauer laufen

D

100-Meter-Siegeszeiten bei den Olympischen Spielen

9,5
9,38
9,84
10,0
10,13
10,5
11,0
10,94
11,5
Männer   Frauen
12,0
1896   1928   1996 2028 2040

Eine Verbesserung der Leistung ist in vielen Sportarten kaum mehr möglich.

> ℹ Leistung ≈ Ergebnis einer Arbeit oder Anstrengung

E

Doping ist systematischer Betrug. Die ehemalige DDR-Spitzenathletin Ines Geipel klagt die Doping-Ärzte an: „Wir Sportler leiden unser Leben lang an den gesundheitlichen Folgen."

> ℹ anklagen ≈ jmdm. die Schuld geben (oft vor Gericht)
> systematisch ≈ nach einem Plan organisiert (● System)
> leiden an ⚠ ≈ Schmerzen haben oder in einer unerträglichen Situation sein

⚠ → S. 130

> **DDR**
> Von 1949-1990 existierten zwei deutsche Staaten nebeneinander: Die Bundesrepublik Deutschland (BRD) im Westen und die Deutsche Demokratische Republik (DDR) im Osten. In der DDR lebten ungefähr 17 Millionen Menschen. Seit dem 3. Oktober 1990 sind die beiden deutschen Staaten wieder vereint.

b Partnerarbeit. Beantwortet die Fragen mit den Informationen aus **a**.

1 Wer lief in den Jahren 1936 und 2009 Weltrekord über 100 Meter?
2 Was ist Doping?
3 Welche Folgen hat das Doping für die Sportler?

c Lies und hör den Text. Zu welchen Textzeilen passen die Bilder A-E in a? ◄))) ❷ 20

Grenzen des Sports

1 Im Jahr 1936 lief der US-Amerikaner Jesse Owens die
2 100-Meter-Strecke in 10,2 Sekunden. Das war damals
3 Weltrekord. Heute müsste ein Athlet mindestens sieben
4 Zehntelsekunden schneller als Owens sein, um eine neue
5 Weltbestleistung aufzustellen.
6 Immer schneller, immer weiter, immer höher … Bei jedem
7 sportlichen Großereignis erwarten die Zuschauer neue sen-
8 sationelle Leistungen. Es sieht allerdings so aus, als ob die
9 Zeit der Rekorde zu Ende ginge. In vielen Sportarten ist eine
10 Verbesserung der Leistungen kaum mehr möglich.
11 Trotzdem versuchen die Athleten alles, um weiterhin Spitzen-
12 leistungen zu liefern. Ein großes Team von Betreuern, Sport-
13 experten und Wissenschaftlern unterstützt sie dabei. Für die
14 richtige Ernährung sorgen Ernährungsberater, um die mentale
15 Stärke kümmern sich Psychologen. Auch Jesse Owens wäre
16 sicher einige Zehntelsekunden schneller gelaufen, wenn er
17 im Jahr 1936 diese Unterstützung gehabt hätte.
18 Manchmal reicht jedoch auch die beste Vorbereitung nicht
19 aus, um in einem wichtigen Rennen zu siegen. Dann ent-
20 scheiden sich Sportler oft für unerlaubte Mittel: Sie dopen.
21 Zwar werden die Vorschriften und Kontrollen immer stren-
22 ger, die Doping-Ärzte sind den Kontrolleuren aber meist
23 einen Schritt voraus. Im Jahr 2007 gaben gleich drei ehe-
24 malige deutsche Radfahrer zu, dass sie als Radprofis gedopt

25 hatten. „Ohne Doping hätten wir diese Leistungen nicht
26 bringen können. Wir wussten natürlich, dass wir betrügen",
27 erklärten sie.
28 Manchmal wissen junge Sportler aber nicht, welche Folgen
29 die Drogen, die sie von ihren Trainern bekommen, für sie und
30 andere haben können. Im Jahr 1984 lief Ines Geipel in der
31 4-mal-100-Meter-Staffel der DDR neuen Weltrekord. Ihre Re-
32 kordzeit von 42,20 Sekunden war sehr lange gültig. Doch sie
33 hat sich entschlossen, ihren Namen in der Rekordliste strei-
34 chen zu lassen. „Wir dürfen nicht so tun, als ob damals alles
35 in Ordnung gewesen wäre. Dieser Rekord ist mit verbotenen
36 Hilfen gelaufen worden", meint sie. Mit dem System dieser
37 Zeit rechnet sie ab und klagt ihre Trainer an: „Wir Sportler
38 leiden unser Leben lang an den gesundheitlichen Folgen."
39 Wie gefährlich das sein kann, zeigt das Schicksal der deut-
40 schen Leichtathletin Birgit Dressel (*1960; † 1987). Nachdem
41 sie beim Training plötzlich Schmerzen bekommen hatte, fuhr
42 sie ins Krankenhaus. Innerhalb kurzer Zeit verschlechterte
43 sich ihr Zustand. Die Ärzte kämpften vergeblich um ihr Leben.
44 In den Monaten zuvor hatte sie von ihrem Sportarzt über 400
45 Spritzen mit unerlaubten Medikamenten bekommen.
46 Doch wir alle müssen uns die Frage stellen, ob wir als
47 Zuschauer für solche Schicksale nicht auch Verantwortung
48 tragen. Wenn die Erwartungen und der Druck des Publikums
49 nicht so groß gewesen wären, wäre Birgit Dressel vielleicht
50 noch am Leben.

Zeile	1–5	6–10	18–27	28–38	46–50
Bild	.....	.....	.....	.....	.....

ℹ️ ● Vorschrift ≈ Regel, Gesetz
jmdn. betrügen ⚠️ ≈ jmdn. täuschen
● System ≈ Elemente, die nach einem bestimmten Plan
geordnet sind
sich verschlechtern ≈ schlechter werden
● Zustand ≈ wie etwas oder jmd. aussieht oder sich fühlt

⚠️ → S.130

d Lies den Text noch einmal und beantworte die Fragen.

1 Wie wird den Sportlern geholfen, damit sie auch
ohne Doping Spitzenleistungen bringen?

2 Warum können Vorschriften und Kontrollen das
Doping oft nicht verhindern?

3 Was sagen die drei Radprofis über Doping?

4 Wie denkt Ines Geipel heute über ihren Weltrekord?

5 Welche Folgen hatte das Doping für Birgit Dressel?

6 Wer ist vielleicht mitschuldig am Doping?

e Partnerarbeit. Lest und beantwortet die Fragen, macht Notizen und diskutiert in der Klasse.

1 Wer trägt die größte Schuld am Doping, wer trägt am wenigsten Schuld?

⭐ Sportärzte ⭐ Politiker ⭐ Medien ⭐ Zuschauer ⭐ Sportler ⭐

Ich glaube, die größte Schuld am
Doping tragen …
Aber auch … sind verantwortlich
dafür, dass gedopt wird.

2 Warum dopen Sportler? Welche Vorteile erwarten sie sich?
Könnt ihr verstehen, dass Sportler dopen?

Ich glaube, dass Sportler unbedingt gewinnen /
Geld verdienen /ihren Fans gefallen/ … möchten.
Wenn ich Spitzensportler wäre, …

B1 Lies die Sätze und beantworte die Fragen.

> „Ohne Doping **hätten** wir diese Leistungen nicht **bringen können**."

1 Wenn Jesse Owens mit modernen Methoden <u>trainiert</u> <u>hätte</u>, <u>wäre</u> er noch schneller gelaufen.
a Hat Owens mit modernen Methoden trainiert?   b Ist er schneller gelaufen?

2 Wenn Birgit Dressels Arzt verantwortungsvoller <u>gewesen</u> <u>wäre</u>, <u>hätte</u> sie noch sehr lange Sport <u>treiben können</u>.
a War Birgit Dressels Arzt verantwortungsvoll?   b Konnte Birgit Dressel lange Sport treiben?

Konjunktiv II der Vergangenheit : Irreale Bedingungen

≈ Perfekt, aber *haben/sein* im Konjunktiv	≈ Perfekt mit Modalverb, aber *haben* im Konjunktiv
Wenn er schneller **gelaufen wäre**, **hätte** er **gewonnen**.	Ohne Doping **hätten** sie die Leistungen nicht **bringen können**.
Er ist nicht schneller gelaufen. Er hat nicht gewonnen.	Sie haben gedopt. Deshalb konnten sie Spitzenleistungen bringen.

B2 Hätte ich doch auf sie gehört!

a Lies die Texte aus dem Journal und ordne die zwei richtigen Überschriften zu.

A Zu viel Risiko   **B** So kann man sich täuschen   **C** Kaputte Bremsen   **D** Alles für die Freunde

Das tut mir heute noch leid ...

Gibt es Dinge, die du gerne anders gemacht hättest? Gibt es Entscheidungen, die dir heute leidtun? Schreib uns, welche Fehler du nicht mehr machen möchtest.

1 ❓

Wäre ich doch nie mit dem Typen ins Kino gegangen! Aber irgendwie fand ich es schon toll, dass er mich gefragt hat, ob ich mit ihm ausgehen will. Er sah so gut aus. In den zwei Monaten danach habe ich ihn dann aber richtig kennengelernt: Der reinste Egoist. Wenn ich auf meine Freundinnen gehört hätte, wäre mir das alles nicht passiert. Hinterher ist man immer klüger.
Monika, 18, Baden-Baden

2 ❓

Am letzten Sonntag hatten wir ein wichtiges Meisterschaftsspiel. Am Samstag davor hätte ich zu Hause bleiben sollen. Aber mein Freund hat mich überredet, mit ihm eine Mountainbiketour zu machen. Am Ende der Tour sind wir durch den Wald ins Tal abgefahren. Den großen Stein am Weg habe ich leider zu spät gesehen. Wenn ich rechtzeitig gebremst hätte, wäre ich wohl nicht im Bach gelandet und hätte mir nicht die Hand gebrochen. Aber so konnte ich am Sonntag nicht spielen. Meine Freunde waren ziemlich sauer auf mich. Sie meinten, sie hätten sicher nicht verloren, wenn ich mitgespielt hätte. Das Zuschauen hat jedenfalls mehr wehgetan als meine gebrochene Hand.
Sebastian 17, Nürnberg

ℹ️ ausgehen ❗ ≈ in ein Lokal oder ins Kino gehen
hinterher ≈ danach

❗ → S. 130

ℹ️ jmdn. überreden ≈ jmdn. dazu bringen, dass er etwas tut, was er eigentlich nicht tun möchte
bremsen ≈ langsamer werden (● Bremse)
● Bach ≈ ein kleiner Wasserlauf

---

b Partnerarbeit. Lest die Texte noch einmal und beantwortet die Fragen.

1 Wer hätte nicht auf seinen Freund hören sollen? Warum?
2 Wer hätte auf seine Freundinnen hören sollen? Warum?
3 Findest du diese Seite mit persönlichen Erlebnissen eine gute Idee? Warum? / Warum nicht?
4 Hast du eine Geschichte, die du an das Jugendjournal schicken könntest?

c Erzählt die Geschichten aus a noch einmal wie im Beispiel.

1 Monika hat nicht auf ihre Freundinnen gehört.
Wenn Monika auf ihre Freundinnen gehört hätte, wäre sie nicht mit diesem attraktiven Jungen ausgegangen.

2 Sie ist mit diesem attraktiven Jungen ausgegangen.
Wenn sie nicht mit diesem attraktiven Jungen ...

3 Sie hat ihn näher kennengelernt. ⬤⬤⬤⬤

4 Sie war sehr enttäuscht von ihm. ⬤⬤⬤⬤

5 Sie hat sich von ihm getrennt.

6 Sebastian hat einen Radausflug gemacht. *Wenn Sebastian zu Hause geblieben wäre, wäre er nicht gestürzt.*

7 Er ist gestürzt.
Wenn er nicht gestürzt wäre, ...

8 Er hat sich die Hand gebrochen. ⬤⬤⬤⬤

9 Er hat beim Meisterschaftsspiel nicht mitgespielt. ⬤⬤⬤⬤

10 Sein Team hat verloren.

d Denk an fünf Handlungen, die wichtige Folgen für dein Leben hatten. Schreib den Anfang von *wenn*-Sätzen.

Wenn ich nicht zu Annas Party gegangen wäre, ...   *Wenn ich den Französischkurs nicht gemacht hätte, ...*

e Partnerarbeit. Lest die Sätze eurer Partnerin / eures Partners und versucht, das Ende der Sätze zu erraten.

> *Wenn du nicht zu Annas Party gegangen wärst, hättest du Max nicht kennengelernt.*

B3 **als ob ...**   99 Es sieht allerdings so aus, **als ob** die Zeit der Rekorde zu Ende **ginge**.

a Ordne Verben und Bilder zu (zu jedem Verb gibt es zwei Bilder). Schreib zu jedem Bild einen Satz wie im Beispiel.

D	Max
Montag	fehlt
Dienstag	fehlt
Mittwoch	✓

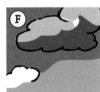

als ob + Konjunktiv II
Es sieht so aus, **als ob** sie zu Hause **wären**.
≈ Sie sind vielleicht zu Hause.
Es sieht so aus, **als ob** sie **fortgefahren wären**.
≈ Sie sind vielleicht fortgefahren.

⊙ verlieren ⊙ krank sein ⊙ regnen ⊙

verlieren: Bild E: Es sieht so aus, als ob sie verlieren würde.
Bild ...: Es sieht so aus, als ob sie verloren hätte.

b „Da habe ich mich getäuscht." Schreib Sätze mit ... *als ob* ... und ... *aber in Wirklichkeit* ... auf zwei Papierstreifen wie im Beispiel.

> *Es hat zuerst so ausgesehen, als ob das Theaterstück furchtbar langweilig wäre, ...*
>
> *... aber in Wirklichkeit war es sehr spannend.*

Es hat so ausgesehen, als ob ...
Es hat sich so angehört, als ob ...
...

..., aber in Wirklichkeit war ... sehr nett.
..., aber in Wirklichkeit war ... ziemlich gefährlich. ...
..., aber in Wirklichkeit hat ... sehr gut funktioniert. ...
...

c Sammelt alle Papierstreifen ein. Jeder bekommt einige Papierstreifen mit *als ob* und einige Streifen mit *aber in Wirklichkeit*. Lest eure *als-ob*-Sätze vor. Wer einen passenden Satz mit *aber in Wirklichkeit* hat, ergänzt den *als-ob*-Satz.

> *Es hat sich so angehört, als ob sie eine Party feiern würden, ...*

> *... aber in Wirklichkeit war die Party nur im Fernsehen.*

C Beim Arzt

" Nachdem sie beim Training plötzlich **Schmerzen** bekommen hatte, fuhr sie ins **Krankenhaus**.

a Sieh die Bilder an und ordne sie den Sätzen zu.

• Pilz

A Er hat Grippe.

B Sie hat Magenschmerzen. Sie muss erbrechen.

C Sie hat eine Kopfwunde und ihr Knie tut weh.

D Sie hat Husten.

E Er hat Schmerzen in der Brust.

🔊 ② 21-25

b Hör und vergleiche. Welche Vermutungen haben oder hatten die Personen in den Situationen? Ordne zu.

1 Manchmal hört es sich so an, als ob [?]
2 Anfangs hat es so ausgesehen, als ob [?]
3 Es sieht so aus, als ob [?]
4 Es sieht so aus, als ob [?]
5 Es hört sich ganz so an, als ob [?]

A ... Sie auch die Grippe hätten.
B ... Sie sich diesmal geirrt hätten.
C ... es nichts Schlimmes wäre.
D ... sie eine Lungenentzündung hätte.
E ... sie bald nach Hause gehen könnte.

c Ergänze die Dialogteile mit den richtigen Wörtern. Hör dann noch einmal und vergleiche.

> • Lunge ⊗ impfen • Notaufnahme
> ⊗ genäht (nähen) ○ Tabletten • Impfung
> ⊗ erkältet (sich erkälten) ○ Tropfen • Herz
> ⊗ verschreibe ⊗ untersuchen ⊗ erbrechen

1 ☉ Sie hustet öfter. ...
   ◆ Ich muss die ▪▪▪▪ abhören. ... Geben Sie ihr diese ▪▪▪▪.
   ... Haben Sie Ihre Katze schon ▪▪▪▪ lassen?
   ☉ Wie viel kostet eine ▪▪▪▪?

2 ☐ Unsere Nachbarin ist im Treppenhaus gestürzt. Ich habe sofort den Notruf gewählt und man hat sie zur ▪▪▪▪ gebracht.
   ▶ Was haben sie im Krankenhaus gemacht?
   ☐ Die Wunde am Kopf ist ▪▪▪▪ worden.

3 ☉ Ich habe mich ▪▪▪▪.
   ◆ Es sieht so aus, als ob Sie auch die Grippe hätten. Ich ▪▪▪▪ Ihnen ein Medikament. Nehmen Sie die ▪▪▪▪ zweimal täglich.

4 ☐ Ich habe Schmerzen in der Brust. ...
   ▶ Die Schmerzen könnten vom ▪▪▪▪ kommen. Ich muss Sie gründlich ▪▪▪▪.

5 ☉ Ich habe Magenschmerzen, und mein Mann musste zweimal ▪▪▪▪.
   ◆ Was haben Sie denn gegessen?

d Ordne die unterstrichenen Wörter aus a und c zu. Finde weitere Wörter, die in die Tabelle passen.

1	Das tut weh.	*Kopfwunde, ...*
2	Das hilft.	▪▪▪▪
3	Das macht der Arzt.	▪▪▪▪
4	Das machen Helfer.	▪▪▪▪

e Wähl vier Wörter aus c und schreib vier persönliche Sätze mit *ich, mein-, wir* oder *unser-*.

Wenn ich mich erkältet habe, nehme ich Nasentropfen.

f Gruppenarbeit. Lest eure Sätze vor und erklärt sie.

D1   Vegetarisch essen

a) Lies den Speiseplan. Ordne die <u>unterstrichenen</u> Speisen den Worterklärungen zu. Hör zu und vergleiche.

Speiseplan für diese Woche

Vorspeisen: Blattsalat, gebackene Pilze mit
a <u>Mayonnaise</u>, **b** <u>Geflügel</u>salat, Muscheln
in Weißweinsoße
Suppen: Pfannkuchensuppe, **c** <u>Leber</u>-
knödelsuppe, Bohnensuppe mit **d** <u>Speck</u>
Hauptspeisen: Nudeln mit **e** <u>Tomaten-
soße</u>, Pfeffersteak mit Kartoffelkroketten,
Fischplatte, Sojaburger mit Gemüsereis,
gebratene **f** <u>Entenbrust</u> mit Bandnudeln
Nachtisch: verschiedene österreichische
g <u>Mehlspeisen</u>, **h** <u>Marillen</u>- oder
i <u>Zwetschgenknödel</u>, Käseplatte,
eine **j** <u>Portion</u> **k** <u>Erdbeereis</u>

1 Das gibt man z.B. über Fisch, Fleisch oder Nudeln. `?`
2 Vögel, die man essen kann `?`
3 ein kleiner Schwimmvogel `?`
4 ein Stück Schweinefleisch mit viel Fett `?`
5 Essen für eine Person `?`
6 dicke Soße aus Eiern, Öl und Gewürzen `?`
7 wird aus Getreide gemacht, man backt damit Brot, usw. `?`
8 Lunge, Herz und `?` sind wichtige Teile des Körpers

9 `?`   10 `?`   11

Aprikose heißt
in Österreich `?`

b) Welche Speisen aus **a** sind vegetarisch?
Welche Speisen würden dir schmecken?

c) Welche Gründe sprechen deiner Meinung
nach für vegetarisches Essen? Lies auch
die Buchbesprechung.

Der durchschnittliche Mitteleuropäer isst in seinem Leben mehr als eintausend Kühe, Schweine, Enten, Hühner und andere Landlebewesen. Jonathan Safran Foer
hat beschlossen, keine Tiere mehr zu essen. In seinem
Buch beschreibt er die Gründe dafür. Er erzählt, wie die
Massentierhaltung funktioniert. Er beschreibt, welchen
negativen Einfluss die Tierhaltung auf das Weltklima hat.
Und er zeigt, wie wir den Welthunger bekämpfen könnten,
wenn wir uns alle vegetarisch ernähren würden. Steaks
schmecken nach Foers Buch wohl nicht mehr ganz so gut.

D2   Hamburger statt Sojaburger

a) Lies Yvonnes Einladung. Kevin hat Yvonnes Party nicht so gut gefallen. Warum wohl?

Yvonne ist vor einem Monat
siebzehn geworden!
Chris wird am Sonntag
achtzehn!
Feiern wollen wir aber **jetzt!**
– Gemeinsam mit euch …

Samstag: Vegi-Party bei
mir (Yvonne) zu Hause
ab 18:00 Uhr
Wer kann Indie-Rock-CDs
mitbringen??
Yvonne ♥ Chris

Kevin hätte vielleicht lieber …

Kevin wäre vielleicht lieber …

Kevin und Andreas

b) Hör zu und vergleiche mit deinen Vermutungen in **a**.

c) Hör noch einmal und beantworte die Fragen.

1 Wie hat Kevin die Musik auf der Party gefallen?
2 Welche Veränderungen hat Kevin an Yvonne bemerkt?
3 Warum war Andreas nicht auf der Party?
4 Wie hat Kevin das Essen geschmeckt?
5 Warum wollte Sanja die Party mit Kevin verlassen?
6 Wohin sind Sanja und Kevin nach der Party gegangen?

d) Was hätten Kevin und Sanja (vielleicht) lieber
gemacht?

Kevin hätte lieber mit
weniger Leuten gefeiert.

E1 Das stört uns doch nicht …

a Ordne zu und schreib Sätze mit *obwohl*. Was passt am besten?

1 Wir gehen joggen.	**a** Die Radwege sind sehr schlecht.
2 Wir gehen schwimmen.	**b** Die Musik ist sehr laut.
3 Wir fahren mit dem Fahrrad.	**c** Es regnet.
4 Wir tanzen.	**d** Das Wasser ist kalt.

Weißt du's noch?
S.129 Nebensätze mit *obwohl*

Obwohl es regnet, gehen wir joggen.

b Schreib die Sätze aus **a** mit *trotz*.

Es war ganz o.k.
… **trotz** der vielen Leute.

trotz + Genitiv
Obwohl es regnet, gehen wir joggen.
≈ **Trotz des Regens** gehen wir joggen.

❂ kaltes Wasser ❂ die laute Musik ❂
❂ schlechte Radwege ❂ Regen ❂

Trotz des kalten Wassers gehen …

E2 Kalorien verbrennen …

Deswegen hat es nur vegetarisches Essen gegeben.

Lies die Tabelle und ergänze die Sätze mit den richtigen Konnektoren ▭▭ und den Informationen aus der Tabelle ▭▭.
Wie viele Kalorien hat Lisa verbraucht?

Kalorienverbrauch pro Stunde (Frau, ca. 50 kg)				
	liegen und lesen	joggen	Tischtennis	kochen
Kalorien = Kcal	70	620	200	110

Warum? ▢ …
1 **deswegen** (≈ deshalb, darum, daher) – Adverb
2 **da** (≈ weil) – Konjunktion 🏸
3 **wegen** – Präposition
4 **nämlich** – Adverb (steht nie am Satzanfang)
5 **denn** – Konjunktion (steht immer am Satzanfang)
Denn er kommt heute an.

Das Wetter war wunderbar, ¹ ▭▭ hatte Lisa Lust auf etwas Bewegung im Freien. ² ▭▭ der Deutschschularbeit am nächsten Tag musste sie aber noch ein Buch fertiglesen. Nach zwei Stunden (= ³ ▭▭ Kcal) konnte sie endlich ihre Freundin Margit anrufen. Sie wollten ⁴ ▭▭ gemeinsam joggen gehen. Nach einer halben Stunde (= ⁵ ▭▭ Kcal) beschlossen sie, lieber Tischtennis zu spielen, ⁶ ▭▭ das Laufen langweilig geworden war. Sie spielten eine Dreiviertelstunde (= ⁷ ▭▭ Kcal). Dann wurden sie hungrig. ⁸ ▭▭ kochten sie gemeinsam Abendessen. Sie brauchten allerdings fast eine Stunde (= ⁹ ▭▭ Kcal), ¹⁰ ▭▭ Margit hatte zuerst zu viel Salz in den Reis getan. Nach dem Essen verabschiedete sich Margit, ¹¹ ▭▭ sie nach Hause musste.

E3 Die Zeit vergeht …

Seit sie mit Chris zusammen ist, hat sie sich ziemlich verändert.

a Lies Veronikas Terminkalender und schreib Satzanfänge mit *Seit …* und *Bis zu …*

33. Woche		34. Woche		35. Woche		36. Woche	
MO		MO		MO		MO	Eltern kommen zurück
DI		DI		DI		DI	
MI	Leo kennengelernt	MI	Schwesterherz heiratet	MI		MI	Konzert
DO		DO		DO	Mopedunfall	DO	
FR		FR		FR		FR	
SA	Party bei Monika	SA		SA	heute	SA	Tanzkurs beginnt
SO		SO		SO		SO	

Seit + Dativ unserem Treffen …
Bis zu + Dativ unserem Wiedersehen …

Seit ich ihn getroffen **habe**, …

Bis wir uns **wiedersehen**, …

Wie viel Zeit ist vergangen?

1 *Seit der Party bei Monika* sind zwei Wochen vergangen.
2 ▭▭, sind zweieinhalb Wochen vergangen.
3 ▭▭, sind eineinhalb Wochen vergangen.
4 ▭▭ sind zwei Tage vergangen.

Wie lange dauert es noch?

5 ▭▭ sind es noch vier Tage.
6 ▭▭, hat sie noch eine Woche Zeit.
7 ▭▭, sind es noch zwei Tage.

b Macht einen ähnlichen Terminkalender wie in **a** für eure Klasse und schreibt Sätze mit *Seit …* und *Bis zu …*

eXtra

F1 Sport verbindet ...

a Lies und hör den Text. Warum wurden Luz Long und Jesse Owens Freunde? 2 28

Luz Long und Jesse Owens

1 Berlin 1936, Olympische Spiele: Die Qualifikation für das
2 Weitspringen der Herren macht die Spiele schon am zweiten
3 Tag richtig spannend. Der US-ameri-
4 kanische Ausnahmeathlet Jesse Owens hat
5 im 100-Meter-Lauf schon eine Gold-
6 medaille gewonnen und gehört auch im
7 Weitsprung zu den Favoriten. Doch es
8 scheint, als ob ihn das Glück verlassen
9 hätte. Seine beiden bisherigen Sprünge
10 waren ungültig. Er hat nur noch einen
11 Versuch. Wenn auch dieser Sprung nicht
12 gelingt, dann darf er am Finale nicht teilnehmen. Die zahlreichen
13 Zuschauer sehen, wie Jesse Owens sichtlich nervös noch einmal
14 seinen Absprung berechnet. Im Publikum anwesend ist auch Adolf
15 Hitler, der die Spiele eröffnet und den deutschen Sportlern persön-
16 lich Glück gewünscht hat.

17 Da sehen die Zuschauer, wie Luz Long aus der deutschen Mann-
18 schaft zu Owens geht und mit ihm spricht. Er gibt ihm Tipps für
19 den Anlauf und den Absprung. Owens wartet lange, bis er in die
20 Anlaufzone geht. Schließlich läuft er an
21 und kann mühelos die notwendige Wei-
22 te springen. Im Finale gewinnt er seine
23 zweite Goldmedaille, Luz Long gewinnt
24 Silber. Adolf Hitler verlässt wütend das
25 Stadion.
26 Zwischen den beiden Sportlern entwickelt
27 sich während der Spiele eine tiefe Freund-
28 schaft. „Es brauchte sehr viel Mut, um vor
29 den Augen Hitlers mein Freund zu werden", meinte Owens später,
30 der am Ende der Spiele in Berlin insgesamt vier Goldmedaillen ge-
31 wonnen hatte. Die Sportfans in aller Welt hätten jedenfalls gerne
32 mehr Wettkämpfe mit beiden Athleten gesehen. Doch es kam an-
33 ders: Luz Long starb 1943 als Soldat im Zweiten Weltkrieg.

b Lies den Text noch einmal und beantworte die Fragen.

1 Wo und wann wurden Luz Long und Jesse Owens Freunde?
2 Was weißt du über die Situation in Deutschland im Jahr 1936?
3 Warum war Jesse Owens beim Weitsprung nervös?
4 Wie reagierte Luz Long?
5 Warum war Luz Longs Handeln mutig?
6 Wie endete die Freundschaft der beiden Athleten?

> ● Ausnahme ≈ nicht die Regel
> ungültig ≈ etwas gilt nicht
> anwesend / abwesend sein ≈ da / nicht da sein
> eröffnen ≈ etwas offiziell beginnen lassen
> ● Silber ≈ wertvolles, helles Metall, das bei
> Sportereignissen der zweite Sieger gewinnt
> insgesamt ≈ alles zusammen
> jedenfalls ≈ in jedem Fall

c Partnerarbeit. Lest den Text noch einmal. Findet möglichst viele Fragen im Konjunktiv II der Vergangenheit und sucht gemeinsam mögliche Antworten.

Was wäre geschehen, wenn die Olympischen Spiele 1936 nicht in Deutschland stattgefunden hätten?

> geschehen ① ≈ passieren · ① → S. 130

F2 Lebensmenschen

a Lies Klaras Text auf Seite 146/147 und beantworte die Fragen dort.

b Denk an eine Person, die in deinem Leben eine wichtige Rolle gespielt hat. Schreib einen eigenen Text wie in **a** über diese Person. Du kannst auch über Verwandte oder über berühmte Personen wie in **F1** schreiben.

Rosi Rot und Wolf

Was wird die Zukunft bringen?

A Zwei Projekte: Städte im Weltraum – Städte auf dem Wasser

a Partnerarbeit. Seht die Bilder an. Wo würdet ihr lieber leben? Welche Vor- und Nachteile haben die beiden Projekte eurer Meinung nach? Macht Notizen und diskutiert.

> ✪ erneuerbare Energie ✪
> ✪ Stürme ✪ Heimweh nach der Erde ✪
> hohe / niedrige Kosten ✪ tolle Aussicht ✪
> ✪ interessante Freizeitbeschäftigungen ✪ Schwerkraft ✪
> frische Luft ✪ genug Platz ✪ Klima / Wetter ✪ frieren ✪ ... ✪

> ℹ ● Aussicht ≈ freier Blick
> ● Beschäftigung (sich beschäftigen mit) ≈ Tätigkeit, mit der man seine Zeit verbringt
> frieren ⚠ ≈ wenn man starke Kälte fühlt
>
> ⚠ → S. 130

	Städte im Weltraum	Städte auf dem Wasser
Vorteile		frische Luft, ...
Nachteile		

> Ich würde lieber in der Stadt auf dem Wasser leben. Die Freizeitbeschäftigungen sind da sicher interessanter.

Städte im Weltraum

● Spiegel
A

außerhalb des Ringes
innerhalb des Ringes
B

Getreidefeld
C

Städte auf dem Wasser

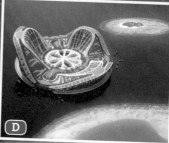
D
© VINCENT CALLEBAUT ARCHITECTURES

● Blüte einer Seerose

oberhalb des Meeresspiegels
E   unterhalb des Meeresspiegels
© VINCENT CALLEBAUT ARCHITECTURES

● Aufzug

b Welche Bildunterschrift passt zu welchem Bild? Ordne zu.

1 ❓ Der Durchmesser des Außenringes beträgt mehr als einen Kilometer. Auf der Raumstation können bis zu 10.000 Menschen leben.

2 ❓ Vincent Callebauts Inselstadt „Lilypad" sieht wie die Blüte einer Seerose aus.

3 Ⓐ Große Spiegel helfen, die Energie des Sonnenlichtes zu nutzen.

4 ❓ Aufzüge verbinden die Wohnbereiche oberhalb und unterhalb des Meeresspiegels.

5 ❓ Spiegel leiten das Sonnenlicht in das Innere des Ringes, wo auch Pflanzen wachsen können.

> ℹ außen ←→ innen | draußen ←→ drinnen | ● Innere ←→ ● Äußere
> betragen ⚠ ≈ etwas hat einen bestimmten Wert oder eine bestimmte Größe
> leiten ≈ führen
>
> ⚠ → S. 130

c Lies und hör den Text. Was haben die Projekte gemeinsam? 🔊 ② 29

Städte der Zukunft

1 Wie werden die Menschen in der Zukunft leben? Wie werden
2 sie wohnen? Wie werden die Städte der Zukunft aussehen?
3 Solche und ähnliche Fragen haben Schriftsteller, Techniker und
4 Architekten immer schon beschäftigt.
5 Als der französische Autor Jules Verne im Jahr 1865 seinen Zu-
6 kunftsroman „Von der Erde zum Mond" schrieb, hätte niemand
7 gedacht, dass seine Ideen eines Tages realisiert werden können.
8 Doch im Jahr 1969 landeten wirklich Menschen auf dem Mond.
9 Man begann sofort, weitere Zukunftsprojekte zu entwickeln. So
10 glauben manche Experten, dass man im Weltraum Raumstatio-
11 nen bauen wird, wo bis zu 10.000 Menschen leben und arbeiten
12 können. Eine solche Raumstation wird wie ein riesiger Ring aus-
13 sehen, dessen Durchmesser mehr als einen Kilometer beträgt.
14 Da die Station sich ständig dreht, wird innerhalb des Ringes
15 Schwerkraft entstehen. Um das Sonnenlicht 24 Stunden lang
16 als Energiequelle nutzen zu können, wird die Raumstation die
17 Erde umkreisen. Riesige Spiegel werden das Sonnenlicht in das
18 Innere des Ringes leiten, wo Pflanzen wachsen können. Alles,
19 was die Menschen zum Leben brauchen, kann also im Weltraum
20 produziert werden. Auf der Raumstation sollen Raumschiffe ge-
21 baut werden, die vom Weltraum aus zu fernen Planeten aufbre-
22 chen. Falls die Bewohner der Raumstation Heimweh bekommen,
23 können sie jederzeit per Raumschiff zur Erde reisen.

24 Kritische Stimmen meinen, dass die Kosten für solche
25 Projekte im Weltraum viel zu hoch sein werden. Vielen
26 erscheint es vernünftiger, zuerst die Probleme auf der
27 Erde zu lösen.
28 Wenn der Meeresspiegel durch den Klimawandel steigt,
29 werden viele Menschen ihre Wohnungen und Häuser
30 verlieren. Für diese Menschen müssen Alternativen ge-
31 funden werden. Der belgische Architekt Vincent Calle-
32 baut meint, dass Städte in Zukunft dort gebaut werden
33 sollten, wo dafür Platz ist: auf dem Wasser. Seine utopi-
34 sche Inselstadt nennt er „Lilypad", da sie wie die Blüte
35 einer Seerose aussieht. 50.000 Menschen könnten in
36 einer solchen Stadt leben und arbeiten. Wohnungen und
37 Arbeitsplätze wird es in dieser Stadt sowohl oberhalb
38 als auch unterhalb des Meeresspiegels geben, und su-
39 perschnelle Aufzüge werden beide Bereiche miteinander
40 verbinden. Etwas, was es auf der Insel sicher nicht ge-
41 ben wird, sind Straßen und Autos, denn „Lilypad" wird
42 eine ökologische Stadt sein. Der Wind, die Sonne und
43 das Wasser werden Energie liefern, um die Insel damit
44 zu versorgen. Sogar die Abfälle sollen genutzt werden,
45 um Energie zu erzeugen. Wann die ersten Bewohner
46 einziehen können, steht allerdings noch nicht fest. Denn
47 das, was noch zu lösen ist, ist auch bei diesem Projekt
48 die finanzielle Frage.

---

❶ realisieren ≈ etwas tun, was man geplant hat
landen ≈ aus der Luft oder dem Wasser an Land kommen
(sich) drehen ≈ eine kreisförmige Bewegung machen

❶ vernünftig ≈ klug, überlegt ❗→ S. 130
● Alternative ≈ eine andere Möglichkeit
● Bereich ≈ eine bestimmte Fläche oder ein bestimmter Raum
einziehen ❗ ≈ in ein Haus oder eine Wohnung ziehen

---

d Lies den Text noch einmal. Sind die Sätze richtig oder falsch?

		richtig	falsch
a	Jules Vernes Ideen wurden nie Wirklichkeit.	?	?
b	Auf der Raumstation können auch Nahrungsmittel produziert werden.	?	?
c	Kritiker des Weltraumprojektes finden, dass es auf der Erde wichtigere Projekte gibt.	?	?
d	Vincent Callebauts Inselstädte könnten Umweltflüchtlingen eine neue Heimat geben.	?	?
e	Die Menschen wohnen auf der Inselstadt „Lilypad" und arbeiten an Land.	?	?
f	Für beide Projekte ist Geld kein Problem.	?	?

e Ergänze die Tabelle mit Informationen aus dem Text.

	Städte im Weltraum	Städte auf dem Wasser
Zahl der Bewohner		
Aussehen der Stadt		
Energieversorgung		
Lebensbedingungen (Wo und wie leben die Menschen?)		

B1 Dort, wo wir leben werden ...

> **Alles, was** die Menschen zum Leben brauchen, ...

a) Welche Sätze passen zu den Städten im Weltraum, welche passen zu den Städten auf dem Wasser? Ordne zu.

1 Man wird <u>Raumstationen</u> bauen, **D**
2 Städte sollten in Zukunft <u>dort</u> gebaut werden, **?**
3 <u>Das</u>, **?** ist die finanzielle Frage.
4 <u>Alles</u>, **?** kann im Weltraum produziert werden.
5 <u>Etwas</u>, **?** sind Straßen und Autos.

> **Relativsätze (Relativpronomen *was* und *wo*)**
>
> **Alles, was** die Menschen brauchen, ...
> alles / etwas / nichts / das ..., **was** ...
>
> **Dort, wo** Platz ist, ...
> dort / an dem Ort / in der Stadt / überall ..., **wo** ...

A ... was es auf der Wohninsel sicher nicht geben wird, ...
B ... was auch bei diesem Projekt noch zu lösen ist, ...
C ... wo Platz dafür ist: auf dem Wasser.
D ... ~~wo bis zu 10.000 Menschen leben werden.~~
E ... was die Menschen zum Leben brauchen, ...

b) Noch mehr Ideen ... Ergänze *wo* bzw. *was* ▦▦ und die passenden Wörter aus dem Kasten ▦▦. Was glaubst du, welche Idee wird so nicht realisiert werden?

1 Bergleute werden zum ▦▦ fliegen, ▦▦ das Baumaterial für die Raumstation gewonnen werden soll.
2 Zehn Quadratmeter pro Person ist ▦▦, ▦▦ die Bewohner der Weltraumstation an Wohnraum haben werden.
3 <u>Das</u>, ▦▦ jeder Bewohner ganz sicher lieben wird, ist die wunderbare Aussicht auf die Erde.
4 Auf jeder Insel wird es drei ▦▦ geben, ▦▦ Schiffe anlegen können.
5 In der Mitte der Insel wird es einen ▦▦ geben, ▦▦ Regenwasser gesammelt wird.
6 Die Insel wird frei auf dem Meer treiben oder vor der ▦▦ schwimmen, ▦▦ sie am Meeresboden gesichert wird.

> ✪ Häfen
> ✪ Küste
> ✪ Mond
> ✪ ~~Das~~
> ✪ alles
> ✪ Platz

 etwas sichern ≈ etwas vor einer Gefahr schützen

c) Hör zu und vergleiche. Welche Information in b stimmt nicht? 🔊 **2** 30

d) Wähl fünf Sätze aus. Schreib zu jedem Relativsatz eine persönliche Information auf einen Zettel.

1 Eine Stadt, wo ich leben möchte:
2 Kein Ort, wo ich Urlaub machen möchte:
3 Etwas, was mir ein guter Freund geschenkt hat:
4 Etwas, was ich lernen möchte:
5 Etwas, was ich nicht verstehe:
6 Nichts, was ich mir wünsche:
7 Alles, was mir zum Thema Schule einfällt:
8 Ein Platz, wo ich mich entspannen kann:
9 Etwas, was ich nie in meinem Leben machen möchte:
10 Etwas, was ich gut kann:
11 Ein Ort, wo ich ein unangenehmes Erlebnis hatte:

> tanzen, mein Garten, Klavier spielen, mein Armband, Quantenphysik

e) Partnerarbeit. Tauscht die Zettel. Eure Partnerin / Euer Partner versucht zu erraten, zu welchem Satz eure Informationen passen.

Tanzen ist etwas, was du gut kannst.

Nein, ...

Dein Garten ist ein Platz, wo du dich gut entspannen kannst.

B2 **Vorhersagen** ,, Wie **werden** die Menschen in der Zukunft **leben**?

a Ergänze die Sätze aus dem Text in Ac.

○ leiten ○ sein ○ verlieren ○
○ geben ○ bauen ○ liefern ○

> **Futur I (Vorhersage)**
> In 100 Jahren **wird** es Städte auf dem Wasser **geben**.
> werden   + Infinitiv
> Das passiert wahrscheinlich in der Zukunft (≈ Vorhersage).
> auch möglich: In 100 Jahren **gibt** es wahrscheinlich Städte auf dem Wasser.

1 Im Weltraum <u>wird</u> man Raumstationen ▭, wo 10.000 Menschen leben können.
2 Riesige Spiegel ▭ das Sonnenlicht in das Innere der Raumstation ▭.
3 Wenn der Meeresspiegel steigt, ▭ viele Menschen ihre Häuser ▭.
4 Der Wind und die Sonne ▭ die Energie ▭, um die Stadt zu versorgen.

© VINCENT CALLEBAUT ARCHITECTURES

b Was ist Futur I, was ist Passiv? Such im Text in Ac alle Sätze mit *werden* und ordne sie.

	Futur I		Passiv
Z. 1	... werden ... leben	Z. 7	...realisiert werden können

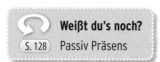 **Weißt du's noch?**
S. 128 Passiv Präsens

c Ergänze die Vorhersagen aus der Vergangenheit. Zu welchen Erfindungen passen sie?

A   B   C   D   E   F

1 **F** *(benutzen wollen)* „Niemand <u>wird</u> diese Erfindung <u>benutzen wollen</u>." (Präsident Rutherford Hayes, ca. 1878)
2 **?** *(überleben)* „Eine Fahrt mit 35 km/h ▭ die Menschen nicht gesund ▭." (1835)
3 **?** *(fahren)* „Sie ▭ alle in Zukunft mit Atomkraft ▭." (1953)
4 **?** *(sitzen wollen)* „Niemand ▭ am Abend vor einer Holzkiste ▭ ▭." (Darryl Zanuck, Chef von 20th-Century-Fox, 1946)
5 **?** *(bleiben)* „Es wird keine Chance haben. Das Pferd ▭ das wichtigste Verkehrsmittel ▭." (Kaiser Wilhelm II)
6 **?** *(verkaufen)* „In den nächsten Jahren ▭ man höchstens 5 Stück davon ▭." (Thomas Watson, Chef von IBM, 1943)

Lösung: S. 147

d Lies die Vorhersagen für das Jahr 2100. Welche Vorhersagen findest du positiv, welche negativ?
Zeichne Smileys (☺ = positiv, ☺ = neutral, ☹ = negativ).

Im Jahr 2100 ...

1 ☺ ... wird man die Hautfarbe, den Intelligenzquotienten, das Geschlecht und die Größe eines Babys vor der Geburt wählen können.

2 ☺ ... wird man nur noch von zu Hause aus einkaufen.

3 ☺ ... wird man sein Leben um 50 Jahre verlängern können, wenn man jedes Jahr zwei Wochen in eine Spezialklinik geht.

4 ☺ ... wird man nicht mehr arbeiten müssen, wenn man nicht will.

5 ☺ ... wird man in kleinen Städten wohnen, weil das Leben in der Großstadt zu gefährlich geworden ist.

6 ☺ ... werden die Weltmeere riesige Fischzuchtanstalten sein.

7 ☺ ... werden Riesensonnenkraftwerke in den Ländern am Äquator Energie in die ganze Welt liefern.

8 ☺ ... werden Roboter alte Menschen betreuen.

e Gruppenarbeit. Vergleicht eure Listen. Welche Entwicklungen finden alle in der Gruppe negativ?
Warum? Berichtet in der Klasse.

C Die Wohnung der Zukunft gibt es schon heute ...

a) **Schau den Wohnungsplan an. Ergänze die fehlenden Wörter im Kasten.**

High-Tech-Wohnungen zu vermieten
Besichtigen Sie unsere Appartements
in der Frankstraße 12

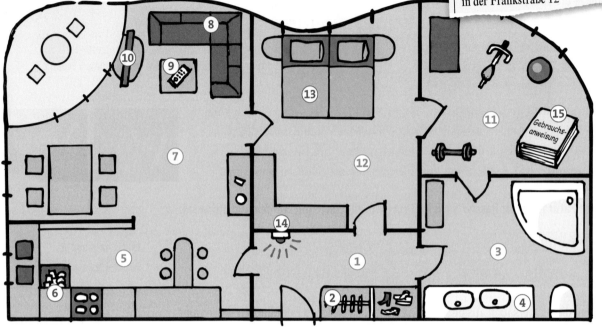

> **1** ◦◦◦◦ **2** ●Garderobe **3** ◦◦◦◦ **4** ●Waschbecken **5** ◦◦◦◦ **6** ◦◦◦◦ **7** ◦◦◦◦ **8** ●Couch **9** ●Fernbedienung
> **10** ●Bildschirm **11** ●Fitnessraum **12** ◦◦◦◦ **13** ●Doppelbett **14** ●Alarmanlage **15** ●Gebrauchsanweisung

> ●Gebrauchsanweisung = schriftliche Erklärung, wie etwas funktioniert

Lösung: S. 147

b) **Herr Koch hat ein High-Tech-Appartement besichtigt. Hör das Gespräch mit seiner Enkeltochter** **2 31**
Sarah. Was „kann" die Wohnung? Ergänze die Zahlen wie im Beispiel.

> **1** Licht ein- und ausschalten **2** Rezeptvorschläge machen
> **3** Informationen auf dem Fernsehbildschirm zeigen **4** Haustür kontrollieren
> **5** Einkaufsliste schreiben **6** Herd kontrollieren **7** Fitnessprogramm vorschlagen
> **8** Badewasser einlassen **9** Heizung ein- und ausschalten

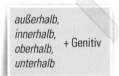
außerhalb, innerhalb, oberhalb, unterhalb + Genitiv

A Innerhalb der Wohnung kann der Computer ...	B Außerhalb der Wohnung kann das Handy ...
1,	

c) **Partnerarbeit. Erzählt, was die Wohnung „kann" und beantwortet die Frage.**

Wird Herr Koch die Wohnung mieten? Warum / Warum nicht?

d) **Wie wird das Leben im Appartement sein? Was wird funktionieren, was wird nicht funktionieren? Was wird passieren? Mach pessimistische und optimistische Vorhersagen wie im Beispiel.**

☹ pessimistisch	☺ optimistisch
Das Badewasser wird überlaufen, weil ...	Die Bewohner werden Energie sparen, weil das Licht automatisch an und aus geht.

D1 Das liebe Geld ...

a) Ordne zu, hör zu und vergleiche. 🔊 2 32

1 Geld von der Bank ausleihen [?]
2 Geld sparen [?]
3 Bargeld von der Bank holen [?]
4 monatlich Geld für die Wohnung bezahlen [?]

A Geld auf ein Sparbuch <u>einzahlen</u>
B einen <u>Kredit</u> aufnehmen, <u>Schulden</u> machen
C Geld vom <u>Konto</u> abheben
D regelmäßig die <u>Miete</u> vom Konto an den Vermieter <u>überweisen</u>

b) Lies die Sätze. Welche <u>unterstrichenen</u> Wörter aus a passen in die Lücken?

1 Daniel und Tina spielen in einer Theatergruppe.
2 Sie proben im Keller des Gasthauses „Zur Sonne".
3 Sie können sich nicht leisten, ⸺ zu zahlen.
4 Deshalb ⸺ sie auch kein Geld an das Gasthaus.

5 Herr Lehmann ist der Besitzer des Gasthauses „Zur Sonne".
6 Er hat ⸺ gemacht.
7 Er hat einen ⸺ aufgenommen.
8 Doch das Gasthaus macht keinen Gewinn.

> ℹ️ sich etwas leisten können ≈ genug Geld haben, um sich etwas kaufen zu können
> ● Gewinn ≈ das Geld, das man bei einem Geschäft gewinnt. (⟷ ● Verlust)

c) Sieh die Fotos an. Was ist wohl geschehen? Was wird geschehen?

Tina · Daniel · Benno

Daniel und Tina müssen ...

Herr Lehmann · Tina · Daniel

Herr Lehmann wird ...

D2 Der Proberaum

a) Hör Teil 1 des Gesprächs. Richtig oder falsch? Korrigiere die falschen Sätze. 🔊 2 33

		richtig	falsch
1	Die Theatergruppe durfte den Proberaum zweimal in der Woche benutzen.	?	?
2	Die Bauchtanzgruppe wird für den Proberaum Miete bezahlen.	?	?
3	Benno und Daniel haben sich gestritten.	?	?
4	Tina glaubt, dass es in Daniels Garage für das Bühnenbild trocken genug ist.	?	?
5	Die Jugendlichen wollen Bennos Vater im Gasthaus treffen.	?	?
6	Daniel will Bennos Vater die Meinung sagen.	?	?

b) Ordne den Hörzitaten (A–F) die Sätze (1–6) aus a zu.

A [?] „Das mit Benno hat mir gereicht."
B [?] „... aber jetzt ist alles anders."
C [?] „weil sie Miete zahlen, und wir nicht."
D [?] „... da ist es feucht. Da wird sicher alles kaputtgehen." ℹ️ feucht ≠ trocken
E [?] „...aber ich werde kein Wort sagen."
F [?] „Er wird sicher schon im Gasthaus sein."

c) Beantworte die Fragen. Was meinst du?

1 Warum findet Tina die Situation nicht fair? ℹ️ fair ≈ gerecht
2 Wie wird wohl Bennos Vater reagieren?

d) Hör Teil 2 des Gesprächs. Was ist richtig? Kreuze an. 🔊 2 34

1 Das Gasthaus
a [?] hat viele Gäste.
b [?] machte früher mehr Gewinn.
c [?] hatte früher eine bessere Küche.

2 Das Gasthaus
a [?] wird renoviert.
b [?] wird ein Hotel.
c [?] gehört nicht mehr Herrn Lehmann.

3 In Zukunft
a [?] müssen alle Benutzer Miete zahlen.
b [?] darf der Keller nicht mehr benutzt werden.
c [?] ist es dem Besitzer egal, wenn das Gasthaus Verluste macht.
ℹ️ regeln ≈ etwas in Ordnung bringen

4 Herr Lehmann
a [?] hat mit Daniels Vater gesprochen.
b [?] wird bald arbeitslos sein.
c [?] konnte mit der Landbank noch nicht alles regeln.

E1 Versprichst du mir das?

🔊 Ich glaube, ich **werde** mit ihm **reden müssen**.

a Hör noch einmal zu, ergänze in den Sätzen die Nomen 〰 und Verben 〰 und ordne zu.

🔊 ② 35

Futur I
kann bedeuten: Vorhersage, Versprechen, Vorsatz, Warnung/Drohung, Vermutung

1 „Bennos Vater hat 〰, dass er den Raum für uns freihalten 〰.“ ?

2 „In _Zukunft_ 〰 eine Bauchtanzgruppe hier tanzen.“ ?

3 „Da 〰 sicher alles kaputt 〰.“ ?

4 „Er 〰 sicher schon im 〰 〰.“ ?

5 „Ich komme mit, aber ich 〰 kein 〰 〰.“ ?

A **Versprechen:** Herr Lehmann hat der Theatergruppe etwas versprochen.

B **Vermutung:** Tina glaubt, dass Herr Lehmann im Gasthaus ist.

C **Vorsatz:** Daniel hat vor, nichts zu sagen.

D **Warnung:** Tina warnt Daniel, dass das Bühnenbild beschädigt wird.

E **Vorhersage:** Daniel sagt voraus, was im Proberaum passieren wird.

b Partnerarbeit. Findet Situationen zu den Sätzen und ordnet zu.

A Versprechen **B** Vorsatz
C Warnung/Drohung

1 ? „Du brauchst keine Angst zu haben. Ich werde dir helfen.“

2 ? „Räum das Zimmer sofort auf, sonst werde ich Mama alles erzählen!“

3 ? „Ich werde im nächsten Jahr öfter zum Friseur gehen.“

4 ? „Wenn Sie nicht sofort wegfahren, werde ich die Polizei rufen!“

5 ? „Ich werde nächstes Jahr öfter schwimmen gehen.“

6 ? „Wir werden gut auf eure Katze aufpassen.“

7 ? „Wenn du nicht besser darauf aufpasst, werde ich dir meine DVDs nicht mehr borgen.“

8 ? „Ich werde dich jeden Tag anrufen.“

ℹ️ borgen ≈ leihen

E2 Hin und her ...

🔊 Da gehen wir jetzt **hin**. ... Setzt euch **her**.

Ergänze die Dialoge mit _hin_ und _her_.

ℹ️ **hin** und **her**

ich/wir
● → hin
her ←
hinfahren, herfahren, hinkommen, herkommen usw.

1 ⊙ Max **wird** schon im Flugzeug **sitzen**.
   ◆ Wo fliegt er denn 〰?
   ⊙ Nach Indien.
   ◆ Da möchte ich auch einmal 〰fliegen.

2 ☐ Wo ist Carina?
   ▶ Sie **wird** wohl noch zu Hause **sein**.
   ☐ Schade, es ist gerade so lustig.
   ▶ Sie kommt sicher noch 〰.

3 ⊙ Die Gaststätte ist außerhalb der Stadt.
   ◆ Wie kommen wir dann 〰?
   ⊙ Stefan bringt uns 〰. Er **wird** schon auf dem Weg hier〰 **sein**.

4 ☐ Wer ist denn dort gerade aus dem Bus ausgestiegen?
   ▶ Das **wird** der neue Austauschschüler **sein**, Pascal.
   ☐ Kommt er 〰 oder sollen wir 〰gehen?

E3 Vermutungen

a Was machen Max, Carina, Stefan und Pascal in E2 gerade? Schreib Sätze.

Max sitzt ...

b Schreib die Namen von fünf Personen auf, die du gut kennst. Schreib dann für jede Person einen Satz wie im Beispiel.

1. Herr Özul
_2. ..._
1. Es ist jetzt 11:30 Uhr. Herr Özul wird jetzt wohl in seinem
Restaurant sein und kochen.

c Gruppenarbeit. Lest eure Sätze vor und erzählt von den Personen.

Herr Özul ist unser Nachbar.
_Er ..._

F1 Zukunftsprojekte

a Lies und hör den Text. Wie realistisch ist das Projekt einer Stadt auf dem Mond? 🔊 2 36

Die Stadt auf dem Mond

1 Internationale Experten diskutieren Pläne für eine be-
2 mannte Bodenstation auf dem Mond. Auch Deutsch-
3 land hat sich entschlossen, einen Beitrag zu diesem
4 Projekt zu leisten. Der Mond ist für die Menschen
5 vor allem aus zwei Gründen interessant: Erstens gibt
6 es dort seltene Bodenschätze, wie zum Beispiel Heli-
7 um 3 (He-3). Dieses Gas spielt für die Entwicklung der
8 Kernfusion eine wichtige Rolle. Deshalb wird sich der
9 Bedarf an Helium 3 in Zukunft stark erhöhen. Zweitens
10 sollen vom Mond aus Expeditionen zu anderen Sternen
11 und Planeten organisiert werden.

12 Die Pläne für die Mondstadt sind schon ziemlich
13 konkret: Alle Gebäude werden teilweise unter der
14 Mondoberfläche liegen, um sie vor Meteoriten und der
15 gefährlichen Weltraumstrahlung zu schützen. Außerdem
16 sind auch die Temperaturen auf dem Mond extrem: Am
17 Tag sind es 150 Grad plus, in der Nacht ungefähr 150
18 Grad minus. Biologen und Gentechniker sind dabei,
19 Pflanzen zu entwickeln, die auch unter den schwierigen
20 Bedingungen auf dem Mond wachsen. Die Energie da-
21 für wird die Sonne liefern. Die Kommunikation mit der
22 Erde wird mithilfe von Hologrammen ✿ funktionieren.
23 Die Bewohner können auf diese Weise ihre Familie und
24 ihre Freunde zumindest virtuell zu sich auf den Mond
25 holen. Schon in den nächsten Jahrzehnten sollen die
26 ersten kleinen Siedlungen auf dem Mond gegründet
27 werden. Einige Zukunftsforscher glauben sogar, dass in
28 150 Jahren ein Sechstel der Erdbevölkerung auf dem
29 Mond und auf anderen Planeten leben wird.

b Lies den Text noch einmal und ergänze die Tabelle.

	Stadt auf dem Mond
Zahl der Bewohner	
Aussehen der Stadt	
Energieversorgung	
Lebensbedingungen (Wo und wie leben die Menschen?)	

c Gruppenarbeit. Simulationsspiel.

Von drei Zukunftsprojekten (Stadt im Weltraum, Stadt auf dem Wasser, Stadt auf dem Mond (s. A und F1) kann nur eines realisiert werden. Eine Kommission muss entscheiden, welches Projekt am vernünftigsten ist.

Bildet in der Klasse vier Gruppen.
Drei Gruppen sind für jeweils ein Zukunftsprojekt verantwortlich. Die vierte Gruppe ist die Kommission.

Jede Projektgruppe präsentiert ihr Projekt.
Die Kommission stellt Fragen und entscheidet am Ende, welches Projekt realisiert wird.

F2 Eine E-Mail aus der Zukunft

Du lebst seit einigen Tagen in einer Stadt der Zukunft (A und F1). Schreib eine E-Mail an eine Freundin / einen Freund und beantworte dabei mindestens vier der folgenden Fragen.

1 Wie gefällt dir das Leben in deiner Stadt?
2 Wie verbringst du deinen Tag?
3 Was ist anders als zu Hause?
4 Was fehlt dir am meisten?
5 Welche Probleme gibt es?
6 Was ist besonders schön?
7 Was wirst du am Wochenende machen?

Rosi Rot und Wolf

✿ sich entschließen ⚠ ≈ beschließen

● Beitrag ≈ Mitarbeit an einem gemeinsamen Ziel

● Bedarf ≈ was man braucht

● Stern ≈ helle Punkte, die man nachts am Himmel sehen kann

gründen ≈ etwas neu schaffen

✿ ● Hologramm
⚠ → S. 130

A1 Thomas Quasthoff

a) Partnerarbeit. Lest die Fragen zum Text in A2a und macht Notizen. Welche Informationen über den Textinhalt geben euch die Fragen schon jetzt? Sprecht in der Klasse.

1 Was ist Thomas Quasthoff von Beruf?
2 Was ist ihm in seinem Beruf besonders wichtig?
3 Welche Musikrichtung gefällt Quasthoff am besten?
4 Warum ist er ein strenger Lehrer?
5 Warum hatte er es schwerer als seine Kollegen?
6 Welche besonderen Prüfungen musste er bestehen?
7 Was ist der Inhalt seines Buches?
8 Welches Medikament hat seine Mutter genommen, als sie schwanger war?
9 Wie waren die Erziehungsmethoden seiner Lehrer in der Sonderschule?
10 Wofür ist er seinen Eltern heute noch dankbar?
11 Welche zwei Erlebnisse waren für ihn in seiner Jugend sehr unangenehm?
12 Welche Musikausbildung bekam er?
13 Wo arbeitete er, bevor er seine Karriere im Musikgeschäft begann?
14 Woran sieht man, dass er in seiner Arbeit sehr erfolgreich ist?
15 Wer ist Amfortas?

> ❶ etwas bestehen ⚠ ≈ etwas schaffen
> schwanger sein ≈ ein Kind im Bauch tragen
> erziehen ⚠ (● Erziehung) ≈ einem Kind
> bestimmte Regeln und Prinzipien mitgeben

⚠ → S. 130

> Im Text geht es um
> Thomas Quasthoff.

> Er ist wahrscheinlich …
> von Beruf.

b) Seht die Fotos an und lest die Bildunterschriften. Welche Fragen aus a könnt ihr mithilfe der Bilder beantworten?

(A) Vielen schwangeren Frauen wurde in den 50er-Jahren das Medikament Contergan verschrieben. Das Medikament sollte unter anderem gegen Schlafstörungen helfen.

(B) Wegen der schädlichen Wirkung von Contergan kamen viele Kinder behindert zur Welt.

(C) Die ausverkaufte Staatsoper in Wien: Das Publikum war von Quasthoffs Darstellung des Amfortas begeistert.

> ❶ behindert sein ≈ ein dauerhaftes
> körperliches oder geistiges Problem haben
> ausverkauft ≈ alles ist (hier: alle Tickets
> sind) verkauft
> ● Darstellung ≈ wie etwas gezeigt wird

(D) Für Thomas Quasthoff ist Qualität wichtig. „Es gibt grundsätzlich nur gute oder schlechte Musik, ob Jazz, Pop oder Klassik, das ist egal."

(E) Rollstuhl

Behinderte und Nicht-Behinderte in ihrer Klasse. Gesellschaftliche Vorurteile sind heute weniger stark als früher: Behinderte Kinder werden meist nicht mehr vom Regelunterricht ausgeschlossen.

> ❶ ● Qualität ≈ besonders gute Eigenschaften
> grundsätzlich ≈ nach einer festen Regel
> ● Gesellschaft ≈ alle Menschen, die in einem
> wirtschaftlichen und politischen System
> zusammenleben
> ◉ Vorurteil ≈ eine feste Meinung über etwas,
> von dem man nichts oder wenig weiß
> ausschließen ⚠ ≈ jmdn. oder etwas nicht in
> eine Gruppe aufnehmen

⚠ → S. 130

A2 Von Klassik bis Jazz ...

a Lies und hör den Text. Beantworte dann alle Fragen in A1a. 🔊 3 1
Die Antwort auf Frage 6 steht nicht direkt im Text.

Die Stimme
1
2 *„Ob Klassik, Jazz oder Pop,*
3 *das ist egal ... Es gibt grundsätzlich nur*
4 *gute oder schlechte Musik."*
5 Qualität ist für Thomas Quasthoff
6 wichtig, wenn er Musik macht. Spaß
7 darf dabei aber nie fehlen, deshalb
8 hält er fest: „Wir Künstler machen vor
9 allem Musik, um zu unterhalten." Das
10 zahlende Publikum ist ihm dafür dank-
11 bar.
12 Thomas Quasthoff ist Professor an der
13 Hochschule für Musik in Berlin und ein
14 weltweit gefeierter Opern- und Lied-
15 sänger. In den letzten Jahren trat er oft auch gemeinsam mit
16 berühmten Jazzmusikern auf.
17 In seiner Lehrtätigkeit steht das Wohl seiner Studenten für
18 Thomas Quasthoff im Mittelpunkt. „Als Lehrer bin ich streng.
19 Meine Schüler müssen auf das vorbereitet werden, was
20 nach der Hochschule auf sie zukommt." Er weiß, was seine
21 Schüler im Musikgeschäft erwartet. Er selbst hat in dieser
22 meist von kommerziellen Interessen beherrschten Welt alle
23 Prüfungen bestanden. Und diese Prüfungen waren für ihn
24 härter als für die meisten seiner musizierenden Kollegen.
25 Thomas Quasthoff ist nämlich seit seiner Geburt behindert.
26 Während der Schwangerschaft hatte Quasthoffs Mutter das
27 Medikament Contergan eingenommen, wie viele andere
28 Frauen in Deutschland auch. Dass das Medikament ungebo-
29 rene Kinder im Mutterleib schädigen konnte, erkannte man
30 viel zu spät.
31 In seinem vor einiger Zeit veröffentlichten Buch „Die Stim-
32 me" beschreibt er seine Kindheit und seine Karriere als
33 Opernsänger. Seine Eltern hätten Thomas gern
34 eine normale Schule besuchen lassen, doch
35 damals wurden behinderte Kinder meist vom
36 Regelunterricht ausgeschlossen. Auch Thomas
37 musste deshalb einige Jahre in eine Internats-
38 schule für Schwerbehinderte gehen. Das wa-
39 ren bittere Erfahrungen für ihn. Quasthoff er-
40 zählt von den völlig ungeeigneten Erziehungs-
41 methoden der Lehrer und ist seinen Eltern
42 noch heute dankbar, dass sie dafür kämpften,
43 dass er das Internat verlassen durfte.
44 Als er schließlich doch in eine normale Schule
45 kam, wurde sein musikalisches Talent ent-
46 deckt. Thomas wurde ein wichtiges Mitglied
47 des neu gegründeten Schulchores. Mit gesell-
48 schaftlichen Vorurteilen hatte er aber weiter zu kämpfen. Auf
49 Auslandstourneen wurde er wegen seiner Behinderung nicht
50 mitgenommen. Und an der nächstgelegenen Musikhochschu-
51 le in Hannover wollte man ihn nicht aufnehmen, da er wegen
52 seiner Behinderung nicht Klavierspielen lernen konnte.
53 Thomas' Eltern glaubten aber fest an das Talent ihres Sohnes
54 und organisierten private Gesangsstunden für ihn. Die Musik
55 wurde so zum wichtigsten Teil in Thomas Quasthoffs Leben.
56 Trotz vieler Erfolge dauerte es lange, bis der Sänger sich
57 dafür entschied, seinen Beruf als Rundfunksprecher aufzu-
58 geben und eine Karriere als Musiker zu beginnen. Seit 1996
59 füllt er aber alle großen Konzertsäle der Welt. Wenn er in der
60 Oper auftritt, sind die Vorstellungen ebenfalls ausverkauft.
61 Von seiner Darstellung des Königs Amfortas in der Oper
62 „Parsifal" waren Publikum und Kritiker begeistert. Richard
63 Wagners Oper erzählt die Geschichte des an einer tiefen
64 Wunde leidenden Königs Amfortas, der am Ende von Parsifal
65 geheilt werden kann.

*Im Januar 2012 musste Thomas Quasthoff aus gesundheitlichen Gründen seine Karriere als Sänger beenden. Er unterrichtet aber weiterhin an der Hochschule für Musik in Berlin.

ℹ festhalten ① ≈ feststellen
● Wohl ≈ Zustand, in dem man gesund und zufrieden ist
kommerziell ≈ wenn finanzieller Gewinn am wichtigsten ist
bitter ≈ von unangenehmem Geschmack, schmerzlich (←→ süß)
① → S. 130

ℹ ungeeignet ≈ nicht passend (←→ geeignet)
fest ≈ stark, kräftig
füllen ≈ voll machen
ebenfalls ≈ auch

---

b Partnerarbeit. Lest und beantwortet die Fragen, macht Notizen und diskutiert in der Klasse.

1 Kennt ihr behinderte Menschen?
Ich kenne jemanden, der ...

2 Welche Erfahrungen machen diese Menschen im Alltag?
Es ist für sie schwierig, ... zu ... Wenn sie ..., ...

3 Welche Unterstützung sollten Behinderte im Alltag und in der Arbeitswelt bekommen?
Es wäre gut, wenn ... Man müsste ... Sie sollten ...

4 Können behinderte Kinder in eurem Heimatland eine normale Schule besuchen?
Ja, das finde ich , ... Nein, aber ich glaube, dass ...

B1 Ein gefeierter Sänger

> Das **zahlende** Publikum ist ihm dafür dankbar.

a) Partnerarbeit. Was passt am besten? Ordnet zu und erklärt.

1. [?] ein gefeierter Opernsänger
2. [?] das zahlende Publikum
3. [?] die gehasste Internatsschule
4. [?] enttäuschende Erfahrungen
5. [?] warnende Ratschläge
6. [?] ein überzeugender Jazzsänger
7. [?] erschreckende Wirkungen eines Medikamentes
8. [?] gut vorbereitete Studenten
9. [?] privat bezahlte Musikstunden
10. [?] beginnende Karrieren seiner Studenten

Quasthoff als
- **A** Kind
- **B** Musiker
- **C** Lehrer

> Quasthoff hat als Kind die Internatsschule gehasst.

> Quasthoff gibt als Lehrer seinen Studenten warnende Ratschläge.

b) Ergänze die richtigen Nomen aus a. Welche Sätze sind Aktiv, welche Passiv? Ordne zu.

Partizipien als Attribute

Partizip I
zahlen → zahlen**d**
das **zahlende** ← Was für ein Publikum? Publikum ≈ das Publikum, das zahlt/gezahlt hat (Aktiv)

Partizip II
feiern → **ge**feier**t**
ein **gefeierter** ← Was für ein Sänger? Sänger ≈ ein Sänger, der gefeiert wird/wurde (Passiv)

1. <u>Musikstunden</u>, die privat bezahlt wurden
2. ____ ____ ____, die erschreckt haben
3. ____, die die Studierenden warnen sollen
4. ____ ____, die von Quasthoff gehasst wurde
5. ____, die gut vorbereitet wurden
6. ____ ____, der überzeugt
7. ____ ____, der gefeiert wird
8. ____ ____, die beginnen
9. ____, das zahlt
10. ____, die Quasthoff enttäuscht haben

Aktiv: 2, ...

Passiv: 1, ...

c) In welcher Reihenfolge kommen die Sätze im Text in A2a vor? Unterstreiche Artikel und Nomen wie im Beispiel.

- Richard Wagners Oper erzählt die Geschichte <u>des</u> an einer tiefen Wunde **leidenden** <u>Königs</u> Amfortas.   Partizipialattribut

- Thomas wird ein wichtiges Mitglied des neu **gegründeten** Schulchores.

- Quasthoff selbst hat in dieser von kommerziellen Interessen **beherrschten** Welt alle Prüfungen bestanden.

- In seinem vor einiger Zeit **veröffentlichten** Buch „Die Stimme" beschreibt er seine Kindheit.

B2 U-Musik

a) Hör die Musikbeispiele und ordne zu. 🔊 ③ 2-8 Bei welchen Musikrichtungen denkst du an ein deutschsprachiges Land?

- Jazz • Klassik • Volksmusik • Rock
- Schlager • Walzer • Hip-Hop

Beispiel 1 = ...

> Bei Jazzmusik denke ich an ...

Lösung: S. 147

b) Sieh die Fotos an und lies den Text. Welche Bilder passen zu welchem Textabschnitt?

A

B

C

D

U-Musik aus Deutschland

Volksmusik, Operetten, Walzer und Schlager ... das sind wohl die [1]üblichen Musikrichtungen, [2]an die man denkt, wenn es um [3]deutsche Unterhaltungsmusik geht. Doch was hören [4]junge Menschen in den [5]deutschsprachigen Ländern wirklich? Wirft man einen Blick auf die [6]deutschen Charts, dann sind es meist Stars [7]aus dem Ausland, [8]die auf den ersten Plätzen landen. Das war auch in der Vergangenheit nicht anders. Immer wieder gelingt es aber auch [9]deutschsprachigen Musikern, [10]internationale Erfolge zu feiern.

Die 20er- und 30er-Jahre **1** ?

In den 20er- und 30er-Jahren kamen Jazz, Ragtime und Blues von den USA nach Europa. Auch der [11]in den USA erfundene Tonfilm machte die [12]neuen Musikrichtungen und auch den [13]neuen Lebensstil populär. So wurden auch die Lieder [14]der Schauspielerin *Marlene Dietrich* weltberühmt. Sie war die [15]erste Deutsche, [16]die in Hollywood eine große Karriere begann.

50er- und 60er-Jahre **2** ?

Der Rock'n'Roll, die *Beatles* und die *Rolling Stones* waren die [17]wichtigsten Musikimporte in den 50er- und 60er-Jahren. In Düsseldorf produzierten die *Beatles* zwei [18]ihrer Lieder sogar in deutscher Übersetzung. Statt "She loves you" heißt der deutsche Beatles-Hit "Sie liebt dich" und aus "I want to hold your hand" wurde "Komm gib mir deine Hand". Viele [19]deutsche Bands und Sänger wie zum Beispiel *Peter Kraus* kopierten diese Musikrichtungen und sangen die [20]internationalen Hits mit [21]deutschen Texten.

70er- und 80er-Jahre **3** ?

[22]Wilde Frisuren und Piercings wurden bei [23]vielen Jugendlichen in den 70er-Jahren populär, genau wie Punkrock, Heavy Metal und [24]elektronisch produzierte Discomusik. In Deutschland entstand daraus eine Musikrichtung, [25]die als *Neue Deutsche Welle* (NDW) bekannt wurde. Eine [26]international erfolgreiche Vertreterin [27]dieser Stilrichtung war *Nena*. Ihr Hit "99 Luftballons" wurde weltberühmt. In der Folge wurden auch [28]andere Sänger wie *Herbert Grönemeyer* oder *Falco* mit [29]deutschsprachigen Liedern außerhalb Deutschlands bekannt.

90er-Jahre und „Nullerjahre" **4** ?

Boy-Bands und Girl-Bands waren ein [30]wichtiger Musiktrend [31]der 90er-Jahre. *No Angels* und *Tokio Hotel* sind [32]auch international erfolgreiche Vertreter [33]dieses Trends in Deutschland. Hip-Hop und Indie-Rock sind Musikstile, [34]die in Deutschland von Bands wie den *Fantastischen Vier* oder *Tocotronic* aufgenommen wurden. Aber auch [35]deutsche Rockbands wie die *Toten Hosen* oder *Die Ärzte* können mit ihren Liedern inzwischen [36]internationale Erfolge feiern. Eines ist klar: Die Nachfrage [37]nach neuen Bands und Songs wird auch in Deutschland vorläufig sicher nicht abnehmen ...

- üblich ≈ so, wie es meistens ist
- Trend ≈ eine Entwicklung in eine bestimmte Richtung
- Nachfrage ≈ der Wunsch der Konsumenten, etwas zu kaufen (⟷ ● Angebot)
- vorläufig ≈ nur für eine bestimmte Zeit, nicht endgültig

---

c Lies die Informationen im Grammatikkasten. Ordne die grau gedruckten Attribute aus dem Text in b zu.

Was für ein Lied? → Attribute

das Lied	
das **schöne** Lied	Adjektiv
das ... Lied **auf der CD**	Präposition + Nomen
das ... Lied auf der CD **meines Freundes**	Genitiv
das **von Nena gesungene**, ... Lied	Partizipialattribut
das ..., ... Lied ..., **das ich jetzt hören will**	Relativsatz

das von Nena gesungene, schöne **Lied** auf der CD meines Freundes, das ich jetzt hören will

Tipp: Streich in langen Sätzen die Attribute weg, dann kannst du die Hauptinformation des Satzes besser verstehen.

Attribute

Adjektiv	1, ...
Präposition+ Nomen	
Genitiv	
Partizipialattribut	
Relativsatz	2, ...

d Partnerarbeit. Fragt und antwortet.

1 Welche Musikrichtungen im Text in b kennt ihr?
2 Welche Musikrichtungen gefallen euch?
3 Welche Bands und Sänger, die diese Musikrichtungen vertreten, kennt ihr?
4 Seht noch einmal die Fotos an. Welche Outfits gefallen euch am besten?

C Kunst und Kultur

a) Lies die Schlagzeilen (1-10) und finde die Erklärungen (A-L) zu den **unterstrichenen** Wörtern.

1 Neue <u>Galerie</u> mit Klimt-Ausstellung eröffnet
2 <u>Großzügige</u> Spende: Neue Instrumente für Koblenzer <u>Blasmusik</u>
3 Lesung im Kulturzentrum: <u>Dialektgedichte</u>
4 <u>Bombenleger</u> an Theaterkasse von Polizei <u>gefasst</u>
5 Tournee des Stadt<u>orchesters</u> abgesagt
6 <u>Klagen</u> über Graffitis in der Innenstadt
7 In Fertigprodukten <u>künstlicher</u> Käse entdeckt
8 Neuer Verkaufshit: Billiger <u>Plastikschmuck</u>
9 <u>Denkmal</u> vor Marienkirche: <u>Auftrag</u> geht an heimischen Künstler
10 Stadttheater mit Mozart-Oper eröffnet

A kommt nicht in der Natur vor
B wenn jmd. gerne viel gibt
C viele Musiker, die gemeinsam Musik machen
D Gegenstände wie Ringe oder Ketten aus einem künstlichen Material (≈ ● Kunststoff)
E ● Gegenstand, der viel zerstört, wenn er explodiert
F ein großer Raum, in dem Kunstwerke gezeigt werden
G jmd. wird festgehalten oder verhaftet
H die Anweisung, eine Aufgabe zu erledigen
I wenn jmd. sich beschwert
J ein Kunstwerk, das an ein historisches Ereignis oder eine Person erinnern soll
K Musik mit Instrumenten, die mit dem Mund gespielt werden
L Sprache, die man in einer bestimmten Region spricht

A = Künstlich (7), B =

b) Hör zu und vergleiche. **3** 9

c) Parterarbeit. Ordnet die Schlagzeilen den Kunstformen zu. Welche Schlagzeilen haben eurer Meinung nach nichts mit Kunst zu tun?

Kunstform	Schlagzeile
Musik	
Theater / Oper	
Malerei / Bildhauerei	
Literatur	

> Ich denke, Schlagzeile sechs hat nichts mit Kunst zu tun.

> Warum? Graffiti ist doch auch Kunst.

d) Was sagen Jan, Mona und Stefan? Hör zu und mach Notizen in der Tabelle. **3** 10-12

	künstlerische Aktivität	Zeit	positive Punkte	negative Punkte
Jan		probt jeden Tag, spielt seit ...		
Mona			total abschalten	
Stefan				

e) Partnerinterview. Fragt und antwortet.

„Kunst in unserem Leben" – Fragebogen

1 Spielt jemand in eurer Familie ein Instrument, spielt jemand Theater, malt jemand Bilder oder schreibt jemand Literatur?
2 Wie viel Zeit verbringt diese Person damit? Wie lange macht diese Person das schon?
3 Wie wichtig ist Kunst im Leben dieser Person?
4 Wie wichtig ist Kunst für dich?
5 Welche Theaterstücke kennst du?
6 Welche Bücher liest du?
7 Welche Bilder oder Kunstwerke von bekannten Künstlern hast du schon gesehen?
8 Welche Kunstform gefällt dir besonders gut? Wann, wo und wie beschäftigst du dich damit?
9 Möchtest du aktiv Kunst machen?

D1 Gute Fahrt!

a Ordne den Schildern ✿ und Verkehrszeichen die richtige Bedeutung zu.

Ⓐ ? ✿ ⊙ Schild

(B) ?

(C) ?

(D) ?

(E) ?

(F) ?

(G) ?

(H) ?

(I) ?

1	Benutzen Sie den Sicherheitsgurt! (• Gurt) Schnallen Sie sich bitte an.
2	Achtung Linkskurve! (• Kurve)
3	Achtung Fußgänger!
4	Tankstelle
5	Achtung • Panne!
6	Überholen verboten
7	• Umleitung
8	• Vorfahrt achten!
9	Hupen verboten

b Hör zu und vergleiche. 🔊 3 13

D2 Musik beim Autofahren

a Welcher Abschnitt (A-C) passt zum Bild? In welcher Reihenfolge kommen die Dialoge im Text wohl vor?

Miriam Julia
Jens
Niko

A

Julia: Ist nicht mein Geschmack, aber besser als Heavy Metal ...

Miriam: Das will ich jetzt nicht hören ... Niko, kannst du die CD einlegen?

Julia: Du kannst ihm die CD geben, sobald wir auf der Autobahn sind. Jetzt muss er sich konzentrieren!

B

Niko: Markus hat irgendetwas von einer kaputten Benzinanzeige ✿ gesagt ...

Miriam: Na fein, jetzt können wir uns abschleppen lassen.

C

Julia: Wie lange hat dein Bruder schon den Führerschein?

Miriam: Zwei Monate. Aber er fährt wirklich ganz gut. Du kannst ganz ruhig bleiben.

Julia: Ich weiß nicht Miriam, ... ob das gut geht?

b Hör zu und vergleiche mit deinen Vermutungen. 🔊 3 14

c Hör noch einmal. Richtig oder falsch?

	richtig	falsch
1 Niko hupt, weil jemand fast einen Fußgänger überfahren hätte.	?	?
2 Julia sitzt direkt neben den Lautsprechern und findet die Heavy-Metal-Musik zu laut.	?	?
3 Julia gefällt es nicht, dass Niko einen LKW überholen will.	?	?
4 Julia will umdrehen, um schneller beim Picknick zu sein.	?	?
5 Nach der Umleitung fahren die Jugendlichen einen Fluss entlang.	?	?
6 Jens denkt, dass sie sich verirrt haben, weil die Gegend menschenleer ist.	?	?
7 Die Jugendlichen können nicht weiterfahren, weil sie ein Auto abschleppen müssen.	?	?

> ℹ️ umdrehen ≈ zurückfahren
> ⊙ Picknick ≈ ein Essen im Freien während eines Ausflugs
> entlangfahren, -gehen, usw. ≈ neben einem Fluss, See, usw. fahren
> sich verirren ≈ nicht den richtigen Weg finden
> ● Gegend ≈ Teil einer Landschaft

d „Multitasking." Lest die Fragen, macht Notizen und sprecht in der Klasse.

🔊 „Niko, kannst du die CD einlegen?"

1 Was machen Autofahrer während des Autofahrens? Was ist erlaubt? Was ist verboten?

> ✪ telefonieren ✪ Musik hören ✪ essen ✪ ... ✪

2 Was macht ihr im Alltag alles gleichzeitig?

> *Während ich fernsehe, ...*   *Wenn ich ..., ... gleichzeitig ...*

3 Welche Vor- und Nachteile hat Multitasking?

> ✪ viele Dinge gleichzeitig erledigen ✪
> ✪ sich konzentrieren können ✪
> ✪ schneller fertig sein ✪ viel Stress haben ✪ ... ✪

E1 Noch nicht, aber bald ...

🔊 Du kannst ihm die CD geben, **sobald** wir auf der Autobahn sind.

a Was passt? Ordne zu.

sobald und *solange*

A ? **Sobald** wir im Stadtgebiet sind, musst du langsam fahren.

B ? **Solange** wir im Stadtgebiet sind, musst du langsam fahren.

Bremen
50

1 Wir sind noch nicht im Stadtgebiet. Du darfst schnell fahren.

2 Wir sind im Stadtgebiet. Du musst langsam fahren.

b Ordne zu und ergänze *sobald* oder *solange*.

1 ⸺ wir vollgetankt haben, ... ?
2 ⸺ ich den Führerschein habe, ... ?
3 ⸺ ich die Führerscheinprüfung nicht geschafft habe, ... ?
4 ⸺ wir kein Benzin haben, ... ?

A ... können wir nicht weiterfahren.
B ... kaufe ich mir ein Auto.
C ... können wir weiterfahren.
D ... muss ich mit dem Fahrrad fahren.

c Partnerinterview. Wählt vier Satzanfänge aus und schreibt nur die Ergänzung auf einem Zettel. Eure Partnerin / Euer Partner liest die Ergänzungen und rät den richtigen Satzanfang.

1 Solange ich noch nicht 18 bin, ...
2 Sobald ich mit der Schule fertig bin, ...
3 Sobald ich den Führerschein habe, ...
4 Solange ich bei meinen Eltern wohne, ...
5 Sobald ich eine eigene Wohnung habe, ...

6 Sobald ich einen eigenen Job habe, ...
7 Solange meine Lieblingsserie im Fernsehen läuft, ...
8 Sobald ich genug Geld gespart habe, ...
9 Sobald die Deutschstunde zu Ende ist, ...
10 Solange das Wetter so bleibt, wie es ist, ...

... kaufe ich mir am Kiosk eine Cola.   *... fahre ich mit dem Fahrrad zur Schule.*

E2 Fünfzeiler

a Ergänze die Gedichte.

🔊 Der Geruch **gegrillter Hähnchen**

Adjektivendungen Singular und Plural (Ergänzung II)
Genitiv: immer **-en**
⚠ Aber: Genitiv ohne Artikel:
der Geschmack ● frisch**er** Milch
der Geruch ○ fremd**er** Gewürze

Mu-sik.
Der Klang al-ter In-stru-men-te.
Mein Cem-ba-lo und ich.
Freu-de, Hob-by.
Hö-ren.

2 Silben: Das Thema
8 Silben: Ein Eindruck, ein Gefühl, eine Emotion
6 Silben: Der Autor und das Thema
4 Silben: Assoziationen des Autors
2 Silben: Ein Wort, das mit dem Thema verwandt ist.

✪ Der Anblick ganz toller Autos.
✪ Der Geruch sehr frischer Brötchen.
✪ Der Klang alter Instrumente.
✪ Der Geschmack ganz fremder Speisen.

Kochen.
⸺
Ich tue es sehr gern.
Arbeit, Beruf.
Küche.

Verkehr.
⸺
Autos mag ich einfach.
Schnelligkeit, Spaß.
Freiheit.

Bäcker.
⸺
Jeden Tag frisches Brot.
Bett, aufstehen.
Frühstück.

b Schreibt selbst Fünfzeiler. Verwendet, wenn möglich, den Genitiv.

Mode | Immer wieder neue Kleider. | Ich brauche nichts Neues. | ...

F1 Rock und Hip-Hop

a) Lies die Texte. Welche Musikrichtungen vertreten die Künstler? Was ist typisch für ihre Liedtexte?

Falco

Der österreichische Sänger **Falco** gehört zu den international erfolgreichsten deutschsprachigen Musikern. In seinem größten Hit „Amadeus" macht er den österreichischen Komponisten W.A. Mozart zum Rockstar des 18. Jahrhunderts. „Amadeus" stürmte weltweit alle Charts. In den 80er-Jahren wurde **Falcos** Musik vor allem vom Hip-Hop und der Musik der Neuen Deutschen Welle beeinflusst. Er zählt zu den ersten deutschsprachigen Rappern. In seinen meist ironischen Texten mischt er Hochdeutsch, den Wiener Dialekt und andere Sprachen. **Falcos** Musikerkarriere war leider sehr kurz. 1998 starb der Sänger bei einem Autounfall.

Die Toten Hosen

Die Toten Hosen sind eine Musikgruppe aus Düsseldorf. Die Musik der Band ist stark vom Punkrock beeinflusst. In ihren teilweise sehr persönlichen Liedern geht es um Liebe, Freundschaft, Zivilcourage, aber auch um soziale Probleme. Zu den Stärken der Band gehören die Livekonzerte, bei denen vor allem der Leadsänger **Campino** die Fans mit seiner Bühnenshow begeistert. Manchmal klettert er senkrecht die Beleuchtungstürme hinauf und präsentiert aus zehn Metern Höhe kopfüber hängend die Hits der Band. Mehrere Auslandstourneen haben die Gruppe inzwischen auch international sehr erfolgreich gemacht.

> *i* senkrecht ≈ in einer geraden Linie nach oben

b) Lies die Liedtexte. Welches Lied ist von Falco, welches von den Toten Hosen? Ordne zu und begründe deine Meinung mit den Informationen aus . Hör dann die Liedausschnitte. 🔊 ③ 15-16

Falco: ?
Die Toten Hosen: ?

A

Und wenn ein Sturm dich in die Knie zwingt,
halt dein Gesicht einfach gegen den Wind.
Egal, wie dunkel die Wolken über dir sind,
sie werden irgendwann vorüberzieh'n.

Steh auf, wenn du am Boden bist!
Steh auf, auch wenn du unten liegst!
Steh auf, es wird schon irgendwie weitergehen.

B

Er war ein Punker,
und er lebte in der großen Stadt.
Es war in Wien, war Vienna,
wo er alles tat.
Er hatte Schulden, denn er trank.
Doch ihn liebten alle Frauen,
und jede rief:
Come on and rock me …

F2 Aufsatzwettbewerb

a) Lies die Anzeige im Magazin. Was kann man beim Wettbewerb gewinnen?

Wie wichtig ist Musik in deinem Leben?

Erzähl uns von deinen musikalischen Erfahrungen und Erlebnissen. Schreib einen Text (mindestens acht bis zehn Sätze) über deinen Musikunterricht, deine Musikgewohnheiten, deine Lieblingsband, deine Lieblings-CD, ein Konzert, das du vor Kurzem gehört hast oder über irgendein anderes Thema, das mit Musik zu tun hat.

> Mach mit und gewinn eine von zehn CDs oder zwei Karten für ein Konzert deiner Wahl!

Rosi Rot und Wolfi

b) Sammle Ideen und schreib deinen Text.

Meine Lieblings-CD höre ich immer dann, wenn …
Mein tollstes Konzerterlebnis hatte ich, als …
Bei/beim … höre ich immer …
Sobald ich … höre, werde ich …
Solange … Musik macht, werde ich …

36 A Die Arbeit ist interessanter, als ich gedacht habe.

A1 Ist das Arbeit?

a) Zeichne eine Grafik wie im Beispiel.

🔊 **3** 17

b) Hör und lies die Sätze. Schreib die Nummern der Sätze, die deiner Meinung nach am besten zum Wort „Arbeit" passen, in die Mitte des Kreises, die anderen Wörter weiter vom Mittelpunkt entfernt.

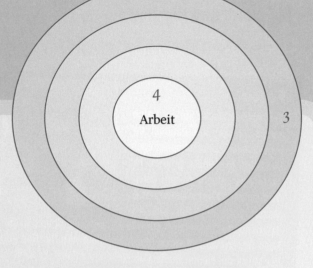

4
Arbeit

3

1 Ein Priester betet im Gottesdienst.

beten

2 Ein Schauspieler probiert in der Umkleidekabine ein Kostüm für das nächste Theaterstück.

3 Ein Kind kämmt und föhnt die Haare seiner Puppe.

4 Ein Vater hält bei der Hochzeit seiner Tochter eine Rede.

5 Ein Mann füllt Waschmittel in die Waschmaschine.

kämmen, ● Föhn

6 Schüler kommen freiwillig einmal in der Woche ins Altenheim, um den alten Menschen vorzulesen.

7 Ein Rentner kauft in der Apotheke ein Medikament.

8 Eine Angestellte raucht auf der Toilette eine Zigarette und wartet auf den Büroschluss.

9 Eine Spinne spinnt ein Netz.

10 Ein Rettungsschwimmer sitzt im Schatten ❊ und beobachtet die Touristen im Wasser.

11 Ein Kaminkehrer putzt den Kamin eines Hauses.

12 Eine Frau hat den Rasen gemäht und leert das Gras in den Müll.

13 Eine Frau pflegt eine kranke Angehörige.

● Rasen, ● Gras

14 Ein Mann sitzt schwitzend ✿ auf einem Fahrrad im Fitnessstudio.

> ℹ ● Umkleidekabine ≈ sehr kleiner Raum, in dem man Kleider an- und auszieht, um sie anzuprobieren
>
> eine Rede halten ≈ einen Vortrag vor mehreren Menschen halten
>
> ◐ Altenheim ≈ ein Haus, in dem alte Menschen leben und betreut werden
>
> ● Rentner ≈ älterer Mensch, der nicht mehr arbeiten muss und vom Staat eine Rente (= monatliches Geld) bekommt
>
> leeren ≈ ausschütten, leer machen
>
> ●● Angehörige ≈ Familienmitglied

❊ ● Schatten   ✿ schwitzen
● Schweiß

c) Partnerarbeit. Zeigt eurer Partnerin / eurem Partner eure Grafik und begründet eure Zuordnung.

> ℹ begründen ≈ einen Grund für etwas angeben
> wieso?, weshalb? ≈ warum?

> ✪ ist anstrengend ✪ wird bezahlt ✪ macht Spaß ✪
> ✪ ist wichtig für andere Menschen ✪ ... ✪

Wieso hast du Satz vier in den mittleren Kreis geschrieben?

Der Vater ist sicher nervös, und die Rede zu halten, macht ihm keinen Spaß ...

Weshalb steht Satz drei im äußersten Kreis?

A2 Im Paradies musste niemand arbeiten ...

a) Lies und hör den Text. Ordne die Überschriften den Textabschnitten (A-F) zu. 3 18

1 Arbeit als Selbstverwirklichung
2 Bezahlte und unbezahlte Arbeit in Deutschland
3 Menschen, die Arbeit negativ erleben
4 Arbeit als Pflichterfüllung
5 Arbeit als körperliche Anstrengung
6 Die Arbeit bestimmt unser Leben.

> ❶ ● Pflicht ≈ was jmd. tun muss

Was ist Arbeit?

1 Ein Fußballer schießt ein Tor, ein Priester
2 betet im Gottesdienst, ein Restaurant-
3 kritiker isst in einem ausgezeichneten
4 Restaurant Zitronenpudding ❀ ... Alle
5 diese Menschen üben ihre Berufe aus.
6 Aber ist das, was sie tun, wirklich Ar-
7 beit? Wie kann man Arbeit von anderen
8 Tätigkeiten unterscheiden? Diese Frage
9 ist schwieriger zu beantworten, als es
10 auf den ersten Blick scheint:

11 **A ?** In der Bibel finden wir die Geschichte von Adam und
12 Eva. Als sie im Paradies vom „Baum der Erkenntnis" aßen,
13 wurde Gott so böse, dass sie schließlich das Paradies ver-
14 lassen mussten. Danach mussten sie „im Schweiße ihres
15 Angesichts" arbeiten, um zu überleben.
16 Auch im Mittelalter hat das Wort „arebeit" vor allem Mühe
17 bedeutet. Lange Zeit verstand man unter Arbeit also eine
18 anstrengende körperliche Tätigkeit.

19 **B ?** Bezahlte Tätigkeiten nennen die Experten „Erwerbs-
20 arbeit". Das bedeutet allerdings nicht, dass alle anderen
21 Tätigkeiten keine Arbeit wären. Die Deutschen arbeiten pro
22 Jahr wesentlich mehr Stunden unbezahlt, als sie in bezahl-
23 ter Lohnarbeit verbringen. 56 Milliarden bezahlte Stunden
24 standen im Jahr 2001 96 Milliarden unbezahlten Stunden
25 gegenüber. Pflegearbeit, Kinderbetreuung, Gartenarbeit oder
26 freiwillige Sozialarbeit werden nämlich meist nicht bezahlt,
27 müssen aber trotzdem von jemandem geleistet werden.

Adam und Eva im Paradies

28 **C ?** Unter „Arbeit" verstehen
29 wir sehr oft Tätigkeiten, die wir
30 tun müssen, obwohl sie uns keinen
31 Spaß machen. Oft ist es einfach un-
32 sere Pflicht, bestimmte Aufgaben zu
33 übernehmen. Viele von uns würden
34 vielleicht nicht zur Arbeit gehen,
35 keine Arbeiten im Haushalt erledi-
36 gen und auch nicht für die Schule
37 lernen, wenn sie nicht müssten.

38 **D ?** Philosophen meinen jedoch, dass Arbeit mehr be-
39 deutet als Pflichterfüllung. Sie meinen, dass Arbeit unserem
40 Leben Sinn gibt und dass wir uns durch Arbeit selbst ver-
41 wirklichen. Wir müssen dabei aber selbst bestimmen kön-
42 nen, was wir tun. Je nützlicher dann diese Aktivitäten für
43 die Gemeinschaft sind, desto sinnvoller erscheint uns unsere
44 Arbeit.

45 **E ?** In den meisten Ländern der Welt leben die Menschen
46 heute in Arbeitsgesellschaften. Je wichtiger Arbeit in un-
47 serem Leben wird, desto stärker bestimmt sie auch, wer wir
48 sind. Wenn wir über unseren Beruf sprechen, sagen wir zum
49 Beispiel „Ich bin Bäcker" und nicht „Ich arbeite als Bäcker."

50 **F ?** Für viele Menschen ist es aber schwierig geworden,
51 Arbeit positiv zu erleben. Jemand, der nicht berufstätig ist
52 oder von seinem Betrieb gekündigt wurde, fühlt sich ausge-
53 schlossen. Und je schwieriger es wird, seine Arbeit selbst zu
54 bestimmen, desto schwieriger wird es auch, in seiner Arbeit
55 Sinn zu finden.

---

❶ schießen ⚠ ≈ hier: einen Ball treffen, sodass er fliegt (● Schuss)
ausgezeichnet ≈ sehr gut
unterscheiden ⚠ ≈ einen Unterschied machen
● Bibel ≈ heiliges Buch für die christliche und jüdische Religion
● Lohn ≈ Bezahlung für eine Arbeit

gegenüber ≈ auf der anderen Seite
berufstätig sein ≈ einen Beruf haben
● Betrieb ≈ Firma
jmdm. kündigen ≈ jmdm. keine Arbeit oder keine Wohnung mehr geben

❀ ● Zitrone ● Pudding

⚠ → S. 130

b) Lies den Text noch einmal. Sind die Sätze richtig oder falsch?

1 Adam und Eva mussten im Paradies arbeiten.
2 Man hat geistige Arbeit sehr lange nicht bezahlt.
3 Erwerbsarbeit ist Arbeit, die man gratis macht.
4 Für viele Menschen ist Arbeit das, was sie nicht gerne tun.
5 Arbeit ist in unserem Leben nicht mehr so wichtig.
6 Die Arbeitsgesellschaft hat für viele Menschen Nachteile.

c) Partnerarbeit. Welche Bedeutungen des Wortes „Arbeit" passen zu den Situationen in A1b?

Arbeit als ... körperliche Anstrengung, Erwerbsarbeit, Pflichterfüllung, Selbstverwirklichung

> *Das Rasenmähen ist für die Frau anstrengend.*

B1 Arbeitsbedingungen

a Lies die Aussagen und ergänze die passenden Adjektive.

> 🗨 Als Adam und Eva vom „Baum der Erkenntnis" aßen, wurde Gott **so böse**, **dass** sie schließlich das Paradies verlassen mussten.

> **so ..., dass**
> Er war **so** müde, **dass** er sofort eingeschlafen ist.
> _so_ + Adjektiv + _dass_

> ○ interessant ○ unfreundlich ○ anstrengend ○
> ○ gut ○ langweilig ○ freundlich ○ gut bezahlt ○

1 „Unsere Produkte sind **so** _gut_, **dass** viele Kunden bei uns einkaufen."
2 „Die Arbeit ist **so** ⬤, **dass** ich am Abend total müde bin."
3 „Meine Arbeit ist **so** ⬤, **dass** ich mir wirklich viel leisten kann."
4 „Meine Kollegen sind **so** ⬤, **dass** ich jeden Tag gerne ins Büro gehe."
5 „Meine Arbeit ist **so** ⬤, **dass** ich dabei oft an andere Dinge denke."
6 „Der Chef ist **so** ⬤, **dass** ich nervös bin, wenn ich mit ihm sprechen muss."
7 „Meine Arbeit ist **so** ⬤, **dass** ich dabei ganz schnell vergesse, wie die Zeit vergeht."

b Partnerarbeit. Lest die Berufe und sammelt weitere Berufsbezeichnungen. Stellt euch die Berufe vor und findet dazu passende Sätze aus a.

> ○ Metzger ○ Bäcker ○ Installateur ○
> ○ Mechanikermeister ○ Chauffeur ○
> ○ Elektriker ○ Bankkaufmann ○ ... ○

> ⓘ • Metzger ≈ jmd., der Fleisch verarbeitet und verkauft
> • Installateur ≈ jmd., der Kabel oder Wasserleitungen verlegt
> • Meister ≈ jmd., der in einem Handwerk selbst ein Geschäft führen darf
> • Elektriker ≈ jmd., der Arbeiten macht, die mit elektrischem Strom zusammenhängen

> 🗨 Ich denke, Satz 1 passt zu Metzger, weil ...

B2 _je ... desto_

a Lies die Abschnitte D, E und F in A2a noch einmal. Wie heißen die Sätze im Text? Schreib Sätze mit _je ... desto_.

> 🗨 **Je wichtiger** Arbeit in unserem Leben wird, **desto stärker** bestimmt sie auch, wer wir sind.

> **je ... desto**
> **Je** mehr er arbeitet, **desto weniger** Zeit hat er für seine Freunde.
> _je_ + Komparativ ..., _desto_ + Komparativ ...

1 Arbeit wird wichtiger in unserem Leben.
→ Sie bestimmt stärker, wer wir sind.
Je wichtiger Arbeit in unserem Leben wird, ...
2 Diese Aktivitäten sind nützlicher für die Gemeinschaft. → Sie erscheinen uns sinnvoller.
⬤
3 Es wird schwieriger, seine Arbeit selbst zu bestimmen. → Es wird schwieriger, in seiner Arbeit Sinn zu finden.
⬤

b Schreibt die Sätze aus B1a mit _je ... desto_

Je besser unsere Produkte sind, desto mehr Kunden ...

c Gruppenarbeit. Findet gemeinsam _je ... desto_-Sätze wie im Beispiel und präsentiert eure Satzbäume in der Klasse.

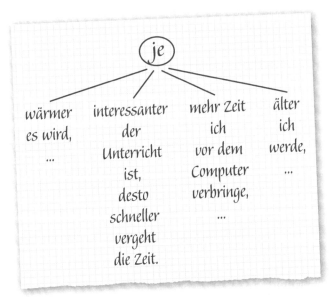

B3 Was willst du werden?

a Ein Jugendmagazin hat Jugendliche zu ihren Berufsplänen befragt. Lies die Texte. Was möchten Stefanie, Jörg und Tina werden?

Ich möchte einmal mit Kindern arbeiten, vielleicht als Erzieherin im Kindergarten. Letzten Sommer habe ich mich für einen Job in einem Kindersommerlager gemeldet, zuerst vor allem wegen des Geldes. Aber die Arbeit war spannender, als ich gedacht hatte. Ich weiß, dass Erzieherinnen nur ein geringes Gehalt bekommen, aber ich glaube, es ist eine sinnvolle Arbeit.
Stefanie

Ich möchte einmal in einer Bank oder Versicherung arbeiten. Viele in meiner Klasse wollen an einer Universität oder Fachhochschule studieren. Aber ich bin nicht sicher, ob sich ein Universitätsstudium auch lohnt. Ich denke, die Arbeit in einer Versicherung ist interessanter, als viele denken. Außerdem ist es eine sichere Arbeit mit einem guten Gehalt. Ich habe schon ein paar Bewerbungen geschrieben und warte jetzt auf Antwort.
Jörg

Mein Vater ist Ingenieur. In den Ferien habe ich ihn manchmal bei seiner Arbeit begleitet. Ich möchte auch Bauingenieurin werden. Natürlich muss ich dafür an der Uni studieren. Meine Freundinnen meinen, dass ein Technikstudium viel zu schwierig ist. Aber ich bin gut in Mathematik und glaube nicht, dass es so schwierig ist, wie alle sagen.
Tina

---

b Lies die Texte noch einmal und beantworte die Fragen.

1 Wer möchte denselben Beruf wie der Vater haben?
2 Wer möchte mit Kindern arbeiten?
3 Wer möchte viel Geld verdienen, für wen ist das nicht so wichtig?
4 Was haben die drei Jugendlichen schon für ihren zukünftigen Beruf gemacht?

c Was sagen die Personen genau? Such die Sätze in den Texten in a.

> 99 Diese Frage ist **schwieriger** zu beantworten, **als** es auf den ersten Blick scheint.

Stefanie: Ich war überrascht, dass die Arbeit nicht langweilig war.
Stefanie: Die Arbeit war spannender, als ich ...

Jörg: Viele meinen, die Arbeit ist langweilig. Ich glaube das nicht.

Tina: Alle meinen, das Studium ist schwierig. Ich bin anderer Meinung.

> **Vergleichssätze**
> Es ist anstrengend**er**, **als** ich gedacht habe.
> Es ist **so** anstrengend, **wie** ich gedacht habe.

d Hör zu. Wer spricht ⬤? Was denken die Eltern über die Berufswünsche ihrer Kinder? Ergänze die Sätze.

🔊 3 19-21

Hörtext 1: *Tinas Vater*: „Sie hat die Arbeit so ⬤ gefunden, ⬤ ich gedacht hatte."

Hörtext 2: ⬤: „Das ist alles ⬤, ⬤ wir erwartet haben."

Hörtext 3: ⬤: „Hoffentlich gefällt ihm der Beruf ⬤, ⬤ ich annehme."

e Partnerarbeit. Fragt und antwortet. Macht Notizen und berichtet in der Klasse.

1 Was ist für dich in deinem zukünftigen Beruf wichtig? (ein gutes Gehalt, nette Kollegen, eine interessante Arbeit, Kontakt mit Menschen, Reisetätigkeit, viel Freizeit ...)
2 Gibt es Berufe, die du ganz sicher nicht ausüben möchtest?
3 Hast du schon etwas für deinen zukünftigen Beruf unternommen?
4 Was denken deine Eltern und Freunde über deine Berufswünsche?

ℹ️ gering ≈ klein, niedrig, wenig
⬤ Gehalt ≈ Lohn
etwas lohnt sich ≈ etwas bringt einen Vorteil
sich bewerben ⚠️ ≈ versuchen, eine Arbeitsstelle zu bekommen (⬤ Bewerbung)

⚠️ → S.130

C Die Bewerbung

a Sieh das Foto an. Um was für einen Job bewirbt sich Andrea Schuster wohl?

Andrea bewirbt sich um eine Stelle als
- ? Rezeptionistin
- ? Friseurin
- ? Reiseplanerin
- ? Hotelfachfrau

b Lies die Ausschnitte aus dem Bewerbungsgespräch und ergänze die fettgedruckten Wörter aus dem Kasten.

> 1 **Gehalt** ≈ Lohn
> 2 **fließend** (sprechen) ≈ flüssig, ohne längere Pausen sprechen
> 3 ● **Arbeitgeber** ≈ Person, die Leuten eine Arbeit gibt (←→ Arbeitnehmer)
> 4 (jmdn.) **einstellen** ≈ jmdm. eine Arbeit (≈ Stelle) geben
> 5 **bieten** ❗ ≈ etwas geben können
> 6 ● **Sommersaison** (● Saison) ≈ die Zeit im Sommer, in der viele Touristen kommen
> 7 ○ **Empfehlungsschreiben** ≈ ein lobendes Urteil eines Arbeitgebers, Lehrers, usw.
> 8 ○ **Unterlagen** (● Unterlage) ≈ geschriebene Texte (Dokumente, Zeugnisse, usw.)
> 9 ● **Diplom** ≈ ein Zeugnis über eine abgeschlossene Prüfung
> 10 ● **Teilzeit** ≈ Arbeit mit weniger Stunden als normal (←→ Vollzeit)
> ❗ → S. 130

Personalchef: Guten Tag Frau Schuster. Bitte nehmen Sie Platz. ... Warum haben Sie sich für die Stelle bei uns beworben?

Andrea: (•••) Ich habe gelesen, dass Sie eine Reiseplanerin **a ▪▪▪▪** möchten. Ich arbeite gern selbstständig, deshalb glaube ich, dass das die richtige Arbeit für mich wäre. (•••)

Personalchef: Wer war Ihr letzter **b ▪▪▪▪** ?

Andrea: In der vorherigen **c ▪▪▪▪** habe ich im Inter-Alpenhotel in Tirol gearbeitet. Das **d ▪▪▪▪** meiner Chefin ist in meinen **e ▪▪▪▪**.

Personalchef: (•••) In Ihrem Lebenslauf steht auch, dass Sie **f ▪▪▪▪** Russisch sprechen.

Andrea: (•••) Ja, ich war einige Zeit lang in Russland, als Praktikantin. Ich habe dort auch eine Zusatzausbildung gemacht. Mein **g ▪▪▪▪** habe ich aber noch nicht übersetzen lassen.

Personalchef: (•••) Na, dann zeige ich Ihnen einmal unser Büro. Danach können wir über das **h ▪▪▪▪** sprechen, das wir **i ▪▪▪▪** können. Sie haben gemeint, Sie würden gern **j ▪▪▪▪** arbeiten. Da habe ich einen Vorschlag ... (•••)

c Hör jetzt das Bewerbungsgespräch und beantworte die Fragen.

1 Welche Ausbildung hat Andrea?
2 Welche Erfahrungen hat Andrea in ihren bisherigen Jobs gemacht?
3 Welche Fremdsprachen spricht sie?
4 Welche Fragen hat Andrea?
5 Welchen Vorschlag macht der Personalchef am Ende?

d Partnerarbeit. Wählt eine Stellenanzeige aus und spielt ein Bewerbungsgespräch. A ist der Arbeitgeber, B ist der Arbeitnehmer. Tauscht dann die Rollen und wählt eine andere Stellenanzeige. Beachtet im Gespräch folgende Punkte:

1 Gründe für die Bewerbung *(Warum – bewerben?)*
2 Qualifikationen *(Welche Qualifikationen – haben?)*
3 Gehaltsvorstellungen *(Welches Gehalt – sich vorstellen?)*
4 Momentaner Arbeitgeber *(Wo – jetzt arbeiten?)*

> **Gesucht:**
> Nachtwache im Zoo
> Schichtarbeit,
> auch Teilzeit möglich,
> Sie sind zuverlässig,

> **Verkäufer/in**
> für Delikatessengeschäft
> gesucht

> **Wir suchen einen/eine IT-Experten/in**
> Unser Unternehmen entwickelt Softwareprogramme für unterschiedlichste Bereiche.
> Wir bieten: leistungsorientiertes Gehalt, regelmäßige Weiterbildungsseminare,

> ❗ ● Schicht ≈ Abschnitte des Arbeitstages, in denen gearbeitet wird, z.B. 6-14 Uhr, 14-22 Uhr, 22-6 Uhr
> zuverlässig ≈ man kann der Person vertrauen
> ● Delikatesse ≈ sehr feine, teure Speise
> ● Weiterbildung ≈ zusätzliche Berufsausbildung

Rolle A: Arbeitgeber

> Warum haben Sie sich für die Stelle bei uns beworben?
> Welche Berufserfahrungen haben Sie denn schon gemacht?
> Wer war Ihr letzter Arbeitgeber?
> ...

Rolle B: Arbeitnehemer

> Ich habe gelesen, dass ...
> Ich arbeite gern als ...
> Ich habe schon ...
> ... war ich bei/als ... tätig
> ...

D1   Was macht dich glücklich?

a Partnerarbeit. In welchen Situationen fühlt ihr euch glücklich? Was macht euch unglücklich? Sucht Gemeinsamkeiten.

> ✪ kein Geld haben ✪ Freunde treffen ✪
> ✪ am Strand liegen ✪ jmd. hat schlechte Stimmung ✪
> ✪ rechnen ✪ Schokolade essen ✪ jmdm. helfen ✪
> ✪ den Bus verpassen ✪ Sport treiben ✪ fernsehen ✪
> ✪ im Frühling blüht alles ✪ Computerspiele spielen ✪
> ✪ Streit haben ✪ lesen ✪ Hausarbeit machen ✪ … ✪

> *Wenn …, dann fühle ich mich wohl/nicht wohl.*
> *Beim Fernsehen/Lesen …*
> *Je …, desto besser/schlechter fühle ich mich.*

> ⓘ ● Stimmung ≈ Laune
> blühen ≈ wenn Pflanzen Blüten bekommen

b Berichtet in der Klasse.

D2   Ein schöner Gedanke …

a Hör zu. Welche Zeichnung passt zu welchem Jugendlichen? Drei Zeichnungen passen nicht. 3 23

Tamara ?

Sophie ?

Markus ?

b Hör noch einmal. Ordne die Stichworte den Personen zu und ergänze T (Tamara), S (Sophie) und M (Markus). Schreib dann zu jeder Person einen kurzen Text.

1 Praktikum abschließen ·····
2 mit der Jobsuche beginnen ·····
3 eine Computerfirma gründen ·····
4 auf jede Party gehen ·····
5 auch am Wochenende arbeiten ·····
6 sich nicht freinehmen ·····
7 nicht entlassen werden können ·····
8 mit Freunden zusammen sein ·····
9 am Meer Urlaub machen ·····
10 Basketball spielen ·····
11 das halbe Wochenende vor dem Fernseher verbringen ·····
12 für ein Reisebüro arbeiten ·····
13 Sportlehrerin werden ·····
14 Fitnessstudio aufmachen ·····

Tamara hat ihr Praktikum abgeschlossen und muss mit der Jobsuche beginnen. Sie fühlt sich am glücklichsten, wenn …

Sophie …

Markus …

E1 Früher war ich zufriedener ...

🔊 Da hatte er als Partylöwe ein **schöneres** Leben.

a Tina war früher mit ihrer Arbeit zufriedener. Tom ist heute glücklicher. Schreib Sätze mit *haben* und dem Komparativ wie im Beispiel.

Tina
„Mein Gehalt ist zu niedrig."
„Mein Chef ist sehr unfreundlich."
„Meine Arbeit ist so langweilig."

Tom
„Der Weg zur Arbeit war zu lang."
„Mein Urlaub war zu kurz."
„Die Arbeitszeit war ungünstig."

Komparativ mit Adjektivendung
Komparativ ↓ ein **schön|er|es** Leben ↑ Adjektivendung

- ✪ freundlich
- ✪ interessant
- ✪ günstig ✪ lang
- ✪ ~~hoch~~ ✪ kurz

Tina: *Früher hatte ich ein höheres Gehalt. Früher hatte ich ...*

Tom: *Heute habe ich ...*

b Gruppenarbeit. War es früher besser? Ist es heute besser? Wie viele Sätze könnt ihr in fünf Minuten schreiben?

- ✪ Ferienjobs ✪ Schulfächer ✪ Lehrer ✪ Wetter ✪
- ✪ Bands ✪ Autos ✪ Musik ✪ Geschäfte ✪ Filme ✪
- ✪ Lebensmittel ✪ Spielzeug ✪ Wohnung ✪ ... ✪

- ✪ gut ✪ sparsam ✪ preiswert ✪ streng ✪
- ✪ neugierig ✪ witzig ✪ kompliziert ✪ fett ✪
- ✪ fleißig ✪ blöd ✪ sauber ✪ praktisch ✪
- ✪ lecker ✪ zuverlässig ✪ vernünftig ✪ ... ✪

🔖 fett ≈ Öl, Butter, Speck (⟷ mager)
lecker ≈ etwas schmeckt gut

Früher gab es ... / hatte man ... / hatte ich ... / hatten wir ... *Heute gibt es ... / hat man ... / habe ich ... / haben wir ...*

c Welche Sätze sind für alle in der Gruppe richtig?

Stimmt.
Das sehe ich nicht so / genauso.
Da bin ich anderer Meinung.

E2 Überschriften

a Hör den Anfang des Dialogs noch 🔊 **3** 24
einmal. Ordne die Überschriften den
Sätzen zu und ergänze Verben und Präpositionen.

1 Warnung vor zu viel Stress
2 Gewöhnung an das Nichtstun
3 Beschwerde über partyfreie Wochenenden

A `?` ..... das Nichtstun will ich mich gar nicht erst ......

B `?` Markus hat sich früher ..... jedes partyfreie Wochenende ......

C `?` Ich brauche ihn nicht ..... zu viel Stress zu ......

b Ergänze die Sätze aus a wie im Beispiel.

Verben und Nomen mit Präposition
Warten auf Antwort Ich **warte auf** seine Antwort. ≈ Ich **warte darauf**, **dass** er antwortet.

a Ich will mich nicht *daran* gewöhnen, dass ich *nichts* tue.

b Markus hat sich früher ..... beschwert, dass es .... gab.

c Ich brauche ihn nicht ..... zu warnen, dass er .... hat.

c Hör zu. Welche Überschrift passt 🔊 **3** 25-26
zu welcher Geschichte?

1 Ärger über Baustelle `.....`
2 Freundschaft mit Nachbarn `.....`
3 Diskussion über Mittagspause `.....`
4 Sorge um Katze `.....`

d Schreib fünf Überschriften zu persönlichen Erlebnissen mit den Nomen aus dem Kasten.

- ✪ Zufriedenheit (mit) ✪ Interesse (an) ✪
- ✪ Entschuldigung (für) ✪ Diskussion (über) ✪
- ✪ Lust (auf) ✪ Traum (von) ✪ Bewerbung (um) ✪
- ✪ Freude (über/auf) ✪ Furcht (vor) ✪
- ✪ Ärger (über) ✪ Enttäuschung (über) ✪ ... ✪

e Partnerarbeit. Stellt Fragen zu einer Überschrift eurer Partnerin / eures Partners. Schreibt dann einen kurzen Bericht über das Erlebnis.

Ärger über Schiedsrichter

f Lest euch eure Texte gegenseitig vor. Kommentiert die Texte eurer Partnerin / eures Partners.

F1 Was ist Glück?

a Lies und hör den Text. Zu welchem Textabschnitt (A oder B) passt das Foto? 3 27

Glücklichsein kann man lernen ...

1 **A** Vor einigen Jahren machten Gehirnforscher eine span-
2 nende Entdeckung. Sie gaben Ratten die Möglichkeit, eine
3 bestimmte Stelle ihres Gehirns zu stimulieren, indem sie auf
4 eine Taste in ihrem Käfig drückten. Das war offensichtlich
5 so angenehm für die Tiere, dass sie alles andere rund um
6 sich vergaßen und mehr als tausend Mal pro Stunde diese
7 Taste ✿ antippten. Die Forscher waren begeistert: Sie hat-
8 ten das Glückszentrum im Gehirn der Ratten entdeckt.
9 Bald darauf zeigte sich, dass genau derselbe Bereich bei be-
10 stimmten Aktivitäten auch im Gehirn des Menschen aktiv
11 wird. Wenn wir Musik hören oder wenn wir Schokolade es-
12 sen, dann können die Forscher mithilfe spezieller Verfahren
13 beobachten, wie unser Glückszentrum aktiviert wird: Wir
14 fühlen uns glücklich. Allerdings entsteht dieses Glücksge-
15 fühl nur dann, wenn unsere Erfahrungen besser sind, als das,
16 was wir erwartet haben. Wir müssen also immer wieder aktiv
17 nach Erfahrungen suchen, die uns glücklich machen.

18 **B** Der amerikanische Psychologe Csiks-
19 zentmihályi kann das bestätigen. Er hat
20 Tausende Personen interviewt, um heraus-
21 zufinden, in welchen Situationen sie glück-
22 lich sind. Sein Ergebnis: Immer dann, wenn
23 diese Personen sich aktiv mit einer für sie in-
24 teressanten Tätigkeit beschäftigt haben, und
25 wenn sie dabei voll konzentriert alles andere
26 um sich herum vergessen konnten, fühlten
27 sie sich glücklich. Csikszentmihályi nannte diesen Zustand „Flow". Bei
28 passiven Tätigkeiten, bei denen wir unsere Fähigkeiten, Fertigkeiten und
29 Kenntnisse nicht einsetzen müssen, wie zum Beispiel beim Fernsehen, ha-
30 ben wir diese Glückserlebnisse nicht. Die spezielle Lebenssituation eines
31 Menschen braucht man dabei nicht zu berücksichtigen. Auch Menschen
32 in sehr schwierigen Situationen können glücklich sein und dadurch ihr
33 Leben besser meistern. Glücklichsein kann man lernen, so Csikszent-
34 mihályi weiter. Wir müssen nur aktiv Beschäftigungen suchen, die uns
35 möglichst zuverlässig Flow-Erlebnisse ermöglichen.

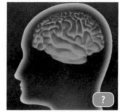

„Glückszentrum"
im Gehirn

F2 Ein Job ohne Arbeit

a Lies Lenas E-Mail. Welches Problem hat sie in ihrem Job?

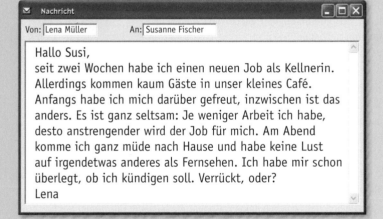

✉ Nachricht

Von: Lena Müller   An: Susanne Fischer

Hallo Susi,
seit zwei Wochen habe ich einen neuen Job als Kellnerin.
Allerdings kommen kaum Gäste in unser kleines Café.
Anfangs habe ich mich darüber gefreut, inzwischen ist das
anders. Es ist ganz seltsam: Je weniger Arbeit ich habe,
desto anstrengender wird der Job für mich. Am Abend
komme ich ganz müde nach Hause und habe keine Lust
auf irgendetwas anderes als Fernsehen. Ich habe mir schon
überlegt, ob ich kündigen soll. Verrückt, oder?
Lena

> ✿ indem ≈ dadurch, dass
> tippen ≈ kurz berühren, meist mit dem Finger
> ● Verfahren ≈ Methode
> berücksichtigen ≈ etwas beachten

✿● Taste ↓

b Partnerarbeit: A schreibt drei Fragen zu
Teil A, B schreibt drei Fragen zu Teil B.
Tauscht die Fragen und beantwortet sie.

b Schreib eine Antwort auf Lenas E-Mail. Berücksichtige
dabei folgende Punkte.

1 Deine Meinung zu Lenas Situation
2 Deine eigenen Erfahrungen mit der Arbeitswelt
3 Welche Arbeitsbedingungen für dich wichtig sind
4 Vorschläge, was Lena tun kann

> Ich finde ... / Meiner Meinung nach ... Ich selbst hatte ...
> ... war anders, als ich gedacht hatte. / ... war genau so, wie ...
> An deiner Stelle würde ich ... / Du könntest ... / Du solltest ...
> Je länger du ..., desto ...

Rosi Rot und Wolfi

LK1 Fakten

a) Lies den Text, schau die Statistik an und ergänze die Sätze.

Menschen, die Deutsch sprechen, trifft man nicht nur in Deutschland, Österreich oder der Schweiz. Viele Menschen aus den deutschsprachigen Ländern leben und arbeiten im Ausland. Sie wollen die Welt sehen, haben den Partner fürs Leben im Ausland gefunden oder werden von ihrer Firma ins Ausland geschickt. Es gibt viele Gründe, die Heimat zu verlassen. Vor allem während einer Berufsausbildung ist es in den deutschsprachigen Ländern inzwischen üblich, für einige Zeit im Ausland Erfahrungen zu sammeln.

Im Ausland lebende Deutsche, Schweizer und Österreicher

	Einwohner (in Millionen)	im Ausland (in Millionen)
Deutschland	81,9	13,0
Schweiz	7,7	1,0
Österreich	8,4	0,5

LK2 Beispiele

a) Schau die Fotos zu den Texten A und B an und lies die Fragen. Welche sechs Fragen passen wohl zu Text A, welche sechs Fragen passen zu Text B?

1 Was ist Philipp Prosenik von Beruf? A

2 Was ist die Walz? ·····

3 Warum arbeitet er im Ausland? ·····

4 Wie lange dauern die Wanderjahre? ·····

5 Welche Probleme gab es anfangs? ·····

6 Welche Regeln gibt es auf dieser Wanderung? ·····

7 Was ist Eveline Kesseli von Beruf? ·····

8 Was gefällt ihm in England? ·····

9 Wie wird für die Schule gelernt? ·····

10 Was ist für Eveline Kesseli auf der Walz wichtig? ·····

11 Warum nennt man die Walz „Hochschule des Handwerks"? ·····

12 Warum kritisieren die Trainer, dass sehr junge Spieler ins Ausland gehen? ·····

✿ ● Haken

b) Lies die Texte und beantworte so viele Fragen aus a wie möglich.

A

Die treffen jeden Ball ins Tor ...

1 Philipp Prosenik kommt aus Österreich, doch er lebt und arbeitet in England. Er
2 war 16 Jahre alt, als er beschloss, ins Ausland zu gehen und dort Erfahrungen
3 zu sammeln. Philipp ist Fußballer und spielt für den englischen Fußballclub
4 Chelsea. (•••)

5 An das schnelle Spiel und die Härte im
6 englischen Fußball musste er sich erst
7 gewöhnen. Immer wieder hatte er mit
8 Verletzungen zu kämpfen. Aber er hat
9 zäh an sich gearbeitet, um wieder voll
10 trainieren zu können. (•••)

11 An die neue Umgebung hat er sich in-
12 zwischen auch gewöhnt. „Der Start war
13 nicht einfach. Es war schwierig, plötz-
14 lich ganz alleine dazustehen", erzählt
15 Philipp. Doch seine Gastfamilie hat ihn
16 unterstützt, sodass er vieles in England
17 inzwischen toll findet. (•••)

Die Erfahrungen in England sind für Philipp Prosenik wichtig.

18 Für das Nachtleben in London hat er kaum Zeit. Neben dem Training will
19 Philipp nämlich auch seine Schulausbildung beenden. (•••)

20 So wie Philipp zieht es viele junge Fußballer ins Ausland. Die Trainer der Nach-
21 wuchsmannschaften sehen das oft gar nicht so gerne. „Viele junge Spieler
22 sind noch nicht reif für diesen Schritt. Es ist zwar schick, bei einem großen
23 Verein zu spielen, hat aber auch oft einen Haken. Man bindet sich für einige
24 Zeit an einen Club. Wenn man es nicht in die erste Mannschaft schafft, dann
25 muss man sich mit Spielen in der zweiten oder dritten Klasse zufrieden geben.
26 Es ist dann schwierig, auf der Karriereleiter alle Stufen ganz nach oben zu
27 schaffen." (•••)

ⓘ zäh ≈ hart
● Umgebung ≈ das Gebiet um einen Ort oder eine Stelle
● Start ≈ ● Beginn
reif ≈ weit entwickelt
schick ≈ elegant und modern

einen Haken ✿ haben ≈ einen Nachteil haben
binden ⓘ ≈ etwas mit einem Seil oder einer Schnur festmachen (hier: sich binden ≈ bei jmdm. bleiben müssen)
● Stufe ≈ Teil einer Treppe
ⓘ → S.130

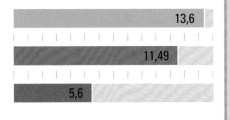

im Verhältnis zur jeweiligen Gesamt-
zahl der Deutschen, Schweizer und
Österreicher (in Prozent)

	13,6
	11,49
	5,6

1 ▭ Millionen Deutsche leben im Ausland.

2 ▭ Prozent der Deutschen leben im Ausland.

3 Deutschland hat ▭ Einwohner als Österreich und die Schweiz zusammen.

4 Die Schweiz hat eine ▭ Einwohnerzahl als Österreich, es leben aber ▭ Schweizer im Ausland als Österreicher.

5 ▭ Prozent der Österreicher leben im Ausland.

6 ▭ Prozent der Schweizer leben im Ausland, in Österreich sind es ▭ so viele.

- ✪ 13,6
- ✪ geringere
- ✪ halb
- ✪ mehr
- ✪ 5,6
- ✪ 13,0
- ✪ fünfmal mehr
- ✪ 11,49

b Partnerarbeit. Stellt Fragen zu den Informationen in a und antwortet.

☉ Wie viele ... leben ...? Wie viel Prozent der ... leben ...?

◆ Welches Land hat eine größere ...?

B

Die „Hochschule" des Handwerks

1 Berufserfahrungen im Ausland zu sammeln war auch in der Ver-
2 gangenheit wichtig. Schon vor Hunderten von Jahren machten sich
3 junge Menschen nach ihrer Ausbildung auf den Weg, um eine Zeit
4 lang für andere Meister und Werkstätten zu arbeiten. Genau drei
5 Jahre und einen Tag lang dauerte eine solche „Walz". (•••)

6 In jüngster Zeit hat man in Deutsch-
7 land, der Schweiz und Österreich
8 diese alte Tradition neu belebt.
9 Mehrere hundert junge Handwerker
10 machen sich jedes Jahr zu Fuß oder
11 per Autostopp auf den Weg, um in
12 der Fremde Erfahrungen zu sam-
13 meln. Die meisten Wandergesellen
14 sind junge Burschen, doch manch-
15 mal sieht man auch Mädchen auf
16 der Walz, wie zum Beispiel die junge
17 Schweizerin Eveline Kesseli. Eveline
18 Kesseli ist Dorfschmiedin von Beruf
19 und wohl die einzige weibliche Ver-
20 treterin dieses Berufsstandes in der Schweiz. Rohes Eisen und an-
21 dere Metalle zu bearbeiten, hat sie immer schon fasziniert. Auf der
22 Walz konnte sie neue Arbeitstechniken kennenlernen. (•••)

23 Die Walz hat einen hohen Stellenwert unter Handwerkern. Sie
24 wird oft als „Hochschule des Handwerks" gesehen. Handwerker,
25 die auf der Walz waren, haben bei vielen Meistern gelernt und
26 mehr erfahren als ihre daheimgebliebenen Kollegen. Das hilft
27 ihnen im späteren Berufsleben.

○ Tuch

Mit dem Wanderstock, dem „Stenz", auf der Walz. In einem Tuch haben die Handwerker ihr eigenes Werkzeug dabei.

ℹ️ ● Schmied ≈ Handwerker, der heißes Eisen verarbeitet
weiblich ♀ ≠ männlich ♂
roh ≈ nicht fertig bearbeitet (bei Essen: nicht gekocht)
● Wert ≈ der Preis, die Nützlichkeit, die Qualität einer Sache

---

c Hör jetzt die Langversion der Texte und beantworte die restlichen Fragen.

 🔊 ❸ 28-29

LK3 Und jetzt du!

a Gruppenarbeit. Bildet drei Gruppen. Jede Gruppe bekommt eine Aussage zugeteilt und sammelt Argumente für diese Aussage.

1 [Ich bleibe zu Hause!]

2 [Ich muss unbedingt weg von hier!]

3 [Eine Zeit lang Erfahrungen im Ausland zu sammeln, ist gut.]

b Diskutiert in der Klasse und stimmt ab.

Debatte:

Jede Gruppe hat zwei Minuten Zeit, ihre Argumente zu präsentieren.

Die anderen Gruppen dürfen jeweils eine Frage stellen.

Abstimmung:

In einer geheimen Abstimmung entscheidet sich jeder in der Klasse für die Aussage, die ihm am besten gefällt.

ℹ️ ● Debatte ≈ Diskussion, die bestimmten Regeln folgt

Projekt

Eine Internetseite gestalten

P1 Sammelt Ideen und Informationen.

Ihr sollt eine witzige Internetseite über berühmte Personen gestalten. Auf dieser Internetseite sagen diese Personen, was sie in ihrem Leben gerne anders gemacht hätten. Die Aussagen der Personen könnt ihr dabei frei erfinden.

a) Gruppenarbeit. Sammelt zu den fünf Kategorien möglichst viele Namen von berühmten Personen.

1 **Sport:** Franz Beckenbauer, Tiger Woods, Venus Williams ...

2 **Literatur:** Brüder Grimm, Friedrich Schiller, Bertold Brecht, Agatha Christie ...

3 **Politik:** Kaiser Wilhelm, Helmut Kohl, Barack Obama ...

4 **Musik:** Wolfgang Amadeus Mozart, Arnold Schönberg, die Beatles ...

5 **Wissenschaft und Forschung:** Sigmund Freud, Christoph Kolumbus ...

b) Wählt für jede Kategorie eine Person aus. Jeder in der Gruppe sammelt in Büchern, Zeitschriften oder im Internet Informationen über eine Person. Beantwortet die Fragen und macht Notizen.

1 Welche Lebensstationen waren besonders wichtig?

2 Was haben diese Menschen in ihrem Leben geleistet?

- Brüder Grimm
- Jakob Grimm 1785–1863 und Wilhelm Grimm 1786–1859
- Universitätsprofessoren in Göttingen
- beginnen 1806, Märchen zu sammeln
- gemeinsam veröffentlichen sie 1812 ihre „Kinder- und Hausmärchen" mit 86 Märchen
- 1847 unterschreiben sie ein Protestschreiben gegen den Fürsten und müssen das Land verlassen
- Jakob Grimm veröffentlicht die „Deutsche Grammatik"
- Gemeinsam veröffentlichen die Brüder das „Deutsche Wörterbuch"

c) Denkt euch gemeinsam witzige Gründe aus, warum eure Personen manche Dinge in ihrem Leben anders hätten machen sollen.

Brüder Grimm: Wir hätten keine Märchen schreiben sollen. Viele Kinder schlafen schlecht, wenn sie unsere Märchen vor dem Einschlafen hören.

P2 Gestaltet eure Internetseite.

a) Lest das Textbeispiel. Was hätte Jakob Grimm in seinem Leben anders machen sollen? Warum?

Jahrelang haben mein Bruder und ich Märchen gesammelt. Wir haben recherchiert, Interviews gemacht und dann die Märchen aufgeschrieben. Das war viel Arbeit. Jetzt hören wir von manchen Eltern, dass sich ihre Kinder fürchten, wenn sie unsere Märchen hören. „In den Märchen kommt viel zu viel rohe Gewalt vor", sagen diese Eltern, „die Kinder bekommen Albträume und schlafen schlecht. Manchmal sind sie dann noch tagelang blass und bleich vor Angst." So ein Unsinn! Wir haben die Märchen genau so aufgeschrieben, wie sie uns die Menschen erzählt haben. Die Märchen sind ja jahrhundertelang nur mündlich weitergegeben worden. Hätten wir die Geschichten vielleicht umdichten sollen? In der milderen Variante von „Rotkäppchen" hätten dann vielleicht der Wolf und die Großmutter gemeinsam mit Rotkäppchen und dem Jäger Geburtstag gefeiert. Einfach lächerlich! Wer will denn solche Geschichten lesen?
Vielleicht hätten wir nur unsere Wörterbücher schreiben sollen, dann würden wir uns jetzt alle diese Diskussionen ersparen.

Jakob Grimm

> 🛈 recherchieren ≈ nach Informationen suchen
> blass, bleich ≈ weiß im Gesicht sein, fast ohne Farbe
> mündlich ≈ gesprochen und nicht geschrieben
> mild ≈ nicht stark, nicht sehr intensiv

(b) Schreibt Texte wie im Beispiel in a.

Jeder in der Gruppe schreibt mindestens einen Text. Schreibt einen Text für jede Kategorie.

(c) Überarbeitet die Texte.

Wenn alle Texte geschrieben sind, überarbeitet und korrigiert die Texte gegenseitig. Lest alle Texte in der Gruppe und macht Verbesserungsvorschläge. Macht dazu Notizen. Diskutiert eure Verbesserungsvorschläge und schreibt die Texte noch einmal.

(d) Macht ein Poster zu eurer Internetseite.

Sucht Bilder in Zeitungen, Magazinen oder im Internet, die zu den Texten passen. Klebt alle Texte und Bilder auf einen großen Bogen Packpapier. Ordnet die Texte und Bilder so, dass jeder sehen kann, welcher Text zu welchem Link gehört.

(e) Zusatzaufgabe: Wenn noch Zeit bleibt, macht einen Fragebogen zu den Personen auf eurem Poster.

Wann haben die Brüder Grimm gelebt?

Woher bekamen die Brüder Grimm die Ideen für ihre Märchen?

...

P3 Präsentiert eure Internetseiten.

Hängt die Poster im Klassenzimmer auf, sodass jeder sie sehen kann. Stellt die Personen auf euren Postern vor. Erzählt etwas über diese Personen und erklärt die Hauptidee eurer Texte.

Nach den Präsentationen bekommen alle die Möglichkeit, die Texte zu lesen und die Fragebögen zu den Personen auf den Postern zu beantworten.

> *Die Brüder Grimm haben ... gelebt. Sie haben ... In unserem Text meint Jakob Grimm, dass er ...*

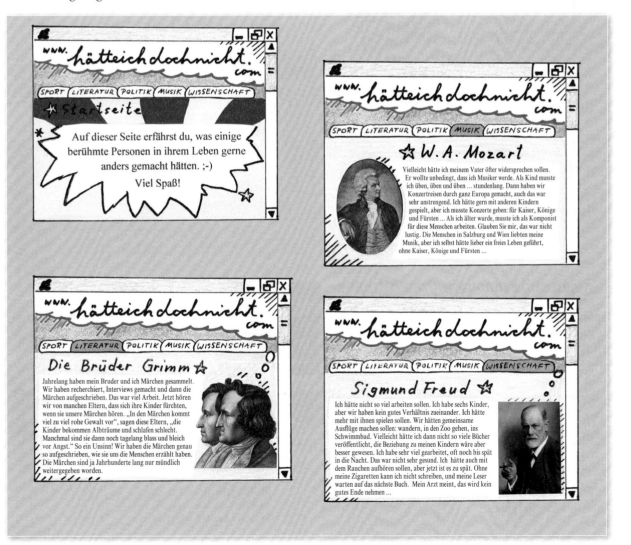

Grammatik

Finde die Satzzitate 💬 in den Lektionen 33–36.

G1 Verb

a) Futur I

Vorhersage: In 100 Jahren **werden** Menschen auf dem Mond **leben**.

Versprechen: Ich **werde** dir **helfen**.

Vorsatz: Ich **werde** im nächsten Jahr weniger Schokolade **essen**.

Warnung / Drohung: Du **wirst** Probleme mit dem Trainer **bekommen**.

Vermutung: Marion **wird** noch nicht zu Hause **sein**.

> werden + Infinitiv

> *Wie **werden** die Menschen in der Zukunft **leben**?*

→ S. 101, 104

b) Konjunktiv II der Vergangenheit: Irreale Bedingungen

Wenn sie schneller **geschwommen** <u>wäre</u>, <u>hätte</u> sie **gewonnen**.

> Perfekt, aber **haben/sein** → **hätte/wäre** + Partizip II

> *Wenn du nicht zu Annas Party **gegangen** wärst, hättest du Max nicht **kennengelernt**.*

Mit Modalverb:
Ohne Doping <u>hätten</u> sie die Leistungen nicht **bringen können**.

> Perfekt mit Modalverb, aber **haben/sein → hätte/wäre** + 2x Infinitiv
> Verb + Modalverb

→ S. 92

c) Vergleiche Nebensätze mit *als ob* + Konjunktiv II

Konjunktiv II der Gegenwart
Es sieht so aus,

als ob sie zu Hause **wären**.
≈ Sie sind vielleicht zu Hause.

Konjunktiv II der Vergangenheit
Es sieht so aus,

als ob sie **fortgefahren wären**.
≈ Sie sind vielleicht fortgefahren.

> *Es sieht so aus, **als ob** die Zeit der Rekorde zu Ende **ginge**.*

→ S. 93

d) Partizipien als Attribute

> Partizip I
> zahlen → zahlen**d**

das **zahlende** ← Was für ein Publikum? Publikum
≈ das Publikum, das zahlt / gezahlt hat (Aktiv)

> Partizip II
> feiern → **gefeiert**

ein **gefeierter** ← Was für ein Sänger? Sänger
≈ ein Sänger, der gefeiert wird / wurde (Passiv)

> *In seinem vor einiger Zeit **veröffentlichten** Buch „Die Stimme" beschreibt er seine Kindheit und seine Karriere als Opernsänger.*

→ S. 108

G2 Nomen und Pronomen, Präpositionen

a) Präpositionen mit Genitiv

oberhalb des Meeresspiegel**s**
unterhalb des Meeresspiegel**s**
außerhalb der Stadt
innerhalb der Stadt
wegen des Regen**s** ≈ weil es regnet
trotz des Regen**s** ≈ obwohl es regnet

© VINCENT CALLEBAUT ARCHITECTURES

> **oberhalb, unterhalb, außerhalb, innerhalb, wegen, trotz** + Genitiv

> *Wohnungen und Arbeitsplätze wird es in dieser Stadt sowohl **oberhalb** als auch **unterhalb** des Meeresspiegels geben ...*

→ S. 96, 102

b) Präpositionen *seit* und *bis zu*

Seit unserem Treffen ...
Bis zu unserem Wiedersehen ...

> seit •→
> bis →• + Dativ

→ S. 96

c) Nomen mit Präposition

Hoffnung **auf** Antwort
≈ Ich warte auf seine Antwort.
≈ Ich warte darauf, dass er antwortet.

→ S. 120

G3 Adjektiv

a Adjektivendungen Singular und Plural (Ergänzung II)

der Geschmack ... der Geruch ...	● heiß**en** Kaffees ● frisch**en** Brotes ● frisch**er** Milch ○ fremd**er** Gewürze

→ Adjektivdeklination S. 129

> Genitiv mit und ohne Artikelwort → **-en**
> ⚠ Genitiv ohne Artikelwort ●○ → **-er**

> *Der Geruch gegrillter Hähnchen.*

→ S. 112

b Komparativ mit Adjektivendung

Komparativ
↓
ein **schön|er|es** Leben
↑
Adjektivendung

> *Da hatte er als Partylöwe ein schöneres Leben.*

→ S. 120

G4 Satz

a Relativsätze (Relativpronomen *was* und *wo*)

Alles, was die Menschen brauchen , ...

Dort, wo Platz ist , ...

> alles / etwas / nichts / das ..., **was** ...
> dort / an dem Ort / in der Stadt / überall / ..., **wo** ...

> *Dein Garten ist ein Platz, wo du dich gut entspannen kannst.*

→ S. 100

b *Warum?* Begründungen geben (Konnektoren)

Adverb: Es regnet. **Deswegen** bleiben wir zu Hause.
(≈ deshalb, darum, daher)

Konjunktion 🎾**:** Wir bleiben zu Hause, **da** es regnet.
(≈ weil)

Präposition: Wegen des Regens bleiben wir zu Hause

Adverb (steht nie am Satzanfang): Wir bleiben zu Hause. Es regnet **nämlich**.

Konjunktion (steht immer am Satzanfang): Wir bleiben zu Hause, **denn** es regnet.

→ S. 96

c Temporale Nebensätze mit *seit* und *bis*

Seit ich ihn **getroffen habe** , sind zwei Tage vergangen.

Bis wir uns **wiedersehen** , sind es noch zwei Tage.

> *Seit sie mit Chris zusammen ist, hat sie sich ziemlich verändert.*

→ S. 96

d Temporale Nebensätze mit *sobald* und *solange*

Sobald wir im Stadtgebiet sind , musst du langsam fahren.

Solange wir im Stadtgebiet sind , musst du langsam fahren.

> sobald ↦
> solange →●

→ S. 112

e Konsekutive Nebensätze mit *so ..., dass*

Er war **so** müde, **dass** er sofort eingeschlafen ist .

Dadurch, dass er so müde war, ist er sofort eingeschlafen.

> **so** + Adjektiv + dass

> *Unsere Produkte sind so gut, dass viele Kunden bei uns einkaufen.*

→ S. 116

f Vergleichende Nebensätze mit *als* und *wie*

Es ist anstrengender, **als** ich gedacht habe .

Es ist **so** anstrengend, **wie** ich gedacht habe .

→ S. 117

g Vergleichende Nebensätze mit *je ... desto ...*

Je mehr er arbeitet , **desto weniger** Zeit hat er für seine Freunde.

> **je** + Komparativ ..., **desto** + Komparativ ...
> desto ≈ umso

> *Je wichtiger Arbeit in unserem Leben wird, desto stärker bestimmt sie auch, wer wir sind.*

→ S. 116

Grammatik-Wiederholung

 Weißt du's noch?

GWH 1 Verb

a) Perfekt

Ich **habe** ... **angerufen**, ich **bin** ... **gefahren** ...

> **haben/sein** + Partizip II

⚠️ *haben, sein* und Modalverben stehen meistens im Präteritum: *war/hatte/wollte ...*

> *Bist du auf dem Fahrradweg gefahren, Christian?*
→ S. 16

b) Präteritum

ich kauf**te**, ich mach**te**, ... | Ich **fuhr**, ich **lief**, ...
Präteritum mit -te | **Besondere Verben**

ich, er, es, sie, man	-te
du	-test
ihr	-tet
wir, sie, Sie	-ten
⚠️ kein Umlaut!	

| ich, er, es, sie, man: |
| – (keine Endung) |

s. Liste S. 130

Plötzlich **lief** *ein Hund in meine Richtung und ...*
→ S. 13

c) Konjunktiv II der Gegenwart: Wünsche und Ratschläge

Wünsche:

Ich **wäre** gern ...
Ich **hätte** lieber ...
Ich **würde** am liebsten ... **fahren**.

> er, es, sie, man:
> wär-/hätt-/würd-: **-e**

> *Ich* **würde** *auch lieber ins Kino* **gehen**, *statt mit einer Dreijährigen zu spielen.*
→ S. 32, 60

Ratschläge:

Du **solltest** nicht ... (, ohne zu ...)
Du **solltest** lieber ..., als ...

> *Du* **solltest** *nicht babysitten, ohne eine Ahnung von Babys zu haben.*
→ S. 32, 37

d) Passiv Präsens

Die Luft **wird verschmutzt**. ≈ Passiv
Abgase verschmutzen die Luft. ≈ Aktiv

> *Die Meere* **werden** *leer* **gefischt**.

> **werden** + Partizip II
→ S. 37, 101

GWH 2 Artikel, Nomen und Pronomen, Präpositionen

a) du – Sie

Duzen:
zu einer Person: Ist das **dein** Hund? Gehört der Hund **dir**? Hast **du** keine Hundeleine?
zu mehreren Personen: Ist das **euer** Hund? Gehört der Hund **euch**? Habt **ihr** keine Hundeleine?

Siezen:
zu einer oder mehreren Personen: Ist das **Ihr** Hund? Gehört der Hund **Ihnen**? Haben **Sie** keine Hundeleine?
→ S. 16

b) Präpositionen mit Akkusativ

> **durch, für, gegen, ohne, um** + Akkusativ
→ S. 21

c) Wechselpräpositionen

wohin? ⟶
→ Wechselpräposition + Akkusativ

wo? ▪
→ Wechselpräposition + Dativ

> *Ein Mann sitzt* **an** *einem Tisch.* **Vor** *ihm steht ...*
→ S. 21

d) Präpositionen mit Dativ

> **von, aus, zu, nach, mit, ab, bei, seit, außer** + Dativ
→ S. 21

e) Genitiv

Die Grafik zeigt ...

den Anstieg	**des** ● Meeresspiegels.
den Rückgang	**des** ● Gletschereises.
die Veränderung	**der** ● Durchschnittstemperatur.
die Zahl	**der** ○ Wirbelstürme.

Genitiv

> ○ ● → **-es** (Nomen + **-s**)
> ● ○ → **-er**
→ S. 36

GWH 3 Adjektiv

a) Komparativ und Superlativ

	Komparativ	Superlativ
klein	kleiner	**am** kleinsten – der/das/die kleinste

⚠️ kurze Adjektive mit *a, o, u*:
warm – wärmer – am wärmsten ...

Adjektive auf *-el* und *-er*:
teuer – teurer – am teuersten
dunkel – dunkler – am dunkelsten

besondere Formen:
hoch – höher – am höchsten
nah – näher – am nächsten
gut – **besser** – am **besten**
viel – **mehr** – am **meisten**
gern – **lieber** – am **liebsten**

> *Wenn jemand eine lange Nase hat, macht man die Nase noch ein bisschen länger, ...*

→ S. 19

b) Adjektivdeklination

> *Sie haben beide kurze, braune, glatte Haare, ein rundes Gesicht und eine sportliche Figur.*

Singular

der, das, die, eine	neu**e**	
den, dem, ● der (Dativ), des, einer, einen, einem, eines	neu**en**	● Mantel ● Hemd
● ein	neu**er**	● Hose
● ein	neu**es**	

> der, das, die, eine → **-e**
> den, dem, ● der (Dativ +Genitiv), einer, einen, einem → **-en**
> ein → **-er** ●
> → **-es** ○

Plural

mit Artikelwort (die, meinen, keine, ...)	billig**en**	
ohne Artikelwort – Dativ	von billig**en**	○ Mäntel ○ Hemden
ohne Artikelwort – Nominativ und Akkusativ	billig**e**	○ Hosen

> mit Artikelwort → **-en**
> ohne Artikelwort (Dativ) → **-en**
> ohne Artikelwort (Nominativ + Akkusativ) → **-e**

→ S. 54

GWH 4 Satz

a) Nebensätze

wenn: Ich freue mich, **wenn** er kommt. ☺

weil: Ich freue mich, **weil** er kommt. ☺

dass: Er hat versprochen, **dass** er kommt. ☺
obwohl: Er kommt nicht,

obwohl er es versprochen hat. ☹

→ S. 18, 19, 96

b) Konnektoren *deshalb, denn*

deshalb:
Er hat gesagt, dass er heute Abend kommt.
Deshalb freue ich mich.

denn:
Ich freue mich, **denn** er kommt heute Abend.
≈ Ich freue mich, **weil** er kommt.

→ S. 19

c) Indirekte Fragesätze

> *Wie hoch ist die Durchschnittstemperatur auf der Erde? Kommt eine neue Eiszeit?*

Marion will wissen, ...
wie hoch die Durchschnittstemperatur auf der Erde ist.
ob eine neue Eiszeit kommt.

→ S. 36

d) Relativsätze (Relativpronomen im Nominativ)

Ein ● **Mann**, Was für ein Mann? ● **der** weit gereist **ist**.
Eine ● **Frau**, ● **die** weit gereist **ist**.
Ein ○ **Kind**, ○ **das** weit gereist **ist**.
○ **Männer,** ○ **Frauen und** ○ **Kinder**, ○ **die** weit gereist **sind**.

→ S. 52

e) Infinitiv mit *zu*

Es ist für mich wichtig, viele Freunde **zu haben**.

Für Jürgen ist es wichtig, gut **auszusehen**.

⚠️ aus**zu**sehen, vor**zu**bereiten

zu + Infinitiv nach:
beginnen, Lust haben, versuchen, ...   → Aktion
es ist einfach/wichtig/schwierig/lustig ...   → Aktion

→ S. 30

Besondere Verben aus Ideen 1 bis 3

Erweiterungswortschatz = kursiv gedruckt

abbiegen (er/sie biegt ab, bog ab, ist abgebogen)
anfangen (er/sie fängt an, fing an, hat angefangen)
anrufen (er/sie ruft an, rief an, hat angerufen)
aufstehen (er/sie steht auf, stand auf, ist aufgestanden)
ausgehen (er/sie geht aus, ging aus, ist ausgegangen)
ausschließen (er/sie schließt aus, schloss aus,
    hat ausgeschlossen)
aussehen (er/sie sieht aus, sah aus, hat ausgesehen)
backen (er/sie backt, buk, hat gebacken)
beginnen (er/sie beginnt, begann, hat begonnen)
beißen (er/sie beißt, biss, hat gebissen)
behalten (er/sie behält, behielt, hat behalten)
bekommen (er/sie bekommt, bekam, hat bekommen)
betragen (es beträgt, betrug, hat betragen)
beschließen (er/sie beschließt, beschloss, hat beschlossen)
bestehen (er/sie besteht, bestand, hat bestanden)
besteigen (er/sie besteigt, bestieg, hat bestiegen)
betrügen (er/sie betrügt, betrog, hat betrogen)
beweisen (er/sie beweist, bewies, hat bewiesen)
bewerben (sich) (er/sie bewirbt sich, bewarb sich, hat sich
    beworben)
bieten (er/sie bietet, bot, hat geboten)
binden (er/sie bindet, band, hat gebunden)
bleiben (er/sie bleibt, blieb, ist geblieben)
braten (er/sie brät, briet, hat gebraten)
brechen (er/sie bricht, brach, hat gebrochen)
brennen (er/sie brennt, brannte, hat gebrannt)
bringen (er/sie bringt, brachte, hat gebracht)
denken (er/sie denkt, dachte, hat gedacht)
dürfen (er/sie darf, durfte, hat gedurft)
einladen (er/sie lädt ein, lud ein, hat eingeladen)
einziehen (er/sie zieht ein, zog ein, ist eingezogen)
enthalten (er/sie enthält, enthielt, hat enthalten)
entscheiden (er/sie entscheidet, entschied, hat entschieden)
erfinden (er/sie erfindet, erfand, hat erfunden)
erziehen (er/sie erzieht, erzog, hat erzogen)
essen (er/sie isst, aß, hat gegessen)
fahren (er/sie fährt, fuhr, ist gefahren)
fallen (er/sie fällt, fiel, ist gefallen)
festhalten (er/sie hält fest, hielt fest, hat festgehalten)
feststellen (er/sie stellt fest, stellte fest, hat festgestellt)
finden (er/sie findet, fand, hat gefunden)
fliegen (er/sie fliegt, flog, ist geflogen)
fressen (er/sie frisst, fraß, hat gefressen)
frieren (er/sie friert, fror, hat gefroren)
geben (er/sie gibt, gab, hat gegeben)
gefallen (er/sie gefällt, gefiel, hat gefallen)
gehen (er/sie geht, ging, ist gegangen)
gelingen (er/sie gelingt, gelang, ist gelungen)
gelten (er/sie gilt, galt, hat gegolten)
geschehen (es geschieht, geschah, ist geschehen)
gewinnen (er/sie gewinnt, gewann, hat gewonnen)
graben (er/sie gräbt, grub, hat gegraben)
haben (er/sie hatte, hat gehabt)
halten (er/sie hält, hielt, hat gehalten)
hängen (er/sie hängt, hing, gehangen)
heißen (er/sie heißt, hieß, hat geheißen)
helfen (er/sie hilft, half, hat geholfen)
kennen (er/sie kennt, kannte, hat gekannt)
klingen (er/sie klingt, klang, hat geklungen)
kommen (er/sie kommt, kam, ist gekommen)
können (er/sie kann, konnte, hat gekonnt)
lassen (er/sie lässt, ließ, hat gelassen)
laufen (er/sie läuft, lief, ist gelaufen)
leihen (er/sie leiht, lieh, hat geliehen)
lesen (er/sie liest, las, hat gelesen)
liegen (er/sie liegt, lag, hat gelegen)
lügen (er/sie lügt, log, hat gelogen)
mögen (er/sie mag, mochte, hat gemocht)

müssen (er/sie muss, musste, hat gemusst)
nehmen (er/sie nimmt, nahm, hat genommen)
nennen (er/sie nennt, nannte, hat genannt)
passieren (es passiert, passierte, ist passiert)
raten (er/sie rät, riet, hat geraten)
reißen (er/sie reißt, riss, hat/ist gerissen)
reiten (er/sie reitet, ritt, ist geritten)
rennen (er/sie rennt, rannte, ist gerannt)
rufen (er/sie ruft, rief, hat gerufen)
scheinen (er/sie scheint, schien, hat geschienen)
schießen (er/sie schießt, schoss, hat geschossen)
schlafen (er/sie schläft, schlief, hat geschlafen)
schlagen (er/sie schlägt, schlug, hat geschlagen)
schließen (er/sie schließt, schloss, hat geschlossen)
schmelzen (er/sie schmilzt, schmolz, ist geschmolzen)
schneiden (er/sie schneidet, schnitt, hat geschnitten)
schreiben (er/sie schreibt, schrieb, hat geschrieben)
schreien (er/sie schreit, schrie, hat geschrien)
schwimmen (er/sie schwimmt, schwamm, ist geschwommen)
schwinden (er/sie schwindet, schwand, ist geschwunden)
sehen (er/sie sieht, sah, hat gesehen)
sein (ich bin, du bist, er/sie ist, wir sind, ihr seid, sie sind, ich war,
    du warst, er/sie war, wir waren, ihr wart, ist gewesen)
singen (er/sie singt, sang, hat gesungen)
sollen (er/sie soll, sollte, hat gesollt)
spinnen (er/sie spinnt, sponn, hat gesponnen)
sprechen (er/sie spricht, sprach, hat gesprochen)
springen (er/sie springt, sprang, ist gesprungen)
stattfinden (es findet statt, fand statt, hat stattgefunden)
stechen (er/sie sticht, stach, hat gestochen)
stehen (er/sie steht, stand, hat gestanden)
stehlen (er/sie stiehlt, stahl, hat gestohlen)
steigen (er/sie steigt, stieg, ist gestiegen)
sterben (er/sie stirbt, starb, ist gestorben)
stinken (er/sie stinkt, stank, hat gestunken)
stoßen (er/sie stößt, stieß, hat gestoßen)
streichen (er/sie streicht, strich, hat gestrichen)
(sich) streiten (er/sie streitet, stritt, hat gestritten)
teilnehmen (er/sie nimmt teil, nahm teil, hat teilgenommen)
tragen (er/sie trägt, trug, hat getragen)
(sich) treffen (er/sie trifft, traf, hat getroffen)
treten (er/sie tritt, trat, hat getreten)
trinken (er/sie trinkt, trank, hat getrunken)
tun (er/sie tut, tat, hat getan)
überfallen (er/sie überfällt, überfiel, hat überfallen)
(sich) unterhalten (er/sie unterhält, unterhielt, hat unterhalten)
unterscheiden (er/sie unterscheidet, unterschied, hat
    unterschieden)
verbieten (er/sie verbietet, verbot, hat verboten)
verbrennen (er/sie verbrennt, verbrannte, hat verbrannt)
vergessen (er/sie vergisst, vergaß, hat vergessen)
verlassen (er/sie verlässt, verließ, hat verlassen)
verlieren (er/sie verliert, verlor, hat verloren)
verschwinden (er/sie verschwindet, verschwand, ist verschwunden)
versinken (er/sie versinkt, versank, ist versunken)
versprechen (er/sie verspricht, versprach, hat versprochen)
verstehen (er/sie versteht, verstand, hat verstanden)
vertreten (er/sie vertritt, vertrat, hat vertreten)
vorziehen (er/sie zieht vor, zog vor, hat vorgezogen)
wachsen (er/sie wächst, wuchs, ist gewachsen)
waschen (er/sie wäscht, wusch, hat gewaschen)
wehtun (es tut weh, tat weh, hat wehgetan)
werden (er/sie wird, wurde, ist geworden)
werfen (er/sie wirft, warf, hat geworfen)
wiegen (er/sie wiegt, wog, hat gewogen)
wissen (er/sie weiß, wusste, hat gewusst)
wollen (er/sie will, wollte, hat gewollt)
ziehen (er/sie zieht, zog, hat gezogen)
zwingen (er/sie zwingt, zwang, hat gezwungen)

Chronologische Wortliste

Die chronologische Wortliste enthält alle Wörter dieses Buches mit
Angabe der Seiten, auf denen sie zum ersten Mal vorkommen.

(Pl.) = Nomen wird nur oder meist im Plural verwendet
(Sg.) = Nomen wird nur oder meist im Singular verwendet
Erweiterungswortschatz = kursiv gedruckt

Wer? Wie? Was? Wo?

Seite 7

ansehen
Lieblingsspeise, die, -n
Urlaub, der, -e
verbringen
verdienen
Sportart, die, -en
Hausboot, das, -e
Campingplatz, der, ⸚e
Nachhilfe, die (Sg.)
Australien
reisen
Schach, das (Sg.)
Pizza Hawaii, die,
   -en Hawaii
tauschen
Zeichnung, die, -en
Partnerinterview, das, -s
Wunsch, der, ⸚e
einsammeln
verteilen
indem
Kasten, der, ⸚
wählen
Thema, das, -en
interessieren
Erfindung, die, -en
Entdeckung, die, -en
persönlich
interviewen
zählen
China

Modul 7
Miteinander leben

Lektion 25
Tier und Mensch

Seite 10

mitteilen
zuordnen
knurren
schnurren
Schimpanse, der, -n
umarmen
küssen
sich wohl fühlen

Vertrauen, das (Sg.)
warnen
Laune, die, -n
Gefühl, das, -e
Zeichen, das, –
Kommunikation, die (Sg.)
Laut, der, -e
Ton, der, ⸚e
Stimme, die, -n
Körpersprache, die (Sg.)
Gestik, die (Sg.)
Mimik, die (Sg.)
Körperteil, der, -e
unterstreichen
Forscher, der, –
gelingen
verwenden
Schriftzeichen, das, –
Artgenosse, der, -n
kommunizieren
selbstständig
erfinden
erleben
Wissenschaftler, der, –

Seite 11

Vermutung, die, -en
Affe, der, -en
Schimpansenweibchen,
   das, –
ungefähr
halbes Jahr
Afrika
USA, die (Pl.)
beginnen
Psychologe, der, -n
Gebärdensprache, die (Sg.)
unterrichten
Versuch der, -e
sich unterhalten
Schimpansensprache, die, -n
identisch
Mama, die, -s
Papa, der, -s
Menschenkind, das, -er
sondern
Umarmung, die, -en
weiter –
Gegenstand, der, ⸚e
Aktivität, die, -en
abstrakt
Form, die, -en
bilden

Wassermelone, die, -n
Frucht, die, ⸚e
Weihnachtsbaum, der, ⸚e
einzig –
Adoptivsohn, der, ⸚e
dabei
inzwischen
Primat, der, -en
sprachbegabt
Lebewesen, das, –
allerdings
Voraussetzung, die, -en
erfüllen
erfolgreich
Möglichkeit, die, -en
bekanntlich
Zeichensprache, die, (Sg.)
stumm
Gorilla, der, -s
Affenart, die, -en
meistens
ähnlich
Begegnung, die, -en
positiv
Monat, der, -e
Elefant, der, -en

Seite 12

Biografie, die, -n
Zeittafel, die, -n
Textabschnitt, der, -e
Station, die, -en
fangen
Pfleger, der, –
sterben
Geburt, die, -en
Schimpansenbaby, das, -s
Heim, das, -e
umziehen
danach
Hunderte
pflegen
sorgen (für jmdn.)
jahrelang
Erlebnis, das, -se
Schimpansin, die, -nen
etw./jmdn. wiegen
sich nähern
verlangen
Tod, der, -e
fort
sinken
Ecke, die, -n

starren
Leere, das/die (Sg.)
Handel, der (Sg.)
Jäger, der, –
Urwald, der, ⸚er
töten
Dollar, der, –
Kunde, der, -n
Amerika
überleben
Reise
tief
depressiv
springen
schreien
kaum
sich beruhigen
seit
Fernsehraum, der, ⸚e
Fernsehapparat, der, -e
schauen
hinausgehen
klettern
jmdn. begeistern
Band, das, ⸚er
noch einmal
Leben, das, –

Seite 13

ordnen
besonder-
rennen
wohl
Liste, die, -n
Erklärung, die, -en
Handlung, die, -en
Zeitpunkt, der, -e
Zeitspanne, die, -n
Vergangenheit, die, -en
öfter
Gegenwart, die (Sg.)
reagieren

Seite 14

Geste, die, -n
begrüßen
jmdn. verabschieden
winken
jmdn. beleidigen
sich weigern
sich erschrecken
nachdenken
bitten (um)

ein Gespräch führen
angenehm
gestikulieren
wild
wegschauen
nicken
lächeln
verschränken
zurücklehnen
Interview, das, -s
Dr. = Doktor, der, -en
Inhalt, der, -e
ob
Zuhörer, der, –
Sprecher, der, –
zustimmen
spiegeln
Spiegel, der, –
jmdn. ärgern
Rolle, die, -n
Haustier, das, -e
Urlaubsreise, die, -n
diesmal
anschauen
egal

Seite 15
ergänzen
Kontakt, der, -e
Leine, die, -n
Maulkorb, der, ⸚e
Straßenseite, die, -n
aggressiv
beißen
behandeln
Besitzer, der, -
Hundeführerschein, der, -e
jmdm. etw. tun
Tierexpedition, die, -en
Tierheim, das, -e
Seminar, das, -e
nicht wahr?
Hi
ebenfalls
Köter, der, –

Seite 16
drüben
fair
Erwachsene, die/der, -n
Situation, die, -en
Unfallbericht, der, -e
Unfallhergang, der (Sg.)
durch
herumlaufen
Richtung, die, -en
weiterfahren
Kinderwagen, der, –
stürzen
Nachrichten, die (Pl.)
etc.

schriftlich
Rollenspiel, das, -e
Polizistin, die -nen
Polizist, der, -en
befragen
Hundebesitzerin, die, -nen
jeweils
Rollenkarte, die, -en
Geschwindigkeit, die, -en
Bein, das, -e
gebrochen (sich etw.
    brechen)
Krankenwagen, der, –
Radfahrer, der, –
Gehweg, der, -e
verletzt sein
Unterschied, der, -e
aufschreiben

Seite 17
sich trennen (von jmdm.)
jmdn. retten
Keller, der, –
Reihenfolge, die, -n
seltsam
Abschied, der, -e
früh
jmdn. führen
Begrüßung, die, -en
herzlich
Katzenart, die, -en
stoßen
fröhlich
gefleckt
abseits
aufmerksam
beobachten
Badezimmer, das, –
Pflaster, das, –
Wunde, die, -n
verschwinden
schlimm
(aus etw.) schließen
Abfahrt, die, -en
weglaufen
wiederkommen
weg
entwickeln
Beziehung, die, -en
überallhin
Familienmitglied, das, -er
füttern
fressen
locken
hochheben
hungrig
riesig
Regal, das, -e
sich aufstellen
jedoch
fauchen

hochspringen
kratzen
aufschreien
bluten
sich umdrehen
hinter
Geräusch, das, -e
kippen
umfallen
unzertrennlich
Internatsschule, die, -n
Schule, die, -n
verzweifelt
Träne, die, -n
Wagen, der, –
deutlich
zusammenpassen
mysteriös
träumen
anlächeln

Lektion 26
Das finde ich lustig!

Seite 18
Humor, der (Sg.)
jmdn. zum Lachen bringen
Statistik, die, -en
durchschnittlich
Mediziner, der, –
Karikatur, die, -en
Witz, der, -e
erwarten
insgesamt
Zahl, die, -en
Clown, der, -s
lächerlich
Autoritätsperson, die, -en
Ding, das, -e
etw. entscheiden
sich beschweren
Reaktion, die, -en
Leser, die, –
solch-
Kritik, die -en
Karikaturistin, die, -nen

Seite 19
befreien
aktuell
Leserin, die –nen
vergangen
deutsch
erscheinen
überhaupt
offen
ernst
eben
sich wundern
kritisch
Zigarette, die, -n

manch-
geschmacklos
ignorieren
Kritiker, der, –
Karikaturist, der, -en
abbilden
Realität, die (Sg.)
übertreiben
vorkommen
Schuldirektor, der, -en
drucken
Stil, der, -e
schwerfallen
attraktiv
Koch, der, ⸚e
Schulmensa, die, -en

Seite 20
Direktor, der, -en
Pointe, die, -n
Zeug, das (Sg.)
verstecken
Kanada
Urlaubsort, der, -e
Rezeption, die, -en
Meerblick, der, (Sg.)
Blick, der, -e
nachdem
fertig
abräumen
Kellner, der, –
Geschirr, das (Sg.)
Rechnung, die, -en
Schnitzel, das, –
naja
eher
zufällig
Masern, die (Pl.)
ansteckend
Krankheit, die, -en
Drucker, der, –
funktionieren
Stecker, der, –
Steckdose, die, -n
stecken
verbinden
starten
Stewardess, die, -en
Passagier, der, -e

Seite 21
Babysitterin, die, -nen
übrigens
Pony, das, -s
brav
Cartoon, der, -s
sich vorstellen
erraten
Ort, der, -e
Hotelrezeption, die, -en
Sprechblase, die, -n

Strategie, die, -n
sich widersprechen
Kontrasuggestion, die, -en
Liebesfilm, der, -e
babysitten
Smiley, das, -s
Fahrprüfung, die, -en
ablehnen

Seite 32
Fahrschule, die, -n
Videokamera, die, -s
anmelden
statt
Ratschlag, der, ÷e
Straßenverkehr, der (Sg.)
Handschuh, der, -e
aufwärmen
durchlesen
reservieren

Seite 33
Mentaltrainer, der, –
Skispringer, der, –
ideal
topfit
Wettkampf, der, ÷e
verhindern
Geist, der, -er
intensiv
Weltklassespringer, der, -
geschehen
senden
Eintrittskarte, die, -n
rechtzeitig
Gemüsediät, die, -en

Lektion 28
Es muss etwas getan werden!

Seite 34
Klimawandel, der (Sg.)
Grafik, die, -en
Temperatur, die, -en
Durchschnittstemperatur,
    die, -en
weltweit
steigen
zuvor
Experte, der, -n
annehmen
Grad, das, -e
rechnen (mit)
dramatisch
Folge, die, -n
spüren
Ereignis, das, -se
Sturmflut, die, -en
Gletscher, der, –
Korallenriff, das, -e

Meeresspiegel, der, –
bedrohen
Gefahr, die, -n
Küste, die, -n
Region, die, -en
trocken
nass
schmelzen
Küstenregion, die, -en
Wirbelsturm, der, ÷e
Hurrikan, der, -e
Tornado, der, -s

Seite 35
Paradies, das, -e
Naturschutzgebiet, das, -e
Taxifahrer, der, –
Fahrgast, der, ÷e
transportieren
Inselstaat, der, -en
Pazifik, der
Heimatinsel, die, -n
genießen
Palme, die, -n
wunderschön
Grund, der, ÷e
Bewohner, der, –
Heimat, die (Sg.)
Globus, der, -en
entfernt sein
Nordsee, die
Einklang, der, ÷e
Kultur, die, -en
Existenz, die, -en
Kampf, der, ÷e
sich gewöhnen an/
    gewöhnt sein an
überfluten
Sturm, der, ÷e
häufig
investieren
schützen
konkret
Umzug, der, ÷e
Anstieg, der, -e
kämpfen
Feld, das, -er
knapp
schlucken
Premierminister, der, –
appellieren
Verantwortliche, der/die,
    -en
Mitgliedsliste, die, -n
streichen
existieren
Dasein, das (Sg.)
Möbel, die (Pl.)
Tabelle, die, -n
Hoffnung, die, -en

Seite 36
Gletscherdicke, die (Sg.)
sich verändern
abnehmen
zunehmen
Zentimeter, der, –
Rückgang, der (Sg.)
erkennen
Wassertemperatur, die,
    -en
Ozean, der, -e

Seite 37
Schlagzeile, die, -n
Kraftwerk, das, -e
Tiger, der, –
Tanker, der, –
Luft, die, ÷e
Tankerunglück, das, -e
Frankreich
Protest, der, -e
Kraftwerksbau, der, -ten
Sushi, das, -s
Stadtbewohner, der, –
Mülldeponie, die, -n
sibirisch
aussterben
rätselhaft
Fischsterben, das, –
Krieg, der, -e
Öl, das, -e
fischen
verschmutzen
Energiereserve, die, -n
verbrauchen
Tierart, die, -en
ausrotten
Grundwasser, das, –
Bau, der, -ten
Gebäude, das, –
Ursache, die, -n
Bauprojekt, das, -e
Industriestaat, der, -en
Tankschiff, das, -e
Wohnort, der, -e
bauen
Alltagsleben, das (Sg.)
Umweltsituation, die, -en
verbessern
Strecke, die, -n

Seite 38
erneuerbar
CO_2, das (Sg.)
Klima, das (Sg.)
Atmosphäre, die, -n
Ausstoß, der, ÷e
CO_2-Bilanz, die, -en
Kohlekraftwerk, das, -e
Kilowattstunde, die, -n
Windkraftwerk

Glühbirne, die, -n
Watt, das, –
bereitstellen
ausgeben
Kohle, die, -n
Windrad, das, ÷er
Windpark, der, -s
Sonnenenergie, die (Sg.)
Atomkraft, die (Sg.)
Kernkraft, die (Sg.)
Wasserkraft, die (Sg.)
Zeitungsüberschrift, die, -en
Energieexperte, der, -n
Diplomingenieur, der, -e
fertigstellen
Spezialschiff, das, -e
zusammenbauen
Stromleitung, die, -en
Strom, der (Sg.)
elektrisch
Energie, die, -en
Dänemark
Megawatt, das, –
Kernkraftwerk, das, -e
einsparen
vorlesen
vermessen
Broschüre, die, -n
Konzerttournee, die, -n
Schulband, die, -s
Schulchor, der, ÷e
erkundigen
messen
Gewicht, das, -e

Seite 39
Ansage, die, -n
Heizöl, das (Sg.)
Energieverbrauch, der
    (Sg.)
Transportweg, der, -e
Nahrungsmittel, das, –
Erdöl, das, -e
Luftverschmutzung, die, -en
Stau, der, -s
heizen
Tick, der, -s
Gewohnheit, die, -en
etw./jmdn. drehen
vegetarisch
Freiheit, die, -en
radikal
mobil
Lärm, der (Sg.)
nerven
Bücherregal, das, -e
Argument, das, -e
Vorteil, der, -e
Nachteil, der, -e
Parkgebühr, die, -en

Seite 40

Ökoregel, die, -n
Produkt, das, -e
Topf, der, ⸚e
Deckel, der, –
zurückdrehen
Wäschetrockner, der, -
trocknen
Wochentag, der, -e
Flugreise, die, -n
buchen
Elektrogerät, das, -e
Standby-Funktion, die, -en
Gerät, das, -e
Regel, die, -n
Kerosin, das (Sg.)
Südamerika
Standby, das (Sg.)
Hamburg
Istanbul
Guatemala
Rechenaufgabe, die, -n
inklusive
Industrieproduktion, die,
   -en
doppelt
Drittel, das, –
Verbrauch, der (Sg.)
falls
wegen
Einkaufswagen, der, –
Herd, der, -e
Heizung, die, -en
Türkei, die
ziehen
Eisbär, der, -en
Malariamücke, die, -n
Mücke, die, -n
Bekannte, die/der, -n

Seite 41

Aussage, die, -n
barfuß
Pool, der, -s
cool
T-Shirt, das, -s
zwar
Nordpol, der (Sg.)
gescheit
(etw.) ändern
Klimaflüchtling, der, -e
Temperaturanstieg, der, -e
Impfstoff, der, -e
Infektionskrankheit, die,
   -en
Flüchtling, der, -e
Katastrophe, die, -n
Flucht, die, -en
fliehen
Medikament, das, -e
Windenergie, die (Sg.)

Solarenergie, die (Sg.)
alternativ
Energieprojekt, das, -e
Termin, der, -e
Kraftwerksbesichtigung, die,
   -en
Solaranlage, die, -n

Modul-Plus 7
Landeskunde

Seite 42

Wildtier, das, -e
deutschsprachig
Nationalpark, der, -s
Quadratkilometer, der, –
dicht
Netz, das, -e
Lebensraum, der, ⸚e
dienen
Schweiz, die
Schutzgebiet, das, -e
Vortrag, der, ⸚e
sehenswert
unterstützen
Wolf, der, ⸚e
Steinadler, der, –
Kranich, der, -e
Seehund, der, -e
Storch, der, ⸚e
Biber, der, –
Reiher, der, –
Fischer, der, –
Markenzeichen, das (Sg.)
Lufthansa, die
Bayern
Symbol, das, -e
Schweizer Alpen
einwandern
bezeichnen
Buchstabe, der, -n

Seite 43

Verhältnis, das, -se
erfahren
Braunbär, der, -en
Bär, der, -en
Honig, der (Sg.)
Bienenstock, der, ⸚e
europäisch
jagen
Jahrhundert, das, -e
Jahrzehnt, das, -e
Tierschützer, der, –
Liebling, der, -e
Medien, die (Pl.)
unglücklicherweise
Mahlzeit, die, -en
Stall, der, ⸚e
Bauer, der, -n
satt

kreuz und quer
Alpen, die (Pl.)
abwärts
Tal, das, ⸚er
Spezialist, der, -en
Finnland
lebendig
Jagd, die (Sg.)
freigeben
Presse, die (Sg.)
verurteilen
Beschluss, der, ⸚e
Politiker, der, –
etw. vorziehen
Berührung, die -en
quer
hinunter
Gebiet, das, -e
scharf
kritisieren
anhand
Stichwort, das, ⸚er
Nutztier, das, -e
kontra
recht haben
Schaf, das, -e
Tierschutzorganisation,
   die, -en
Schutzhundprojekt, das, -e
Schaden, der, ⸚
Schafbauer, der, -n
aufgeben
Schutzhund, der, -e
Heimatland, das (Sg.)
selten
Naturschutz, der (Sg.)
Tierschutz, der (Sg.)
Konflikt, der, -e
Naturschützer, der, –
Bevölkerungsgruppe, die,
   -n

Modul-Plus 7
Projekt

Seite 44

Gruppenpräsentation, die,
   -en
auswählen
unterwegs
unbewohnt
abstürzen
Unglück, das, -e
Sahara, die
Überlebenshilfe, die, -n
sich überlegen
Überleben, das (Sg.)
benötigen
Schlauchboot, das, -e
Floß, das, ⸚e

Zündholz, das, ⸚er
Signalrakete, die, -n
Ruder, das, –
Öllampe, die, -n
Seekarte, die, -n
Absturzgebiet, das, -e
Schwimmweste, die, -n
Bindfaden, der, ⸚
Wasserkanister, der, –
Süßwasser, das (Sg.)
Kissen, das, –
Kompass, der, -e
Angelhaken, der, –
Rakete, die, -n
Kanister, der, –
Tube, die –n
Zahnpasta, die (Sg.)
Mappe, die, -n
Landkarte, die, -n
Nordafrika
Sack, der, ⸚e
Trockenfrucht, die, ⸚e
Campingkocher, der, –
Gaskartusche, die, -n
Vergrößerungsglas, das, ⸚er
Campingstuhl, der, ⸚e
Hut, der, ⸚e
Schachtel, die, -n
Dosennahrung, die (Sg.)
Rindfleisch, das (Sg.)
Bohne, die -n
Silvesterrakete, die, -n
Sonnenbrille, die –n
frieren
Streichholz, das, ⸚er
Schlitten, der, –
Erste-Hilfe-Kasten, der, ⸚
batteriebetrieben
Ölofen, der, ⸚
Rind, das, -er
männlich
weiblich
Kuh, die, ⸚e
Silvester, das, –
Fall, der, ⸚e
gebrauchen

Seite 45

sich einigen
anzünden
Fernsehsender, der, –
berichten
präsentieren
Erfahrungsbericht, der, -e

Modul 8
Richtig und falsch

Lektion 29
Miteinander

Seite 50
miteinander
Zitat, das, -e
Rockkonzert, das, -e
Rückfahrkarte, die, -n
schüchtern
weinen
Heimatstadt, die, ¨e
Herz, das, -en
schlagen
Schritt, der, -e
förmlich
zögern
sich irren
offiziell

Seite 51
Satzhälfte, die, -n
Spalte, die, -n
enttäuschen
Neffe, der, -n
Sicherheit, die, -en
Regentropfen, der, –
Vergnügungspark, der, -s
Achterbahn, die, -en
Riesenrad, das, ¨er
Gewitter, das, –
Donner, der, –
Blitz, der, -e
Vergnügen, das, –
Nichte, die, -n
tödlich
ewig
erledigen
Single, der, -s
Bart, der, ¨e
Zwillingsbruder, der, ¨

Seite 52
Gefühlsdiagramm, das, -e
Bahnhofscafé, das, -s
(sich) verlieben
ersetzen
Klammer, die, -n
chronologisch
Missverständnis, das, -se

Seite 53
Geheimnis, das, -se
geehrt
Glückspilz, der, -e
Pechvogel, der, ¨
Papierstreifen, der, –

Nörgler, der, –
Besserwisser, der, –

Seite 54
Zwilling, der, -e
graublau
lockig
schmal
Sommersprosse, die, -n
spitz
schlank
Zahnspange, die, -n
glatt
rund
Figur, die, -en
kräftig
außerdem
bunt
Wolle, die, -n
kariert
Stoff, der, -e
Entfernung, die, -en
Mund, der, ¨er
Ergänzung, die, -en
Filmbeschreibung, die, -en
Kapitän, der, -e
Bord, das, -e
Raumschiff, das, -e
treu
zärtlich
rücksichtsvoll
Expedition, die, -en
Planet, der, -en
(sich) verhalten
Mannschaftsmitglied, das,
    -er
geduldig
Mannschaft, die, -en
mutig
Kommandant, der, -en
Charaktereigenschaft, die,
    -en
Transportsystem, das, -e
kommandieren
Offizier, der, -e
Eigenschaft, die, -en
rücksichtslos
verlogen
feig

Seite 55
Beziehungskiste, die, -n
Vorgeschichte, die, -n
(sich) verloben
verzeihen
sich scheiden lassen
Sänger, der, –
Bandprobe, die, -n
harmonisch
einander

Seite 56
Speisekarte, die, -n
Cola, die, -s
Sitzreihe, die, -n
Schiedsrichter, der, –
Optimist, der, -en

Seite 57
Liebesgedicht, das, -e
ausatmen
Schluss machen
sich verabreden
angeblich
aufnehmen
Verabredung, die, -en

Lektion 30
Wenn das wahr wäre, …

Seite 58
wahr
Pest, die (Sg.)
Unwetter, das, –
Wirtschaftskrise, die, -n
Liebeskummer, der (Sg.)
Teufel, der, –
Hexe, die -n
schwarze Magie
Verschwörer, der, –
schuld sein an
Regierung, die, -en
Lebensbedingung, die, -en
Infektion, die, -en
Absicht, die -en
jmdm. schaden
regieren
eine Entscheidung treffen
Bedingung, die, -en
Virus, das, -en
Bakterium, das, -en
malen
herstellen
katholisch
evangelisch
christlich
Religionsgemeinschaft,
    die -en
Scheiterhaufen, der, –
König, der, -e
vermuten
Französische Revolution, die
entdecken
Soldat, der, -en
Dreißigjährige Krieg, der
gegeneinander
Tausende (Pl.)
verbrennen

Seite 59
Getreide, das, –
Korn, das, ¨er
Wirtshaus, das, ¨er
Wirt, der, -e
Loch, das, ¨er
Verschwörungstheorie, die, -n
Leute, die (Pl.)
Kälte, die (Sg.)
nun
hintereinander
niederbrennen
derselbe/dieselbe/dassel-
    be/dieselben
Frieden, der, –
sogenannt
Klimaveränderung, die, -en
Kälteperiode, die, -n
führen zu
bevorstehen
Endkampf, der, ¨e
Helferin, die -nen
anfangs
graben
Ernte, die , -n
völlig
Krisenzeit, die, -en
populär.
Beweis, der, -e
verantwortlich
Wirtshausgeschichte, die, -n
nah
beweisen

Seite 60
Mondlandung, die, -en
Studio, das, -s
geheim
Code, der, -s
Außerirdische, der/die, -n
Sparmotor, der, -en
bekannt
zählen zu
niemals
Verschwörungstheoretiker,
    der, –
entstehen
Verschwörung, der, -en
Fan, der, -s
Idol, das, -e
flüchten
irgendwo
ein … Leben führen
Bereich, der, -e
Wirtschaft, die (Sg.)
zahlreich
beispielsweise
längst
halb
Benzin, das, -e
Gewinn, der, -e

Spekulation, die, -en
Fälschung, die, -en
Fragebogen, der, ⸚en
misstrauisch

Seite 61
beraten
Rat, der (Sg.)
Kraftwerksprojekt, das, -e
unterschreiben
Aktivist, der, -en
Werbespot, der, -s
auswendig
nach Hause
Telefonumfrage, die, -n
Körperpflege, die (Sg.)
beenden
Badewanne, die, -n
Lieblingssänger, der, –
Lügner, der, –
beschimpfen
vorsingen
Internet-Freundschaft,
 die, -en
Auswertung, die, -en
leichtgläubig
Chance, die, -n
sparsam
Spur, die, -en
NASA, die
Astronaut, der, -en
gefälscht (fälschen)
Bungee-Sprung, der, ⸚e
schummeln
färben
mit Absicht
Fensterscheibe, die, -n
zerbrechen
Fasching, der, -e/-s

Seite 62
selbstverständlich
zweifellos
eventuell
Eindruck, der, ⸚e
den Eindruck haben
offenbar
anscheinend
Spieler, der, -
auf etw. kommen
feststellen
zurückkommen
bestätigen

Seite 63
Original, das, -e
Fotomontage, die, -n
Videofilmer, der, –
km/h
Explosion, die, -en
Last(kraft)wagen, der,
 – (LKW, der, -s)

Tachometer, der, –
spritzen
schütteln
Gartenschlauch, der, ⸚e
Tacho, der, -s
treten
löschen
Spezialcola, die, -s

Seite 64
Liegestuhl, der, ⸚e
Hautkrankheit, die, -en
Aufnahme, die, -n
Feuerzeug, das, -e
Hammer, der, ⸚
Nagel, der, ⸚
Reifen, der, –
Glocke, die, -n
Kette, die, -n
Schnur, die, ⸚e
Badehose, die, -n
Birne, die, -n
Schere, die, -n
Stiefel, der, –
Wolke, die, -n
Mülleimer, der, –
Wecker, der, –
Sportplatz, der, ⸚e
Bürgermeister, der, –
Gefängnis, das, -se
Spielregel, die, -n

Seite 65
Zwillingsschwester, die, -n
Italiener, der, –
weich
aufwachen
schief
etw. zurück haben wollen
Schulkiosk, der, -e
gratis
Kioskbesitzer, der, –
ordentlich
an deiner Stelle

Lektion 31
Gut und Böse

Seite 66
Diagramm, das, -e
Team, das, -s
zentral
Gefängnissituation, die, -en
Verhalten, das (Sg.)
Teilnehmer, der, –
Gefangene, der/die, -en
Wärter, der, –
sich gefallen lassen
akzeptieren
gelten
teilweise

bestimmen
Strafe, die, -n
Misstrauen, das (Sg.)
Gemeinschaftsgefühl,
 das, -e
Gemeinschaft, die, -en
Zelle, die, -n
Telefonzelle, die, -n
Spielfilm, der, -e
sich beziehen auf
Verbindung, die, -n
Spray, das, -s
Albtraum, der, ⸚e
Gewalt, die, -en
Kraft, die, ⸚e
verständnisvoll
verhaften
Polizei, die (Sg.)
Ungeziefer, das (Sg.)
sperren
einsperren
Anführer, der, –
Spitze, die, -n

Seite 67
Freiwillige, der/die, -n
wissenschaftlich
Institut, das, -e
Hauptrolle, die, -n
durchführen
Mitarbeiter, der, –
Aggression, die, -en
menschlich
eingeteilt
Gefängniswärter
umbauen
einhalten
bestrafen
Kleider, die (Pl.)
ausziehen
Wertsache, die, -n
untereinander
ansprechen
Protestaktion, die, -en
relativ
zurückkehren
Strafzelle, die, -n
Solidarität, die (Sg.)
psychisch
zusammenbrechen
meist
unternehmen

Seite 68
Sicht, die (Sg.)
Fingerabdruck, der, ⸚e
Strumpf, der, ⸚e
im Freien
abschalten
peinlich
sich fürchten

Persönlichkeit, die, -en
deprimiert

Seite 69
operieren
loben
Rückmeldung, die, -en
stechen
Blut, das (Sg.)
bedienen
Sporttrainer, der, –
Nachspiel, das, -e
Filmhandlung, die, -en
zu Schaden kommen
Actionfilm, der, -e
Zusammenhang, der, ⸚e
Franzose, der, -n

Seite 70
Gesetz, das, -e
Straftat, die -en
nachsprechen
Körperverletzung, die
 (Sg.)
Ladendiebstahl, der, ⸚e
Brandstiftung, die (Sg.)
Sachbeschädigung, die (Sg.)
Taschendiebstahl, der (Sg.)
Einbruch, der, ⸚e
Zeitungsmeldung, die, -en
Meldung, die, -en
Taschendieb, der, -e
Kontrolleur, der, -e
Dieb, der, -e
*Überwachungskamera,
 die, -s*
Verdacht, der (Sg.)
begehen
Discjockey, der, -s
Lieblingssong, der, -s
Haupttäter, der, –
Opfer, das, –
nächtlich
Aktion, die, -en
Kleingartenbesitzer, der, –
entsetzt
Graffiti, das, -s
bemalen
Holzhaus, das, ⸚er
Zeuge, der, -n
Täter, der, –
Verbrechen, das,
Schaubild, das, -er
Mörder, der, –
Einbrecher, der, –
Verbrecher, der, –
Kriminalbeamte, der/die, -n
Sozialarbeiter, der, –
Anwalt, der, ⸚e
Mord, der, -e
einbrechen

Bußgeld, das, -er
Gerechtigkeit, die (Sg.)
verdächtig
aufklären
Straftäter, der, –
betreuen
Gericht, das, -e
vor Gericht
schuldig
Jugendkriminalität, die
   (Sg.)
Gefängnisstrafe, die, -n
Mutprobe, die, -n
werfen

Seite 71
Charakter, der, -e
Literatur, die, -en
Prinzessin, die, -nen
Schulhof, der, ¨e
Kommentar, der, -e
Schlägerei, die, -en
sich raushalten (ugs.)
draufzahlen (ugs.)
losgehen auf jmdn. (ugs.)
sich einmischen (ugs.)
etw. oder jmdn. am Hals
   haben (ugs.)
Außenseiter, der, –
bei jmdm. unten durch sein
   (ugs.)

Seite 72
fix und fertig (ugs.)
Zivilcourage, die (Sg.)
jmdm. aus dem Weg gehen
jmdn./etw. festhalten
Ratgeber, der, –
Regeln verletzen
Mut, der (Sg.)
Körperkontakt, der (Sg.)
Bewegung, die, -en
siezen
duzen
Vorschlag, der, ¨e
real
Sportverein, der, -e
gesundheitlich

Seite 73
Fallbeispiel, das, -e
Psychologiekurs, der, -e
ankreuzen
Skizze, die, -n
Schuld, die (Sg.)
Personal, das (Sg.)
Zeitungsartikel, der, –
Jugendzentrum, das, -en
Bürger, der, –
Bürgerversammlung, die,
   -en
notwendig

Diskussion, die, -en
Kriminalstatistik, die, -en
Diebstahl, der, ¨e
Diskussionsteilnehmer,
   der, –
sinnvoll
nützen
auf dumme Gedanken kom-
   men
Freizeitangebot, das, -e
Versammlung, die, -en
Redaktion, die, -en

Lektion 32
Das ist dein gutes Recht!

Seite 74
Recht, das, -e
Menschenrechte, die (Pl.)
Grundrechte, die (Pl.)
Zweite Weltkrieg, der
Million, die, -en
das Leben lassen müssen
Kriegsende, das (Sg.)
sich bemühen
sich anstrengen
Deklaration, die, -en
UNO, die (United Nations
   Organization)
besitzen
Staat, der, -en
garantieren
enthalten
Artikel, der, –
Schutz, der (Sg.)
Staatsangehörigkeit, die,
   -en
Eigentum, der, ¨er
Meinungsäußerung, die, -en
Bildung, die (Sg.)
politisch
Asyl, das, -e
übersetzen
Website, die, -s
OHCHR, das (Sg.) (Office of
   the High Commissioner
   for Human Rights)
fest
Besitz, der (Sg.)
Indianer, der, –
Amazonas, der
regelmäßig
abstimmen
Führer, der, –
Mehrheit, die (Sg.)
Gift, das, -e
Jagdwaffe, die, -n
Öffentlichkeit, die (Sg.)
Vertreter, der, –
Fortschritt, der, -e

Goldsucher, der, –
vergeblich
Verbesserung, die, -en

Seite 75
Erde, die (Sg.)
Rohstoff, der, -e
Weltall, das (Sg.)
friedlich
Volk, das, ¨er
Lebensart, die (Sg.)
behalten
militärisch
Science-Fiction-Film, der, -e
südamerikanisch
Amazonasgebiet, das (Sg.)
Indianerstamm, der, ¨e
wertvoll
Art, die, -en
sowohl ... als auch
Hausbau, der, -ten
Medizin, die, -en
anpflanzen
Gemeinschaftshaus, ¨er
bieten
Feuerstelle, die, -n
sozial
weder ... noch
Stammesmitglied, das, -er
dort
Standpunkt, der, -e
vertreten
Gold, das (Sg.)
entweder ... oder
freiwillig
Menschenrechtsverletzung,
   die, -en
Menschenrechtsorgani-
   sation, die, -en
fordern
Druck, der (Sg.)
Lage, die, -n
Bodenschätze, die (Pl.)
Bevölkerung, die (Sg.)
Rücksicht, die (Sg.)
Rücksicht nehmen auf
   jmdn.
zwingen
beachten
Lebensgrundlage, die (Sg.)
Identität, die, -en
Holz, das, ¨er
Silber, das (Sg.)
Eisen, das (Sg.)
Einfluss, der, ¨e
Grundlage, die, -n
Organisation, die, -en
Fremde, der/die, -n
informieren

Seite 76
Textstelle, die, -n
Science Fiction, die
Familienleben, das (Sg.)
Arbeitsbedingung, die, -en
Lager, das, –
Feind, der, -e
Slum, der, -s
aufwachsen
weiterhin
Gegensatz, der, ¨e
Arbeitgeber, der, –
Zweck, der, -e
Flug, der, ¨e
Miete, die, -n

Seite 77
Pinnwand, die, ¨e
indisch
Entspannungstechnik, die,
   -en
Basketballmannschaft,
   die, -en
Ausstellung, die, -en
Regenwald, ¨er
Referat, das, -e
Ein Referat halten
Handball, der (Sg.)
Indien
Ausstellungseröffnung, die,
   -en
Filmpräsentation, die, -en
heilig
Yoga, das, (Sg.)
Einführung, die, -en
Turnsaal, der, ¨e
Kleidung, die (Sg.)
Geografie-Exkursion, die, -en
Treffpunkt, der, -e
Schulgebäude, das, –
Professor, der, -en
Fahrradhelm, der, -e
Eintritt, der, -e
Olympischen Spiele, die (Pl.)
DVD die, -s
China
gültig
Veranstaltung, die, -en
Objekt, das, -e
Gott, der, ¨er

Seite 78
Stempel, der, –
Parkplatz, der, ¨e
Einzelzimmer, das, –
Tankstelle, die, -n
per Autostopp
Genehmigung, die, -en
beantragen
Versicherungsnummer,
   die, -n

Doppelzimmer, das, –
Erlaubnis, die (Sg.)
Versicherung, die, -en
Risiko, das, -s
Geld abheben
Liegewagen, der, –
Werkzeug, das, -e
entwerten
läuten
Einzelheit, die, -en
Lokal, das, -e
sich anstellen
ausschalten
Entwerter, der, -
Fast-Food-Lokal, das, -e
Viertelstunde, die, -n
äußern
Tankwart, der, -e
ärgerlich
Frechheit, die, -en
aufgefallen

Seite 79
Reservierung, die , -en
empfehlen
einmalig
Gelegenheit, die, -en
sich bedanken
Abholung, die, -en
Schaufenster, das, –
Elektronikgeschäft, das, -e

Seite 80
irgend –
Beilage, die, -n
Skihandschuh, der, -e
Bratkartoffeln, die (Pl.)
erhalten
Modell, das, -e
Verletzung, die, -en
Stock, der, ⸚e
Fensterputzer, der, –
außen
Hochhaus, das, ⸚er
abdrehen
ziehen nach/in
Konsequenz, die, -en

Seite 81
Jahrtausend, das, -e
Aluminium, das (Sg.)
Konzern, der, -e
abbauen
Bergbau, der (Sg.)
Homepage, die, -s
respektieren
Bergbaukonzern, der, -e
wirtschaftlich
Arbeitsplatz, der, ⸚e
Wasserleitung, die, -en
medizinisch
Versorgung, die, -en

stolz
Entwicklungsarbeit, die, -en
dankbar
Garantiefall, der, ⸚e
GmbH, die -s (Gesellschaft
mit beschränkter
Haftung)
Anlage, die, -n
Garantie, die, -n
hochachtungsvoll
Bedienungsfehler, der, –
Sonderpreis, der, -e
Angebot, das, -e
abwaschen

Modul-Plus 8
Landeskunde

Seite 82
System, das, -e
Regierungsform, die, -en
Bundesland, ⸚er
Kanton, der, -e
Wahl, die, -en
Frauenwahlrecht, das (Sg.)
Bundespräsident, der, -en
Monarchie, die, -n
Regierungschef, der, -s
Bundesrat, ⸚e
Liechtenstein
Kaiser, der, –
Bundestag, der (Sg.)
Demokratie, die, -n
herrschen
Kaiserin, die, -nen
Hitlerdiktatur, die (Sg.)
heutig
demokratisch
einführen
Regierungssystem, das, -e
parlamentarisch
Staatsform, die (Sg.)
bestehen aus
Einheit, die, -en
Verwaltung, die, -en
Schulordnung, die, -en
Strafrecht, das (Sg.)
Parlamentswahl, die, -en
Partei, die, -en
konservativ
liberal
national
darüber hinaus
Volksabstimmung, die, -en
Abstimmung, die, -en
berücksichtigen
möglichst
gerecht
Kompromiss, der, -e
gleichberechtigt

Liechtensteinerin, die, -nen
mitbestimmen
traditionell
Wert, der, -e
Sieger, der, –
Bundeskanzlerin, die, -en
Bundeskanzler, der, –
Minister, der, –
Bundespräsidentin, die,
-nen
Fürst, der, -e
Regierungsmitglied, das,
-er
EU, die (Europäische
Union) (Sg.)
Sitz, der, -e
EU-Rat, der, ⸚e
Landesherr, der, -en

Seite 83
Reform, die, -en
Berliner Mauer, die
Trennung, die, -en
Wiedervereinigung, die (Sg.)
EU-Mitgliedsstaat, der, -en
EU-Mitgliedschaft, die (Sg.)
Mitglied, das, -er
Schweizer, der, –
Beitritt, der, -e
Demonstration, die, -en
Atomkraftwerk, das, -e
Laufzeit, die, -en
verlängern
Umfrage, die, -n
Politik, die (Sg.)
wahnsinnig
verschlechtern
öffentlich
Klassensprecher, der, –
Verein, der, -e
Sozialarbeit, die (Sg.)

Modul-Plus 8
Projekt

Seite 84
Comicfigur, die, -en
Superheld, der, -en
Parlament, das, e
Ehepaar, das, -e
historisch
Zeitschrift, die, -en
Sinn, der, -e
Seele, die, -n
religiös
weiterleben
Huhn, das, ⸚er
füllen
Pfeife, die, -n
Schießpulver, das (Sg.)
nachts

Backstube, die, -n
Bäcker, der, –
Tat, die, -en
Tennisturnier, das, -e
Tennisrangliste , die, -en
Olympiasiegerin, die, -nen
Karriere, die, -n
Amerikaner, der, –

Seite 85
mager
Bürgersteig, der, -e
intelligent
Ausdruck, der, ⸚e
meinetwegen
Schwiegersohn, der, ⸚e
stinken
nach etw. riechen
Schwefel, der, (Sg.)
ablesen
gegenseitig
Verbesserungsvorschlag,
der, ⸚e
kleben
Kartonkärtchen, das, –
Wand, ⸚e

Modul 9
Grenzen

Lektion 33
Wenn er schneller ge-
laufen wäre, ...

Seite 90
Spritze, die, -n
Sportler, der, –
Droge, die, -n
siegen
dopen
Spitzensportler, der, –
Höchstleistung, die, -en
100-Meter-Strecke, die
Weltrekord, der, -e
Rekord, der, -e
liefern
100-Meter-Siegeszeit, die, -en
Leistung, die, -en
ehemalig
Spitzenathletin, die, -nen
anklagen
Doping-Arzt, ⸚e
Doping, das (Sg.)
systematisch
Betrug, der, ⸚e
leiden (an/unter)
DDR, die (Sg.) (Deutsche
Demokratische Republik)

nebeneinander
BRD, die (Sg.) (Bundesrepublik Deutschland)
vereinen
Mittel, das, –

Seite 91
Athlet, der, -en
Zehntelsekunde, die, -n
Weltbestleistung, die (Sg.)
etw. aufstellen
sportlich
Großereignis, das, -se
sensationell
als ob
zu Ende gehen
Spitzenleistung, die, -en
Betreuer, der, –
Sportexperte, der, -n
Ernährung, die (Sg.)
Ernährungsberater, der, –
Vorschrift, die, -en
Kontrolle, die, -n
voraus
zugeben
Radprofi, der, -s
betrügen
Trainer, der, –
4-mal-100-Meter-Staffel,
    die, -n
Rekordzeit, die, -en
entschließen
Rekordliste, die, -n
abrechnen
DDR-Sportler, der, –
Schicksal, das, -e
Leichtathletin, die, -nen
innerhalb
Zustand, der, ¨e
mitschuldig
Schuld tragen

Seite 92
verantwortungsvoll
am Leben sein
Journal, das, -e
Bremse, die, -n
sich täuschen
ausgehen
rein
hinterher
Meisterschaftsspiel, das, -e
überreden
Mountainbiketour, die, -en
Tour, die, -en
Stein, der, -e
bremsen
Bach, der, ¨e
landen
mitspielen
Zuschauen, das (Sg.)

jedenfalls
Wasserlauf, der, ¨e
Jugendjournal, das, -e

Seite 93
Französischkurs, der, -e
fortfahren
sich anhören

Seite 94
Pilz, der, -e
Magenschmerz, der, -en
erbrechen
Knie, das, –
Husten, der (Sg.)
Brust, die, ¨e
Lungenentzündung, die,
    -en
Lunge, die, -n
impfen
Notaufnahme, die, -n
nähen
Impfung, die, -en
sich erkälten/erkältet sein
Tropfen, der, –
verschreiben
untersuchen
husten
abhören
Treppenhaus, das, ¨er
Notruf, der, -e
gründlich
Nasentropfen, die (Pl.)

Seite 95
Speiseplan, der, ¨e
Speise, die, -n
Vorspeise, die, -n
Mayonnaise, die, -n (Sg.)
Geflügel, das (Sg.)
Muschel, die, -n
Weißweinsoße, die, -n
Pfannkuchensuppe, die, -n
Leber, die, -n
Leberknödelsuppe, die, -n
Bohnensuppe, die, -n
Speck, der, (Sg.)
Hauptspeise, die, -n
Tomatensoße, die, -n
Pfeffersteak, das, -s
Kartoffelkrokette, die, -n
Fischplatte, die, -n
Sojaburger, der, –
Entenbrust, die, ¨e
Nachtisch, der, -e
Mehlspeise, die, -n
Mehl, das (Sg.)
Marillenknödel, der, –
Marille, die, -n
Zwetschgenknödel, der, –
Zwetschgen, die -n
Käseplatte, die, -n

Portion, die, -en
Erdbeereis, das (Sg.)
Schweinefleisch, das (Sg.)
Fett, das, -e
Soße, die, -n
Aprikose, die, -n
Buchbesprechung, die, -en
Mitteleuropäer, der, –
Schwein, das, -e
Ente, die, -n
Landlebewesen, das, –
Massentierhaltung, die, -en
Tierhaltung, die, -en
bekämpfen
ernähren
Steak, das, -s
Indie-Rock-CD, die, -s

Seite 96
Fitnessstudio, das, -s
Mitgliedsbeitrag, der, ¨e
trotz
Kalorie, die, -n (kcal)
deswegen
Kalorienverbrauch, der (Sg.)
Tischtennis, das (Sg.)
daher
Deutschschularbeit, die, -en
halbe Stunde
Dreiviertelstunde, die, -n
vergehen
Terminkalender, der, –
Schwesterherz, das (Sg.)

Seite 97
Qualifikation, die, -en
Weitsprung, der (Sg.)
US-amerikanisch
Ausnahmeathlet , der, -n
100-Meter-Lauf , der, ¨e
Goldmedaille, die, -n
Favorit, der, -en
bisherig
Finale, das, –
sichtlich
Absprung, der, ¨e
berechnen
anwesend
eröffnen
Anlauf, der, ¨e
Anlaufzone, die, -n
Weite, die, -n
Stadion, das, -en
Freundschaft, die, -en
Sportfan, der, -s
Wettkampf, der, ¨e
Ausnahme, die, -n
abwesend
hell
Metall, das, -e
Sportereignis, das, -se

Volleyballtrainerin, die, -en
Volleyball, das (Sg.)
Volleyballspielerin, die, -nen
Freude, die, -n
Selbstvertrauen, das (Sg.)
eine Rolle spielen
kriegen

Lektion 34
Was wird die Zukunft bringen?

Seite 98
Heimweh, das (Sg.)
niedrig
Kosten, die (Pl.)
Aussicht, die, -en
Freizeitbeschäftigung, die,
    -en
Schwerkraft, die (Sg.)
Beschäftigung, die, -en
sich beschäftigen mit
Tätigkeit, die, -en
außerhalb
Getreidefeld, das, -er
Blüte, die, -n
Seerose, die, -n
oberhalb
unterhalb
Aufzug, der, ¨e
Durchmesser, der, –
betragen
Raumstation, die, -en
nutzen
leiten
Innere, das (Sg.)
wachsen
innen
Äußere, das (Sg.)

Seite 99
französisch
Autor, der, -en
Zukunftsroman, der, -e
realisieren
Zukunftsprojekt, das, -e
ständig
Energiequelle, die, -n
umkreisen
fern
aufbrechen
jederzeit
per
vernünftig
Alternative, die, -n
belgisch
utopisch
ökologisch
versorgen
erzeugen

einziehen
finanziell
an Land
sich drehen
kreisförmig
Fläche, die, -n
Umweltflüchtling, der, e
Energieversorgung, die,
  -en

Seite 100
Hafen, der, ⸚
Bergleute, die (Pl.)
Baumaterial, das, -ien
Quadratmeter, der, –
Wohnraum, der, ⸚e
anlegen
treiben
sichern

Seite 101
Vorhersage, die, -n
Fahrt, die, -en
Holzkiste, die, -en
Verkehrsmittel, das, –
höchstens
Hautfarbe, die, -n
Intelligenzquotient, der, -en
Geschlecht, das, -er
Spezialklinik, die, -en
Weltmeere, die (Pl.)
Fischzuchtanstalt, die, -en
Riesensonnenkraftwerk,
  das, -e
Äquator, der (Sg.)
Roboter, der, –

Seite 102
High-Tech, das (Sg.)
vermieten
Appartement, das, -s
Flur, der, -e
Garderobe, die, -n
Badezimmer, das, –
Waschbecken, das, –
Geschirrspüler, der, –
Couch, die, -en
Fernbedienung, die, -en
Bildschirm, der, -e
Fitnessraum, der, ⸚e
Schlafzimmer, das, –
Doppelbett, das, -en
Alarmanlage, die, -n
Gebrauchsanweisung, die,
  -en
Fitnessprogramm, der, -e
vorschlagen
Badewasser, das (Sg.)
einlassen
mieten
automatisch
angehen

Seite 103
ausleihen
Bargeld, das (Sg.)
monatlich
Sparbuch, das, ⸚er
einzahlen
Kredit, der, -e
Schulden, die (Pl.)
Konto, das, -en
Vermieter, der, –
überweisen
proben
sich leisten
zahlen
Verlust, der, -e
Proberaum, der, ⸚e
zweimal
Bauchtanzgruppe, die, -n
Bühnenbild, das, -er
reichen
feucht
renovieren
regeln

Seite 104
Vorsatz, der, ⸚e
Drohung, die, -en
freihalten
beschädigen
borgen
hin
her
Gaststätte, die, -n
Austauschschüler, der, –

Seite 105
realistisch
bemannt
Bodenstation, die, -en
Beitrag, der, ⸚e
etw. leisten
erstens
Helium 3, das (Sg.) (He-3)
Gas, das, -e
Kernfusion, die, -en
Bedarf, der (Sg.)
erhöhen
zweitens
Stern, der, -e
Mondoberfläche, die, -n
Meteorit, der, -en
Weltraumstrahlung, die
  (Sg.)
extrem
Biologe, der, -n
Gentechniker, der, –
Hologramm, das, -e
zumindest
Siedlung, die, -en
gründen
Zukunftsforscher, der, –

Erdbevölkerung, die (Sg.)
Himmel, der, –
Simulationsspiel, das, -e
Kommission, die, -en
nachschauen

Lektion 35
Gefeierte Musiker, begeisternde Konzerte

Seite 106
Musiker, der, –
Textinhalt, der, -e
Musikrichtung, die, -en
schwanger
Erziehungsmethode, die,
  -n
Sonderschule, die, -n
Jugend, die (Sg.)
Musikgeschäft, das (Sg.)
erziehen
Erziehung, die (Sg.)
Prinzip, das, -ien
Schlafstörung, die, -en
Wirkung, die, -en
behindert
dauerhaft
ausverkauft
Staatsoper, die, -n
Darstellung, die, -en
Ticket, das, -s
Qualität, die, -en
grundsätzlich
Jazz, der (Sg.)
Pop, der (Sg.)
Klassik, die, (Sg.)
Behinderte, der/die, -n
Nicht-Behinderte, der/die,
  -n
gesellschaftlich
Vorurteil, das, -e
Regelunterricht, der (Sg.)
ausschließen
Rollstuhl, der, ⸚e
Gesellschaft, die, -en
zusammenleben

Seite 107
jmdn. unterhalten
Hochschule, die, -n
Opernsänger, der, –
Liedsänger, der, –
auftreten
Jazzmusiker, der, –
Lehrtätigkeit, die, -en
Wohl, das (Sg.)
Mittelpunkt, der, -e
zukommen auf jmdn.
kommerziell
beherrschen

musizieren
Schwangerschaft, die, -en
einnehmen
Mutterleib, der, -e
schädigen
veröffentlichen
Kindheit, die, -en
Schwerbehinderte,
  der/die, -n
bitter
Internat, das, -e
musikalisch
Talent, das, -e
Auslandstournee, die, -n
Behinderung, die, -en
nächstgelegen
Musikhochschule, die, -n
privat
Gesangsstunde, die, -n
Rundfunksprecher, der, –
Konzertsaal, der, -säle
Oper, die, -n
unheilbar
heilen
Geschmack, der, ⸚e
schmerzlich
geeignet

Seite 108
hassen
Jazzsänger, der, –
jmdn. erschrecken
Studierende, der/die, -en
U-Musik (Unterhaltungs-
  musik), die (Sg.)
Volksmusik, die (Sg.)
Rock, der (Sg.)
Schlager, der, –
Walzer, der, –
Hip-Hop, der (Sg.)
Jazzmusik, die (Sg.)

Seite 109
Operette, die, -n
üblich
Charts, die (Pl.)
Ragtime, der, -s
Blues, der, –
Tonfilm, der, -e
Lebensstil , der, -e
Rock'n'Roll, der (Sg.)
Musikimport, der, -e
kopieren
Hit, der, -s
Piercing, das, -s
Punk, der (Sg.)
Heavy Metal, das (Sg.)
elektronisch
Neue Deutsche Welle, die
  (NDW)
Stilrichtung, die, -en

Luftballon, der, -s
Nullerjahre, die (Pl.)
Boy-Band, die, -s
Girl-Band, die, -s
Musiktrend, der, -s
Trend, der, -s
Musikstil, der, -e
Nachfrage, die, -n
Song, der, -s
vorläufig
Konsument, der, -en
endgültig
wegstreichen
Hauptinformation, die, -en
Outfit, das, -s

Seite 110
Galerie, die, -n
großzügig
Spende, die, -n
Instrument, das, –
Blasmusik, die (Sg.)
Lesung, die, -en
Kulturzentrum, das, -en
Dialektgedicht, das, -e
Bombenleger, der, –
fassen
Tournee, die, -n
Stadtorchester, das, –
abgesagt
Klage, die, -n
Innenstadt, die, ¨e
Fertigprodukt, das, -e
künstlich
Verkaufshit, der, -s
Plastikschmuck, der (Sg.)
Denkmal, das, ¨er
Auftrag, der, ¨e
heimisch
Material, das, -ien
Kunststoff, der, -e
explodieren
Kunstwerk, das, -e
Anweisung, die, -en
Kunstform, die, -en
Malerei, die (Sg.)
Bildhauerei, die (Sg.)
künstlerisch

Seite 111
Schild, das, -er
Verkehrzeichen, das, –
Sicherheitsgurt, der, -e
Gurt, der, -e
sich anschnallen
Linkskurve, die, -n
Kurve, die, -n
Fußgänger, der, –
Panne, die, -n
überholen
Umleitung, die, -en

Vorfahrt, die (Sg.)
hupen
Abschnitt, der, -e
eine CD einlegen
sich konzentrieren
Benzinanzeige, die, -n
abschleppen
Führerschein, der, -e
umdrehen
zurückfahren
Picknick, das, -s
sich verirren
Gegend, die, -en
entlang
überfahren
Lautsprecher, der, –
menschenleer
Multitasking, das (Sg.)
Autofahrer, der, –

Seite 112
solange
Stadtgebiet, das, -e
volltanken
Lieblingsserie, die, -n
Geruch, der, ¨e
grillen
Silbe, die, -n
Emotion, die, -en
Klang, der, ¨e
Cembalo, das, -s
Anblick, der, -e
Verkehr, der (Sg.)

Seite 113
Komponist, der, -en
Rockstar, der, -s
stürmen
Rapper, der, –
mischen
Hochdeutsch, das (Sg.)
Dialekt, der, -e
Punkrock, der (Sg.)
Liebe, die (Sg.)
Livekonzert, das, -e
Leadsänger, der, –
Bühnenshow, die, -s
senkrecht
Beleuchtungsturm, der, ¨e
hinauf
Höhe, die, -n
kopfüber
Linie, die, -n
begründen
vorüberziehen
Punker, der, -
Aufsatzwettbewerb,
    der, -e
Konzerterlebnis, das, -se
Nebel, der (Sg.)

Lektion 36
Die Arbeit ist interessanter, als ich gedacht habe.

Seite 114
Kreis, der, -e
Priester, der, –
beten
Gottesdienst, der, -e
anprobieren
Umkleidekabine, die, -n
Kostüm, das, -e
kämmen
föhnen
Puppe, die, -n
Föhn, der, -e
Rede, die, -n
eine Rede halten
Waschmittel, das, –
Altenheim, das, -e
Spinne, die, -n
spinnen
Rettungsschwimmer, der, –
Schatten, der, –
Kaminkehrer, der, –
Kamin, der, -e
Rasen, der, –
mähen
leeren
Gras, das, ¨er
Angehörige, der / die, -n
schwitzen
Rente, die, -n
ausschütten
Schweiß, der (Sg.)
Zuordnung, die, -en
mittl-
äußer-
angeben

Seite 115
*Selbstverwirklichung, die
    (Sg.)*
Pflichterfüllung, die (Sg.)
Pflicht, die, -en
Fußballer, der, –
schießen
Tor, das, -e
Restaurantkritiker, der, –
ausgezeichnet
Zitronenpudding, der, -s
unterscheiden
Bibel, die, -n
Erkenntnis, die, -se
angesichts
Mittelalter, das, (Sg.)
Erwerbsarbeit, die, -en
wesentlich
Lohnarbeit, die (Sg.)
Milliarde, die, -n

gegenüberstehen
Pflegearbeit, die, -en
Kinderbetreuung, die, -en
Haushalt, der, -e
Philosoph, der, -en
verwirklichen
je ... desto
Arbeitsgesellschaft, die,
    -en
berufstätig
Betrieb, der, -e
kündigen
Schuss, der, ¨e
Zitrone, die, -n
Pudding, der, -s
jüdisch
Religion, die, -en
Lohn, der, ¨e
gegenüber
Rasenmähen, das (Sg.)

Seite 116
einschlafen
*Berufsbezeichnung, die,
    -en*
Metzger, der, –
Installateur, der, -e
Mechanikermeister, der, –
Chauffeur, der, -e
Elektriker, der, –
verarbeiten
Kabel, das, –
verlegen
zusammenhängen
Meister, der, –
Handwerk, das (Sg.)

Seite 117
Jugendmagazin, das, -e
Erzieherin, die, -nen
Kindersommerlager, das, –
gering
Gehalt, das, ¨er
Fachhochschule, die, -n
Universitätsstudium, das,
    -en
sich lohnen
Bewerbung, die, -en
begleiten
Bauingenieurin, die, -nen
Technikstudium, das, -en
sich bewerben
(Arbeits)stelle, die, -n
Studium, das, -ien
Berufswunsch, der, ¨e
Reisetätigkeit, die, -en
ausüben

Seite 118
Rezeptionistin, die, -nen
Reiseplanerin, die, -nen
Hotelfachfrau, die, -en

Bewerbungsgespräch,
das, -e
fettgedruckt
fließend
flüssig
Arbeitnehmer, der, –
einstellen
Sommersaison, die, -s
Saison, die, -s
Empfehlungsschreiben,
das, –
Urteil, das, -e
Unterlage, die, -n
Dokument, das, -e
Diplom, das, -e
abschließen
Teilzeit, die (Sg.)
Vollzeit, die (Sg.)
Personalchef, der, -s
vorherig
Lebenslauf, der, ⸚e
Russisch
Russland
Praktikantin, die, -nen
Zusatzausbildung, die, -en
Fremdsprache, die, -n
Stellenanzeige, die, -n
Gehaltsvorstellung, die,
-en
momentan
Nachtwache, die, -n
Schichtarbeit, die (Sg.)
zuverlässig
Delikatessengeschäft,
das, -e
IT-Experte, der, -n
IT-Expertin, die, -nen
Unternehmen, das, –
Softwareprogramm, das,
-e
leistungsorientiert
Weiterbildungsseminar,
das, -e
Schicht, die, -en

Delikatesse, die, -n
Weiterbildung, die, -en
zusätzlich
tätig

Seite 119
Stimmung, die, -en
rechnen
verpassen
blühen
Praktikum, das, -a
entlassen
Reisebüro, das, -s

Seite 120
Partylöwe, der, -n
(un)günstig
preiswert
fett
lecker
genauso
Beschwerde, die, -en
Baustelle, die, -n
Glaube, der (Sg.)
Furcht, die (Sg.)
Bericht, der, -e
kommentieren

Seite 121
Glückszentrum, das, -en
Gehirn, das, -e
Gehirnforscher, der, –
Ratte, die, -n
stimulieren
Taste, die, -n
Käfig, der, -e
offensichtlich
antippen
speziell
Verfahren, das, –
aktivieren
Glücksgefühl, das, -e
Flow, der (Sg.)
passiv
Fertigkeit, die, -en

Kenntnisse, die (Pl.)
Glückserlebnis, das, -se
Lebenssituation, die, -en
meistern
Flow-Erlebnis, das, -se
ermöglichen
tippen
berühren
Finger, der, –
Signal, das, -e

Modul-Plus 9
Landeskunde

Seite 122
Österreicher, der, –
Walz, die (Sg.)
Fußballclub, der, -s
Härte, die (Sg.)
zäh
Umgebung, die, -en
Start, der, -s
dastehen
Gastfamilie, die, -n
Nachtleben, das (Sg.)
Schulausbildung, die, -en
Nachwuchsmannschaft,
die, -en
reif
schick
Haken, der, –
(sich) binden
Club, der, -s
Karriereleiter, die, -n
Stufe, die, -n

Seite 123
Wanderstock, der, ⸚e
Tuch, das, ⸚er
Werkstatt, die, ⸚en
Tradition, die, -en
beleben
Fremde, die (Sg.)
Wandergeselle, der, -n

Bursche, der,-n
Dorfschmiedin, die, -nen
Berufsstand, der (Sg.)
roh
bearbeiten
faszinieren
Arbeitstechnik, die, -en
Stellenwert, der , -e
daheimgeblieben
Berufsleben, das (Sg.)
Schmied, der, -e
Langversion, die, -en
restlich
zuteilen
Debatte, die, -n
folgen

Modul-Plus 9
Projekt

Seite 124
gestalten
Kategorie, die, -n
Wissenschaft, die, -en
Forschung, die, -en
Lebensstation, die, -en
Protestschreiben, das, –
Grammatik, die, -en
recherchieren
tagelang
blass
bleich
weitergeben
umdichten
mild
Variante, die, -n
ersparen

Seite 125
Bogen, der, ⸚
Packpapier, das, -e
Link, der, -s
Zusatzaufgabe, die, -n
Hauptidee, die, -n

Partneraufgaben

zu Seite 16: Lektion 25, E2

(b) **Rollenspiel. Spielt zu dritt. Eine Polizistin / Ein Polizist befragt Christian und die Hundebesitzerin zu dem Unfall. Was ist wirklich passiert? Verteilt die Rollen und lest jeweils eure Rollenkarte (hier und auf S. 16). Spielt dann das Rollenspiel.**

Du bist Christian. Erzähl vom Unfall.
Ich fuhr so schnell wie möglich weiter. Der Hund lief mir nach und biss mich ins Bein. Ein Kinderwagen stand auf dem Radweg. Ich sah ihn viel zu spät und konnte nicht mehr stehen bleiben. Es war gut, dass der Kinderwagen leer war. Ich stürzte, und mein Bein war gebrochen. Niemand half mir, ich musste mit dem Handy einen Krankenwagen rufen.

Du bist die Hundebesitzerin. Erzähl vom Unfall.
Der Radfahrer fuhr viel zu schnell. Er fuhr auf dem Gehweg. Mein Hund war an der Leine, aber er spielte gerade mit einem anderen Hund. Ein Kinderwagen stand auf dem Gehweg. Der Radfahrer sah den Kinderwagen viel zu spät. Das Baby ist hoffentlich nicht verletzt. Jemand half dem Radfahrer nach dem Unfall.

zu Seite 17: Lektion 25, F1

(a) **Lies die sechs Überschriften zur Geschichte von Carina und ihrer Katze Kira.**

① Carina bekommt eine kleine Katze.
② Carina und die Katze werden enge Freunde.
③ Carina muss sich von ihrer Katze trennen.
④ Carina kommt auf Besuch nach Hause.
⑤ Carina wird von ihrer Katze gerettet.
⑥ Carina erzählt ihrer Mutter von ihrem Erlebnis im Keller.

(b) **Partnerarbeit. Lies die drei Teile der Geschichte und ordne drei passende Überschriften aus a zu. Deine Partnerin / Dein Partner liest die anderen drei Teile auf Seite 17. Erzählt euch dann den Inhalt der Textteile in der richtigen Reihenfolge (1-6). Was ist an Carinas Geschichte seltsam?**

Kiras Abschied

D ❓ Zwischen Carina und Kira entwickelte sich eine besondere Beziehung. Carina liebte ihre Katze über alles. Sie nahm sie überallhin mit: zu ihrer Großmutter, zu ihrem Lieblingsplatz im Wald, ja sogar zum Einkaufen. Kira wartete dann vor dem Geschäft auf Carina und lief mit ihr wieder nach Hause. Zu allen anderen Familienmitgliedern hatte die kleine Katze nur wenig Vertrauen. Immer wenn jemand anderer außer Carina sie füttern wollte, fraß die Katze nichts. Immer wenn jemand anderer außer Carina Kira locken und hochheben wollte, lief sie davon. Nur Carina durfte mit ihr machen, was sie wollte.

E ❓ Carina war hungrig und wollte sich etwas zu essen machen. Sie ging in den Keller. Dort stand ein riesiges Regal mit allen wichtigen Lebensmitteln. Wie immer lief Kira mit ihr mit. Als Carina sich dem Regal näherte, stellte sich die Katze jedoch vor Carina auf und begann zu fauchen. Carina wollte an ihr vorbeigehen, doch da sprang Kira hoch und kratzte sie an der Hand. Carina schrie auf. Es tat sehr weh, und die Wunde blutete. Was war mit ihrer Katze los? Carina brauchte ein Pflaster. Sie drehte sich um und wollte gerade nach oben gehen, da hörte sie hinter sich ein Geräusch. Sie drehte sich um und sah, wie das riesige, schwere Regal nach vorne kippte und umfiel.

F ❓ Acht Jahre lang waren Carina und ihre Katze unzertrennlich. Doch dann musste Carina in eine Internatsschule in der Hauptstadt gehen. An der Schule waren keine Haustiere erlaubt, und Carina musste sich von ihrer Katze trennen. Schon einige Tage vor Carinas Abfahrt wurde Kira unruhig. Dann kam der Tag des Abschieds. Als Carina zum Auto ging, sah sie Kira hinter ihrem Zimmerfenster. Verzweifelt versuchte die Katze, einen Weg aus dem Haus zu finden. Mit Tränen in den Augen winkte Carina ihr zum Abschied zu und stieg in den Wagen.

ℹ️ etwas entwickelt sich ≈ etwas wird deutlich
● Beziehung ≈ wie etwas zusammenpasst oder nicht zusammenpasst
● Familienmitglied ≈ Teil von der Familie
fauchen ≈ aggressiver Laut einer Katze
● Wunde ≈ blutige Verletzung
unzertrennlich ≈ man kann die Personen nicht trennen

zu Seite 40: Lektion 28, E

(c) Lös die Rechenaufgabe

Im Jahr 2010 produzierten die Deutschen pro Kopf 10 Tonnen CO_2 (= inklusive Industrieproduktion), die US-Amerikaner doppelt so viel, die Chinesen ein Drittel. Experten erklären, dass der durchschnittliche Pro-Kopf-Verbrauch weltweit nicht mehr als 3000 kg sein darf, wenn der Klimawandel gestoppt werden soll. Wie viel CO_2 müssen US Amerikaner, Deutsche und Chinesen pro Kopf einsparen, um dieses Ziel zu erreichen?

Lösung:
10.000 kg CO_2 (Deutschland) + 20.000 kg CO_2 (USA) + (ca.) 3300 kg CO_2 (China) = (ca.) 33.300 kg CO_2. Es müssten insgesamt ca. 30.300 kg CO_2 eingespart werden; die Deutschen müssen 7.000 kg CO_2 pro Kopf einsparen, die US-Amerikaner 17.000 kg und die Chinesen ca. 300 kg.

zu Seite 43: Modul Plus 7, LK2

Person 1:
1 Die Bauern
2 Wenn ein Wolf mehr als 20 Schafe pro Monat tötet,
3 Tierschutzorganisationen
4 Die Ängste der Menschen

Person 2:
5 Die Wölfe sind
6 Wenn man nur wenige Schafe hat,
7 Wenn der Wolf bleibt,

a darf er gejagt werden.
b unterstützen Schutzhundprojekte.
c sind übertrieben.
d bekommen Geld für den Schaden.
e müssen kleine Schafbauern ihre Arbeit aufgeben.
f haben mehr Arbeit.
g auch für die Menschen gefährlich.
h muss man Schutzhunde kaufen.
i sind Schutzhunde zu teuer.

zu Seite 53: Lektion 29, B2

(a)

Verben mit Dativ,
Verben mit Dativ und Akkusativ (lernen!)
alle Leute schenken ihr etwas
nichts gefällt ihm
niemand hört ihnen gern zu
nichts passt ihm
man kann ihm nichts erklären
nichts gelingt ihnen
niemand leiht ihm etwas
man kann ihr nichts Neues erzählen
man hört und sieht ihm gerne zu
ich zeige ihr sicher nicht mein neues Handy
man muss ihnen oft weiterhelfen
…

Verben mit Akkusativ (= die meisten Verben)
alle / niemand / viele … mögen sie
alle / manche / … bewundern sie
die meisten / viele / … finden ihn
nervig / cool / idiotisch / interessant / lustig …
jeder / niemand / … lädt ihn gerne zu einer Party ein
man nimmt sie nicht gerne auf einen Ausflug mit
man ruft ihn gerne / nicht gerne an
…

zu Seite 61: Lektion 30, B2

(b)

0–4 Punkte	Du vertraust anderen Personen sehr schnell. Dabei bist du manchmal aber auch etwas leichtgläubig. Sei vorsichtig! Zu großes Vertrauen kann leicht enttäuscht werden.
5–9 Punkte	Du möchtest anderen Menschen gerne vertrauen. Du weißt aber auch, dass du in vielen Situationen vorsichtig sein musst.
10–13 Punkte	Du bist ziemlich misstrauisch. Vielleicht solltest du in manchen Situationen anderen Menschen doch eine Chance geben.
14–18 Punkte	Du vertraust nicht einmal diesem Fragebogen. Deshalb hast du dich meistens für die Spaßantworten entschieden.

b Spielregeln für das Kettenspiel

1 Schreib einen Satz wie im Beispiel. Sag deinen Satz deinem Nachbarn. Dein Nachbar sagt dir seinen Satz.
Ich habe gehört, in Neustadt soll ein Flughafen gebaut werden.

2 Sucht jetzt neue Partner. Gebt den Satz weiter, den ihr gerade gehört habt.

3 Merkt euch den Satz, den ihr von eurem neuen Partner hört, und sagt ihn dann wieder einem neuen Partner weiter.

4 Sagt die Sätze, die ihr zuletzt gehört habt, und vergleicht in der Klasse.

> *Markus hat gehört, in Neustadt soll ein neuer Flughafen gebaut werden.*

b Partnerarbeit. Lest die Zeitungsmeldungen. Eure Partnerin / Euer Partner liest die Zeitungsmeldungen auf Seite 70. Erzählt eurer Partnerin / eurem Partner, was passiert ist. Welche Straftaten aus a passen zu den Meldungen?

C „Zehnmal ist genug!", hatte Discjockey Robert M. gemeint. Ian T. wollte seinen Lieblingssong aber öfter hören und wurde wütend. Der Streit in der Diskothek in Achsenhausen endete blutig. Sechs verletzte Jugendliche wurden noch in der Nacht ins Krankenhaus gebracht. Ian T., der Haupttäter, blieb unverletzt.

D Die Opfer der nächtlichen Aktion, vier Kleingartenbesitzer aus Eberding, waren entsetzt. Sie erkannten ihre Gartenhäuschen nicht wieder. Eine Gruppe Jugendlicher hatte sie mit Graffitis bemalt. „Wir finden diese Holzhäuser hässlich, außerdem hat es Spaß gemacht", meinten sie vor der Polizei. Ein Zeuge hatte sie gesehen und der Polizei den Tipp gegeben.

> ● Täter ≈ jmd., der eine Straftat begangen hat
> ● Opfer ≈ jmd., der Schaden leidet oder getötet wird
> ● Zeuge ≈ jmd., der einen Unfall oder ein Verbrechen beobachtet

> *In einer Diskothek in Achsenhausen gab es einen Streit, weil …*

a Partnerarbeit. Lest den Text und beantwortet die Fragen. Eure Partnerin / Euer Partner liest den Text auf Seite 81 und beantwortet dieselben Fragen.

1 Was ist Bauxit?

2 Wo liegt der Niyam Dongar?

3 Welches Projekt ist am Niyam Dongar geplant?

4 Wie leben die Menschen rund um den Niyam Dongar?

5 Welche Folgen hätte der Bauxitabbau für die Menschen?

6 Denken die Menschen negativ oder positiv über den Bergbau?

> ● herstellen ≈ produzieren

1 Bauxit ist ein wichtiger Rohstoff, um
2 Aluminium herzustellen. Auf dem
3 Niyam Dongar, einem Berg im Nordos-
4 ten Indiens, wurde Bauxit entdeckt. Ein
5 großer internationaler Bergbaukonzern
6 hat von der indischen Regierung die
7 Genehmigung bekommen, das Bauxit
8 abzubauen. Der Bergbau würde so-
9 wohl der wirtschaftlichen Entwicklung Indiens helfen, als
10 auch neue Arbeitsplätze in der Region schaffen.
11 Die Bevölkerung in diesem Teil Indiens lebt in den Wäldern
12 rund um den Niyam Dongar. Zu ihren Dörfern führen keine
13 Straßen, und in den Dörfern gibt es weder Strom noch Was-
14 serleitungen. Die Firma hat versprochen, den Menschen so-
15 wohl Geld für ihr Land zu geben, als auch neue, moderne
16 Wohnhäuser in einem anderen Gebiet für sie zu bauen. Sie
17 will nicht nur für eine gute medizinische Versorgung sorgen,
18 sondern auch Schulen und Kindergärten bauen. Die Firma ist
19 stolz auf ihre Entwicklungsarbeit. Auf ihrer Homepage zeigt
20 sie Interviews mit dankbaren und zufriedenen Menschen.

a Lies Klaras Text und ordne zu.

Welcher Textabschnitt …

A … beschreibt, wie die Person aussieht? **?**

B … erklärt, warum die Person für Klara so wichtig war? **?**

C … erzählt, wie und wann Klara die Person kennengelernt hat? **?**

D … beschreibt mit typischen Beispielen den Charakter der Person? **?**

1 Eine Person, die mir in meinem Leben viel bedeutet hat, ist meine Volleyballtrainerin. Mit zwölf Jahren wollte ich mit dem Volleyball aufhören. Unser ehemaliger Trainer war sehr streng, und auch in der Mannschaft gab es immer wieder Streit. Doch dann wurde Frau Hutarova unsere Trainerin und alles wurde anders.

2 Frau Hutarova war damals 45 Jahre alt. Sie war schlank und hatte glatte, braune Haare. Für eine Volleyballspielerin war sie eigentlich gar nicht so groß. Anfangs hatten einige von uns ein bisschen Angst vor ihr. Sie hatte nämlich eine sehr laute, kräftige Stimme, und ihre Brille ließ sie etwas streng aussehen. Doch das war nur der erste Eindruck.

3 Sie war so begeistert von ihrem Sport, dass auch wir wieder Freude am Volleyball fanden. Und sie gab uns Mut. Wenn mir etwas bei unserem alten Trainer nicht gelang, dann wurde er meist laut und schimpfte. Wenn ich mal keine so gute Leistung zeigte, war das für Frau Hutarova kein Problem. Sie lobte uns, wenn wir uns bemühten, und dann zeigte sie uns, wie wir uns verbessern konnten.

4 Ich habe bei ihr nicht nur etwas über Volleyball gelernt, sondern auch sehr viel über mich und meine Freunde. Sie hat mir Mut und Selbstvertrauen gegeben. Wenn sie damals nicht unsere Trainerin geworden wäre, hätte ich ganz wichtige Erfahrungen in meinem Leben nicht machen können.

Lösungen

Seite 34, Lektion 28, A1b

Die Sätze 2 und 7 haben nichts mit dem Klimawandel zu tun.

Seite 58, Lektion 30, Ab

Diese Ereignisse fanden in folgender Zeit statt:

1 Leonardo da Vinci malte sein berühmtes Bild Mona Lisa von 1503 bis 1505.
2 Die Französische Revolution dauerte von 1789 bis 1799.
3 Kolumbus entdeckte 1492 Amerika.
4 Der Dreißigjährige Krieg dauerte von 1618 bis 1648.
5 William Shakespeare schrieb hauptsächlich im 16. Jahrhundert seine Theaterstücke. Wenige Stücke schrieb er Anfang des 17.Jahrhunderts.
6 In Europa wurden seit dem Mittelalter Tausende unschuldige Frauen als Hexen auf dem Scheiterhaufen verbrannt. Die Hexenverfolgung war im 17. Jahrhundert besonders weit verbreitet.
7 Wolfgang Amadeus Mozart wurde am 27. Januar 1756 in Salzburg geboren.
8 Der Sonnenkönig Ludwig XIV. regierte in Frankreich von 1643 bis 1715.

Seite 63, Lektion 30, De

100 km/h mit dem Fahrrad: Es ist möglich, dass das Video echt ist. Der Radfahrer kann tatsächlich so schnell gefahren sein, weil er im Windschatten des LKWs fuhr.

Cola-Explosion: Es ist zwar möglich, dass eine Flüssigkeit aus einer Dose spritzt, wenn man ein Bonbon hineinwirft. Aber die Flüssigkeit kann nicht so stark aus der Dose spritzen, wie auf dem Foto.

Seite 65, Seite 30, F1b

Mögliche Situationen
1 Die Schüler machen Lärm, deshalb muss der Lehrer laut werden.
2 Ich vermute, sie hat Zwillingsschwestern, die beide ein Jahr älter als sie sind.
3 Ich habe gehört, dass Ruths Freund vielleicht Italiener ist. Ruth weiß das aber noch nicht.
4 Das Bett ist weich genug, nur das Kissen ist hart.

> **i** ● Kissen ≈ weicher Gegenstand, auf den man im Bett seinen Kopf legt

5 Er hat in diesem Moment (= gerade) gesagt, dass das Regal nicht schief, sondern gerade ist.
6 keine passende Situation
7 Morgen findet ein wichtiges Fußballspiel statt. Ich bin aber nicht in der Stadt.
8 Ich habe meinem Freund etwas geschenkt, was ich gerne zurückhaben möchte.

Seite 80, Lektion 32, E1b

Der Mann war Fensterputzer. Er hat von außen die Fenster eines Hochhauses geputzt. Er ist im 32. Stock durch ein offenes Fenster in ein Zimmer gesprungen.

Seite 101, Lektion 34, B2c

1 Telefon   2 Dampflok   3 Schiff   4 Fernseher
5 Auto   6 Computer

Seite 102, Lektion 34, Ca

1 Flur   3 Badezimmer   5 Küche   6 Geschirrspüler
7 Wohnzimmer   12 Schlafzimmer

Seite 108, Lektion 35, B2a

1 Hip-Hop   2 Volksmusik   3 Klassik   4 Walzer
5 Rock   6 Jazz   7 Schlager

Quellenverzeichnis

Karte U2: © Digital Wisdom

Seite 6: © iStockphoto/jameswimsel

Seite 8: *C* © getty images/Time & Life Pictures/Lee Balterman, *D* © iStockphoto/Technotr, *E* © action press/ZUMA PRESS, *F* © iStockphoto/duuuuna

Seite 9: *G* © iStockphoto/David Freund, *I* © iStockphoto/Marpalusz

Seite 10/11: *Hintergrundfoto* © fotolia/Eric Gevaert

Seite 10: *von links:* © iStockphoto/Lina Kloosterhof, © iStockphoto/MissHibiscus, © iStockphoto/zudy-box

Seite 11: © getty images/Time & Life Pictures/Lee Balterman

Seite 12: © getty images/Time & Life Pictures/Lee Balterman (2x), *Text unten aus:* Unsere nächsten Verwandten © 1997 by Roger Fouts

Seite 12/13: *Hintergrundfoto* © fotolia/Eric Gevaert

Seite 18/19: *Hintergrundfoto* © PantherMedia/Yuri Arcurs

Seite 18: *von oben:* © iStockphoto/duuuuna, © iStockphoto/lisafx, © PantherMedia/Aiko Telgen, © iStockphoto/jameswimsel

Seite 21: *Witz „Herr und Frau Meier" nach:* Reinhold Reitberger, Das megadicke Buch der Superwitze © 2004 Loewe Verlag Gmbh, Bindlach

Seite 22: © iStockphoto/jameswimsel

Seite 26/27: *Hintergrundfoto* © PantherMedia/Karola Warsinsky

Seite 26: *A* © iStockphoto/Roberto A Sanchez, *B* © iStockphoto/Zennie, *C* © iStockphoto/Eric Jamison, *D* © PantherMedia/Jürgen W., *1* © imago/Rudolf Gigler, *2* © iStockphoto/David Freund, *3* © iStockphoto/track5, *4* © iStockphoto/Veronika Surovtseva

Seite 27: © imago/Rudolf Gigler

Seite 30: *von links:* © iStockphoto/Brandon Beecroft, © Shotshop/DC_2

Seite 33: *oben:* © iStockphoto/Technotr

Seite 34/35: *Hintergrundbild* © PantherMedia/Andreas Lippmann

Seite 34: *von oben:* © action press/ZUMA PRESS, © mauritius images/Photo Alto, © fotolia/Anke Simon, © iStockphoto/Knape, © fotolia/photallery, *A* © PantherMedia/Alfred O., *B* © PantherMedia/Peter W., *C* © fotolia/Hennie Kissling

Seite 36: *oben:* © PantherMedia/Andreas Lippmann

Seite 37: *von oben:* © iStockphoto/Marpalusz, © iStockphoto/Dejan Nikolic

Seite 38: *oben:* © PantherMedia/Andreas Lippmann, *A* © iStockphoto/eyeidea, *B* © iStockphoto/eyecrave, *C* © fotolia/Rafa Irusta, *D* © iStockphoto/Daniel Schoenen, *E* © iStockphoto/narvikk, *F* © iStockphoto/Ian Graham

Seite 39: *oben links:* © fotolia/Bauer Alex, *oben rechts:* © fotolia/Kalle Kolodziej

Seite 41: *Hintergrundfoto:* © Thinkstock/iStock/Kritchanut

Seite 42: *oben links:* Quellen: Bundesamt für Naturschutz (BfN), 2014, Geobasisdaten: © GeoBasis-DE /BKG 2011; *oben Mitte:* © Bundesministerium für Land- und Forstwirtschaft, Umwelt und Wasserwirtschaft, Österreich, *oben rechts:* © fotolia/Kaarsten, *Mitte von links:* © PantherMedia/Peter Wey, © PantherMedia/Marcel Paschertz, © PantherMedia/Christoph Bosch, © PantherMedia/Ralf Laesecke, © PantherMedia/Roberts Ratuts, © PantherMedia/Guido Stoll, *unten von links:* © PantherMedia/Roger Wissmann, © PantherMedia/stevebyland

Seite 43: © action press/Museum Mensch und Natur

Seite 44: *oben von links:* © fotolia/S, © fotolia/barantza, © fotolia/danielegen, *unten von oben links:* © PantherMedia/Erika Utz, © fotolia/objectsforall, © fotolia/Visual Concepts, © fotolia/Elena Pahl, © fotolia/Krot, © PantherMedia/Angelika Bentin, © PantherMedia/Ron Chapple, © Hueber Verlag/Meier, © fotolia/Mathias Gruel, © fotolia/by-studio, © Toplicht

Seite 48: *B* © iStockphoto/skodonnell, *C* © Philip G. Zimbardo Inc., *D* © Thinkstock/iStock/Ammit

Seite 49: *G: links* © iStock/duncan1890, *rechts* © fotolia/Michael Spring, *Hintergrund* © PantherMedia/Andreas Weber, *J* © NASA

Seite 57: *Herz* © iStockphoto/Floortje; *Texte:* Erich Fried, Ohne Dich, aus: Liebesgedichte © Verlag Klaus Wagenbach, Berlin 1979; Ernst Jandl, du, aus: poetische Werke, hrsg. von Klaus Siblewski © 1997 Luchterhand Literaturverlag, München, in der Verlagsgruppe Random House GmbH

Seite 58/59: *Hintergrundfoto* © PantherMedia/Andreas Weber

Seite 58: *von rechts oben nach rechts unten:* © fotolia/Erica Guilane-Nachez, © iStockphoto/belterz, © PantherMedia/Frank Röder, © PantherMedia/Daniel Wagner, © iStock/duncan1890, © fotolia/Michael Spring

Seite 60: *oben* © PantherMedia/Andreas Weber; *unten* © NASA

Seite 62: © PantherMedia/Andreas Weber

Seite 63: *A* © Hans Rusinek, *B* © iStockphoto/Valentyn Volkov, *C* © iStockphoto/SteveByland, *D* © iStockphoto/skodonnell, *unten von links:* © iStockphoto/ssuni, © fotolia/lilufoto *(Radfahrer)*, © fotolia/S_E *(LKW)*

Seite 64: *links:* © fotolia/lilufoto *(Radfahrer)* und © fotolia/S_E *(LKW)*, *1* © iStockphoto/Igor_Profe, *2* © iStockphoto/Hanis, *3* © iStockphoto/focalpix, *4* © iStockphoto/dp3010, *5* © iStockphoto/goce, *6* © iStockphoto/milosluz, *7* © iStockphoto/Hanis

Seite 66/67: *Hintergrundfoto* © fotolia/LOU OATES

Seite 66: *oben:* © Fanes Film, *unten:* © Philip G. Zimbardo Inc. (3x)

Seite 68: *oben:* © fotolia/LOU OATES

Seite 71: *A* © Thinkstock/Getty Images News/Matthew Lloyd; *B* © SZ Photo/Rue des Archives/PVDE